刘 畅

- 毕业于俄罗斯圣彼得堡国立信息技术、机械与光学大学计算机系
- 现任北京博士德管理顾问有限公司　经理

微信号：liuchang_laoshi

深耕企业管理培训、咨询领域十余年，具有丰富的理论和实战经验，参与组织多项精细化管理课程培训与咨询项目，涉及的单位有：

企业及机构

北京市海淀区国资委、南京市委、中国银行、中国建设银行、中国工商银行、国家电网、中国电投、中国移动、中国联通、大庆油田、湖北烟草、茅台集团、北京地铁、成都双流机场、南钢集团、鞍钢集团、中石油、中石化、大唐集团、北京热力、华图教育等。

部 队

北京空军某部、空军某师、武警湖北消防总队、东海舰队、第二炮兵某部、海军总医院等。

大 学

北京大学、清华大学、浙江大学、南京大学、中国人民大学、上海交通大学、厦门大学、华南理工大学等大学 EMBA 班、总裁班。

其多次带领“企业家精细化管理海外研修班”，走进日本、德国等国家著名企业、大学、学会，深入学习企业经营管理、组织文化建设经验。

参访的日本企业及机构：京瓷、佳能、丰田、花王、三菱、井出酒厂、日本机器人工业会、HARDLOCK、东丽、住友、养乐多等。大学：大阪大学、东京大学、早稻田大学、神户大学、名城大学等。

参访的德国企业及机构：德国中小企业协会、宝马总部、奔驰总部、空客、通快等。大学：波茨坦大学、科隆大学、慕尼黑大学、汉堡大学、哥廷根大学、柏林工业大学等。

在《企业家》杂志发表《锋物科技：科技赋能物业服务新通路》《綦军：打造团队向上力》等文章。

近年来，深入研究了“情绪与市场”的关系、“情绪产品”的爆款现象、情绪经济各个赛道的成败案例、情绪经济的未来发展趋势。与朱新月老师合作完成本书，为未来中国商业的兴盛提供新的思路。

朱新月

- 毕业于首都师范大学历史系
  南开大学商学院 EMBA
- 现任：
  中国管理科学学会企业管理专委会　副秘书长
  《企业家》杂志专精特新隐形冠军　栏目主编
  光明世界阅读行动　联创主席
  光明世界企业家读书会　联合发起人
  江西财经大学专精特新企业研究中心　特聘研究员

微信号：zbz159159

中国精细化管理首倡者之一。

曾就职于中关村大型科技企业四达集团医疗事业部，任销售部经理；航天部北京华航科技公司，任西北区经理、销售部经理、公司总经理；21 世纪初，与汪中求、张明帅创办了博士德知识传播机构，任总经理。

基于企业的多年实践与对企业管理的认知，朱新月老师先后策划了超级畅销书《细节决定成败》《精细化管理》《笑着离开惠普》《团队精神》《生命第一》《可以平凡不能平庸》《零缺陷工作》等。

2008 年，厉以宁先生主持的北京大学民营经济研究院成立“精细化管理研究中心”，朱新月被聘为中心副理事长。

朱新月老师带领“精细化管理海外研修团”40 余次，走进日本、德国、美国、韩国、新加坡、荷兰、奥地利、匈牙利、捷克等国家著名企业、大学、学会进行参访、培训、交流。

代表作

《零缺陷工作》（与汪中求合著）

《专精特新——向德国日本隐形冠军学什么？》

《内耗——卓越高效团队建设的极大障碍》

《落实要到位　干部是关键》

情绪经济

万亿级的黄金赛道

刘畅　朱新月　著

企业管理出版社
ENTERPRISE MANAGEMENT PUBLISHING HOUSE

图书在版编目（CIP）数据

情绪经济：万亿级的黄金赛道 / 刘畅，朱新月著 .
北京：企业管理出版社，2025. 9. -- ISBN 978-7-5164-3352-2

Ⅰ. F272. 3

中国国家版本馆 CIP 数据核字第 20254NP757 号

书　　名： 情绪经济——万亿级的黄金赛道
书　　号： ISBN 978-7-5164-3352-2
作　　者： 刘　畅　朱新月
策　　划： 朱新月
责任编辑： 解智龙　王安安
出版发行： 企业管理出版社
经　　销： 新华书店
地　　址： 北京市海淀区紫竹院南路 17 号　**邮　　编：** 100048
网　　址： http://www.emph.cn　**电子信箱：** zbz159@vip.sina.com
电　　话： 编辑部（010）68487630　发行部（010）68701816
印　　刷： 北京科普瑞印刷有限责任公司
版　　次： 2025 年 9 月第 1 版
印　　次： 2025 年 9 月第 1 次印刷
开　　本： 710mm × 1000mm　1/16
印　　张： 21.5 印张
字　　数： 252 千字
定　　价： 78.00 元

前言

情绪经济
——解码万亿级赛道的商业新大陆

作为《企业家》杂志的撰稿人，当我参加众多的商业论坛、采访不同行业的企业家时，他们其中很多人感触最深的就是生意越来越难做。但是，在众多企业家唉声叹气之时，有的企业家却做得风生水起，赚得盆满钵满，为什么？因为他们领先于时代，发现了万亿级黄金赛道的新大陆。

如今，我们正站在商业历史上的一个重要转折点。当马斯洛需求金字塔的顶端开始向下渗透，当消费决策的理性防线被感性力量频频击穿，一个以“情绪”为交易货币的新经济形态正在全球范围内悄然重塑商业格局。《情绪经济——万亿级的黄金赛道》这本书，将带您深入这片商业新大陆，探索那些被传统商业模式长期忽视的“非理性”消费行为背后，隐藏着怎样的万亿级商业机会。

从盲盒到冥想 App：一场消费范式的颠覆性变革

当前消费市场出现了一些引人深思的现象：解压玩具货架频频

售空，心理咨询预约排期长达数周，限量款潮玩在发售瞬间被抢购一空并在二级市场溢价明显。这些消费行为看似分散，却共同揭示了一个重要的市场趋势：情绪价值正日益成为影响消费决策的关键因素。

我们正在经历的这场变革，其深刻程度不亚于工业革命时期从手工生产到机械化生产的转变。传统经济关注的是产品的物理属性和功能价值——衣服上身是否保暖，手机运行是否流畅，汽车驾驶是否安全。而情绪经济时代，消费者更在意的是拆盲盒时的惊喜感、穿汉服时的文化认同感，或是冥想课程带来的内心平静感。当一杯印有励志语录的奶茶可以卖出三倍溢价，当虚拟偶像的周边产品引发抢购狂潮时，商业世界必须重新审视“情绪”这一被长期低估的商业要素。

为什么情绪经济现在到了爆发的时代

情绪经济的崛起绝非偶然，而是技术演进、社会变迁与消费理念升级三重力量共同作用的结果。

（1）物质丰裕的社会是情绪经济爆发的基础。

中国改革开放四十多年来，经济发展迅猛，物质极大丰富，当人们的基本物质需求得到充分满足后，消费行为自然呈现出向更高层次需求迁移的趋势。这种从满足生存必需到追求情感体验和精神满足的转变，生动诠释了本书第一章所阐述的“马斯洛需求超级进化”理论——当代消费正在完成从“满足生存必需”到“追求美好体验”的质变。

（2）数字原住民成为消费主力。

Z世代（1995—2009年出生的一代人）作为真正的数字原住民，其消费行为呈现出鲜明的“情绪驱动”特征。如本书第二章中“解码Z世代”部分揭示的，这代人将消费视为自我表达的延伸，愿意为情感共鸣支付高溢价。他们用盲盒收集情绪瞬间，用虚拟偶像填补情感空缺，用潮玩构建身份认同，创造了全新的消费图景。

（3）技术赋能情绪的可测量与可交易。

人工智能、大数据、神经科学等领域的突破，使原本抽象的情绪变得可量化、可预测。如本书中“黑科技如何让情绪变成可交易数据”部分所述，算法能通过微表情识别、语音分析、浏览轨迹等手段，精准捕捉消费者的情绪波动，实现“情绪靶向营销”。技术打破了情绪商业化的最后壁垒。

情绪经济的四维商业价值图谱

本书通过对全球数百个成功案例的深度剖析，构建了情绪经济的四维价值模型。

第一维度：情绪缓解价值——针对现代社会的普遍情绪痛点提供解决方案。

从解压玩具到心理健康App，从治愈系文旅到宠物经济，这些业态本质上都是在为焦虑、孤独、倦怠等“时代病”开具处方。如第五章分析的宠物殡葬服务，通过仪式感设计帮助主人应对丧失宠物的悲痛，单次服务溢价可达普通殡葬服务的5~8倍。

第二维度：情绪增值价值——为普通产品注入情感元素，实现价值倍增。

故宫文创将冰冷的文物转化为“朕的心意”糕点礼盒，溢价300% 仍供不应求；江小白用走心文案把白酒变成“青春代言人”，这些都是将产品从功能载体升级为情感载体的经典案例。本书第六章总结的“情绪定价黄金公式”揭示了其中的商业密码。

第三维度：情绪社交价值——构建基于情感共鸣的圈层经济。

汉服圈、潮玩圈、电竞圈等亚文化群体通过独特的消费符号建立身份认同，形成强大的圈层凝聚力。这些圈层的年消费规模可达千亿级，且用户忠诚度远超传统品牌。

第四维度：情绪资本价值——将情绪体验转化为可积累的“情感资产”。

迪士尼通过 IP 运营让游客的快乐记忆转化为持续消费动力，形成跨越代际的情感连接。这种“情绪复利”效应正是百年品牌的核心竞争力，本书将深入剖析其运作机制。

情绪经济的发展前景与趋势展望

站在新时代的时间节点展望，情绪经济才刚刚拉开序幕。随着脑机接口、情感计算、元宇宙等技术的成熟，情绪经济的边界将持续扩展。本书最后一章预测了三大趋势。

第一，情绪交互方式的演进。

产品界面将逐步具备感知用户情绪状态的能力，并做出相应调整，使购物体验更趋近于自然的情感交流。

第二，与情绪相关职业的爆发。

心理陪聊师、情绪穿搭顾问、ASMR 疗愈师等新职业将大量涌现，形成全新的就业生态。

第三，情绪价值的量化评估。

行业正在探索建立“情绪健康指数”等新型评估体系，这将有助于更全面地衡量情绪经济对商业生态和社会发展的综合影响。

拥抱为情绪买单的时代

任何墨守成规都会被时代淘汰，当时代抛弃你的时候连声招呼都不会打。商业的本质就是满足人性需求，当今社会，流量密码就是情绪密码，谁抓住了情绪，谁就拥有了用户的心。经济放缓，情绪价值的商品却逆势上行，市场越卷，让人上瘾的生意越赚钱。这就是传统消费向情绪消费转变的商业语言。

本书系统性地探讨了情绪经济这一新兴领域的发展脉络与商业实践。在这里，每一个消费行为都是情感的表达，每一笔交易都是价值的共鸣，商业最终回归到最本质的人性需求——我们不仅要生活，更要生活得有温度、有意义、有乐趣、有归属感，这正是情绪经济的终极魅力所在。

中国管理科学学会企业管理专业委员会　副秘书长

目录

01 第一部分 理论基石

第一章 情绪经济到底是什么

第二章 情绪经济爆发的“幕后推手”

第三章
情绪经济火爆的底层逻辑

02
第二部分
人群精描

第四章
情绪消费的群体图谱

03
第三部分

商业实战

第五章 情绪经济的十大黄金赛道

第六章 为什么很多情绪经济的项目没做起来

04 第四部分 未来展望

第七章 情绪经济未来的星辰大海

理论基石

01

THEORETICAL FOUNDATION

第一部分

PART 01

情绪经济到底是什么

第一章

Chapter One

一 情绪经济是什么
一场引领消费领域的市场风潮

要是把消费史拍成一部连续剧，那情绪经济绝对是最近几集才突然爆火的“黑马剧情”。新石器时代，人类打磨陶罐，满脑子想的都是“这罐子能不能多装两瓢水，多存些过冬的口粮”；到了20世纪80年代，买台黑白电视机全家都得开好几次家庭会议，反复确认“保修几年、费不费电”。到了21世纪，消费画风突然变得魔幻——有人愿意花大几百元买个拆开就扔的盲盒，为一杯印着卡通图案的奶茶排两小时队，甚至在直播间听主播喊句“三二一，上链接”就冲动下单根本用不上的东西。这波操作，要是被先民看见，估计得从历史书里跳出来，揪着咱们的衣领问：“现在的钱都这么不值钱了？”

但这真不是笑话，其背后藏着也许是当下与未来最火的经济形态——情绪经济，这是一场静悄悄的消费革命。它可不是突然冒出来的商业奇观，而是人类物质和精神需求掰手腕几千年才掰出来的结果。

情绪经济到底是什么？它是基于调动客户的情绪价值，为客户带来归属感、喜悦感、安全感、成就感，并能引发客户心灵共鸣的产品或服务。

翻开泛黄的历史账本，长久以来消费都跟生存绑定在一块儿。在物资匮乏的农耕时代，先民们用粮食换陶罐，满脑子就一个念头：“这玩意儿能帮我把饭煮熟、把水存住就行”。那时候的市场交易简单得像本流水账，以物易物的吆喝声里藏着的都是对温饱的渴望。就拿仰韶文化时期出土的彩陶来说，那些陶罐上的鱼纹、蛙纹，最初可不是为了美观，而是祈求渔猎丰收的图腾，实用性永远排在第一位。

工业革命蒸汽机轰隆一响，时代的齿轮开始加速转动。标准化商品大批涌进市场，消费者遵循“实用主义”原则，耐不耐用、划不划算成了衡量商品的唯一标准，没有什么“情绪”的容身之处。

转折点出现在20世纪末到21世纪初。科技像开了挂似地往前冲，互联网让世界变成了“地球村”，物质产品多得让人挑花眼。外卖软件30分钟就能让食物到达食客手中，网购平台让全球商品触手可及，人们突然发现吃饱穿暖只是基础操作，更高阶的追求是“活得开心”。

瞅瞅现在的消费市场，情绪经济的影子随处可见。就说盲盒吧，拆开盒子时的紧张兴奋，跟古代文人揭开珍藏画卷时的忐忑一样，本质上都是对未知的期待。只不过古人追求的是艺术审美，现代人图的是瞬间的刺激。泡泡玛特靠盲盒玩法硬是把玩具生意做成了市值千亿元的“惊喜经济”，年轻人为了抽到隐藏款，能在店里蹲一整天，这就是当代版的“买椟还珠”。星巴克为什么能把咖啡卖出“轻奢价”？因为它打造了“第三空间”——在办公室和家之外，成为能让打工人喘口气、发发呆的精神避难所。一杯咖啡钱，买的是逃离KPI享受片刻宁静的资格。

从社会学的角度观察，情绪经济的爆发和当代社会的“焦虑症”

脱不了干系。城市化加速、工作压力爆表、人际关系淡漠，这些因素织成了一张密不透风的“焦虑大网”。就拿日本来说，在泡沫经济破灭后，“百元店”和“奢侈品店”同时火爆：手头紧的人在百元店花小钱买快乐，有钱人用奢侈品彰显身份，看似需求不同，实则都是在为情绪价值买单。最近几年新兴的“解压馆”生意火爆，人们花几十元钱去摔盘子、大喊大叫，图的就是把心里的憋屈一股脑倒出来。商家们把商品包装成缓解焦虑的“情绪解药”，狠狠拿捏住了顾客的心理。

诺贝尔经济学奖得主丹尼尔·卡尼曼早就指出，人类在决策时，情绪和直觉往往比理性分析跑得更快。精明的商家利用大数据分析消费者的喜好，用 AI 算法推送商品。只要你在网上搜过“减肥”，接下来几天都会时不时收到健身课程、低脂食品的广告；刷手机看了几分钟宠物视频，马上就给你推荐宠物用品。这些算法都在悄无声息地撩拨你的情绪，把你对“仪式感”“氛围感”的渴望转化成一个个精心设计的消费场景。

说到底，一边在理性上吐槽“这消费太不理智”，另一边又忍不住为高颜值奶茶、限定款盲盒掏钱包，这种理性和感性的“Battle”恰恰成了情绪经济生长的养分。这场消费革命正在改写购物规则，影响着社会消费文化的走向。未来，它会带我们走进精神富足的新世界，还是陷入消费主义的漩涡？答案或许就藏在你我下一次点开购物车的瞬间。而这场关于“心情”的经济大戏，才刚刚拉开序幕。

二 情绪经济凭什么
消费理论升级的“铁三角”

情绪经济能在消费市场掀起惊涛骇浪，背后少不了几位“幕后大佬”的推波助澜——情绪经济的三大理论支柱。它们就像给这场消费革命装上了“涡轮增压发动机”，表面上看人们买的是盲盒、奶茶，实际上全是这些理论在搞“小操作”。别一听“理论”俩字就头疼，其实全是日常生活的消费心理学。这三根支柱，一根戳中人性最深处的渴望，一根摸透了大脑决策的漏洞，还有一根直接重塑了买卖双方的游戏规则。

1. 马斯洛需求层次理论的“超级进化”：从“活着”到“活得爽”的终极蜕变

说到马斯洛需求层次理论，上过经济课的学生肯定不陌生。这套理论诞生于 1943 年的美国，那时候第二次世界大战的硝烟还没散尽，马斯洛站在人类需求的维度，画出了一座经典的“金字塔”。从最底层的生理需求，到安全需求、爱与归属，再到尊重需求，最后攀至塔顶的自我实现，这套理论就像一把万能钥匙，解开了无数商业谜题。马斯洛需求层次理论如图 1–1 所示。

图 1–1　马斯洛需求层次理论

当大家卡在温饱线上时，满脑子想的都是“金字塔”底层的那些事——能吃饱饭、有地方住就谢天谢地了。就拿计划经济时代来说，买布要布票，买粮食要粮票，衣服布料耐磨、颜色耐脏才是硬道理。历史的车轮滚滚向前，改革开放的春风一吹，物质水平像坐了火箭一样飞速提高。21 世纪的消费市场，那些联名款 T 恤印着小众乐队的 logo，价格相比普通 T 恤翻了好几倍，为什么被人疯抢？因为穿上它，你就是朋友圈里“有态度、有品位”的弄潮儿，直接解锁了尊重需求和自我实现，一下就飞跃到了“金字塔”的上层。

宠物经济近几年爆火，据《2025 年中国宠物行业白皮书》显示，2024 年城镇宠物（犬猫）消费市场规模突破 3000 亿元。“铲屎官”们给“主子”买进口粮、定制生日蛋糕，花起钱来眼睛都不眨，图的是什么？还不是毛茸茸的小家伙能给自己带来情感慰藉，满足爱与归属的需求。

“治愈经济”也在崛起。日本在“失去的三十年”里，诞生了“小确幸”文化，人们开始从微小而确定的幸福中寻找慰藉。无印良品的简约风家居、村上春树的随笔集、深夜食堂的一碗拉面，这些看似普通的事物，成了都市人对抗焦虑的“精神良药”。马斯洛要是活到现在，估计得重新画个“情绪需求金字塔”，把“开心”“治愈”“解压”这些需求单独列一层。

2. 行为经济学：揭开人类消费决策的“迷惑行为大赏”

传统经济学总把人当“理性经济人”，但行为经济学直接戳破了这个幻想——人在大多数购物时都是靠直觉和情绪！诺贝尔经济学奖得主丹尼尔·卡尼曼的研究发现，人类大脑有“快思考”和“慢思考”两套系统，而“快思考（也就是情绪和直觉）”经常抢在“慢思考（理性分析）”前面，替我们做决定。

如今的直播间里，到处都能听到主播喊“最后 100 件，抢完立刻下架”，那些盯着屏幕的人瞬间心跳加速，也不管自己是不是真需要这东西，先下单再说；看到“第二件半价”的促销，哪怕一个人根本用不完两份，也觉得不买就亏了。这就是“稀缺效应”和“损失厌恶”在利用你害怕错过优惠的心理，让你冲动消费。

“锚定效应”更是商家的“撒手锏”。某品牌口红原价标 399 元，促销价 199 元，销量直接翻倍，消费者还以为自己捡了大便宜，殊不知这个原价就是用来迷惑你的“烟幕弹”。同样是牛肉，标注“70% 瘦肉”就比“30% 肥肉”卖得好；超市把打折商品放在入口处，让你觉得自己占了大便宜，结果不知不觉买了一堆计划外的东西。这些都是在利用人类决策的“认知偏差”。

3. 体验经济理论：消费者不再是买商品，而是买故事

很长时间，买商品讲究“所见即所得”，买杯子就是用来喝水的，买鞋就是用来走路的。但体验经济理论直接颠覆了这套逻辑：现在消费讲究的是“沉浸式剧情体验”。这一理论最早由**美国学者约瑟夫·派恩和詹姆斯·吉尔摩在《体验经济》中提出，他们预言：服务经济之后，体验经济将成为新的商业形态。**

你去迪士尼乐园真是为了坐几次过山车吗？不，你是去当一天童话里的公主王子。你去网红书店打卡真是为了买书？不，你是去拍一组文艺范儿的照片发朋友圈。日本的茑屋书店根本不像书店，倒像是个文化主题公园——咖啡厅飘着现磨咖啡的香气，展览区定期举办艺术展，文创区摆满了设计感十足的小物件。在这里，买书成了顺带的事儿，更重要的是享受“文艺青年”的氛围感。数据显示，茑屋书店的非书类商品收入占比超过总收入的一半，靠的就是“场景化消费”。

早年就火起来的剧本杀、密室逃脱，玩家花钱买的可不是几个小时的娱乐，而是一场能让自己代入角色、释放压力的“平行世界之旅”，参与的玩家普遍表示，选择剧本杀是为了体验不同人生。

有的“情绪餐厅”主打怀旧风，把 20 世纪 80 年代的老物件搬进餐厅，顾客吃的是“童年回忆”；还有“黑暗餐厅”，让你在伸手不见五指的环境中用餐，体验感官“被放大”的刺激。

三大理论支柱，一个管需求升级，一个管决策体系，一个管体验营销，所有这些理论都是建立在物质极大丰富的前提下，以及商家充分竞争的场景下。下次再看到让你容易“上头”的商品时可得好好想想。从马斯洛的需求金字塔，到卡尼曼的认知偏差，再到派恩的体验经济，人类对消费行为的理解，正在经历一场前所未有的革命。而这场革命，最终将重塑整个商业世界的面貌。

三 情绪经济为什么 从“柴米油盐”到“诗和远方”的消费变迁

从“新三年旧三年”的缝缝补补，到现在为“氛围感”一掷千金，人类的消费观念经历了一场从“生存至上”到“心情倍儿爽”的完美转变。这背后的故事，还得从先辈的账本开始翻起，看看这出跨越千年的消费大戏，究竟是怎么从“柴米油盐”演变成“诗和远方”的。

1. 物资紧缺年代：消费界的“实用主义”

我们把时间拨回北宋年间，汴京的勾栏瓦舍里虽有繁华景象，但寻常百姓过日子，终究逃不过“一分钱掰成两半儿花”的算计。民俗画《清明上河图》里那些挑担卖货的小贩，卖的多是锄头、簸箕等农具，偶尔有卖小吃的，也讲究“管饱实惠”。这种“实用至上”的消费观像一条暗线，贯穿了中国几千年的农耕文明。

大洋彼岸，第二次世界大战后的欧洲同样上演着“生存消费”的戏码。1947 年的冬天，巴黎的面包店门口，主妇们凌晨三点就开始排队，只为买到定量供应的面包；在柏林，黑市交易异常活跃，有人甚至用祖传的银器去换煤炭。美国记者曾记录下这样一个场景：一位德国老妇人拿着母亲留下的钻石戒指，在黑市换了五袋土豆，她对着镜头表示“现在土豆比钻石更能救命”。这种环境下，商家根本不用琢磨怎么让产品“走心”，只要能保证质量、按时交货，就能轻松占领市场。毕竟在解决温饱都成问题的年代，谁还有闲心追求“消费的仪式感”呢？

20 世纪 70 年代左右，供销社的柜台成了消费者的“主战场”。那会儿买东西得攥着粮票、布票等各种“票”，排着长长的队，还得眼疾手快才能抢到紧俏货。当时的人买东西看什么？答案就俩字——“实用”。买个搪瓷缸，得琢磨能不能多用几年；扯块布料，首先考虑耐不耐脏。有些人结婚时买的那块老手表，戴了整整三十年，表带断了好几次都舍不得换，最后成了家里的“传家宝”。这种“能凑合绝不讲究，能省则省”的消费理念，现在看来近乎苛刻，却是物资匮乏年代最高明的生存智慧。

2. 物资爆发年代：从“活下去”到“活得像点样”

1978 年的中国，像一台沉睡已久的机器，突然被改革开放的“钥匙”启动了。街边的供销社悄悄变成了气派的百货商场，黑白电视换成了彩色的，二八自行车升级成了摩托车。那个年代，有人攒半年工资买一台 14 寸的彩电，整条街的邻居每天晚上都会搬着小板凳过去看电视，比过年还热闹。这时候的消费者，腰包里有点闲钱了，想法也跟着多了起来——不再满足于“吃饱穿暖”，开始琢磨“怎么活得像点样”。

20 世纪 80 年代的“三大件”，也就是冰箱、彩电、洗衣机成了结婚标配，谁家要是置办齐了，那在街坊四邻里绝对倍儿有面子；

1980 年，无印良品凭借简约设计，掀起了一阵“断舍离”的消费美学风潮，当时的日本年轻人以拥有一件无印良品的衬衫为时尚；到了 20 世纪 90 年代，洋快餐、进口零食涌入中国，麦当劳店的玻璃窗外站着往里张望的人群。同一时期的日本，百货公司推出了积分制，消费者为了攒积分兑换礼品，购物频率大幅提升。

这一阶段的消费升级，本质上是对物质品质和多样性的追求。2007 年社会消费品零售总额为 89210 亿元，比 1978 年增长 56.2 倍，年均增长 15.0%。但仔细分析会发现，人们虽然开始追求品牌和时尚，但消费的核心并没有脱离物质层面。即便到了千禧年后，很多人买衣服时依然会先翻开衣领看标签，念叨着“这面料是不是纯棉的”，至于设计是否新潮，反而觉得“差不多就行”。

3. 情绪经济崛起：消费界的“感性派”当家做主

2012 年，智能手机已经普及，消费市场的“剧本”突然来了个 180 度大转弯。电商平台和社交媒体的发展让物质产品变得触手可及，消费者的钱包突然就被“情绪”接管了。

商家们很快发现了新大陆，纷纷开始打“情绪牌”。泡泡玛特在 2010 年刚成立时只是个普通的潮流玩具店，直到 2016 年引入盲盒模式，利用人们对未知的期待，把普通玩具变成了“惊喜制造机”，2020 年在港股上市时市值突破千亿港元。一位月薪一万五千元的朋友，每个月固定会花三千元买盲盒，家里的柜子摆满了各种手办，他说：“拆盲盒的那一刻，所有工作上的压力都没了。”这种“为情绪买单”的消费行为，放在十年前简直不可想象。

苹果公司近些年的广告不再一味炫耀技术参数，而是讲起了用户与产品之间的温情故事，《老唱片》《女儿》等广告片成功让消费者和品牌建立起情感纽带。这种变化，**《经济学人》都感叹："中国消费市场正在经历一场从'功能消费'到'情感消费'的范式转移。"**

人民日报 2025 年 7 月 29 日发表评论员观察：放眼整个消费领域，情绪与情感的驱动力，正构成新消费热点。比如，年轻人热衷于通过抽盲盒、买"谷子"等方式带来愉悦感受、满足社交需要，中国潮玩产业的市场总价值从 2015 年的 63 亿元增长到 2023 年的约 600 亿元。又如，以宠物为代表的"陪伴经济"蹿红，2024 年我国城镇宠物（犬猫）消费市场规模突破 3000 亿元。有研究报告数据显示，中国情绪消费市场规模将突破 2 万亿元。

这场从物质到情绪的消费革命，是人类需求的一次"大升级"。当外卖员在 30 分钟内把热乎的饭菜送到家，电商平台让偏远地区的孩子也能买到心仪的玩具，物资匮乏早已成为历史。于是人们开始努力寻找能让自己"上头"的东西——可能是一杯偶像代言的奶茶，一场说走就走的旅行，也可能是直播间里主播一句"家人们冲啊"引发的冲动消费。

站在 2025 年回望历史，从北宋汴京的农具交易，到如今的"情绪消费"，人类花了上千年的时间，终于把消费从"生存手段"变成了"生活目的"。至于未来，情绪经济还会玩出什么新花样？

四　情绪经济靠什么“黑科技”如何让情绪变成可交易数据

要说当代商家有多懂你？他们可能比你自己还清楚你什么时候会“emo”。刚在朋友圈发完加班吐槽，购物软件立刻推送解压玩具；深夜刷到宠物视频点了收藏，第二天首页全是猫爬架广告——这不是巧合，分明是“黑科技”在背后把你的情绪扒得底儿朝天，还顺手转化成了真金白银的交易数据。技术这把“手术刀”，正把看不见、摸不着的情绪，变成明码标价的经济货币。

回望人类“读懂情绪”的历程，简直像在浩瀚的宇宙中摸索前行。古代的相面先生靠察言观色揣摩人心，茶楼酒肆里的说书人凭经验判断听众兴致，这些“土办法”全凭直觉和阅历，难度堪比买彩票。商贩呢，更得靠吆喝声和手势吸引顾客，能不能做成生意全看临场发挥。到了工业时代，市场调研用上了问卷调查，可消费者嘴上说“不买”，身体却很诚实地为冲动消费，传统调研方法根本摸不透情绪的复杂脉络。直到大数据、人工智能等“黑科技”横空出世，人类才真正拥有了破解情绪密码的方法，这场跨越千年的“读心术进化史”，终于迎来了颠覆性的转折。

大数据可算得上是“读心术大师”，你以为自己在网上“偷偷”搜索的“分手疗伤歌单”“解压神器”没人知道？某音乐平台通过分析用户听歌时长、切歌频率，能准确判断用户的情绪状态：如果你单曲循环《消愁》超过30分钟，它立马推送“治愈系民谣合集”；你若是深夜频繁切换欢快歌曲，它绝对推荐“深夜食堂”外卖优惠券。电商平台通过记录你浏览商品的停留时间、比价次数，能算出你对某件商品的心动指数，利用大数据优化推荐算法后，用户冲动消费的比例大幅上涨，情绪变成了真金白银。大数据正是在数字时代抓住了人类情感的“七寸”。

AI技术更是深耕情绪分析。智能客服背后的AI算法不仅能秒回你的问题，还能根据你输入文字的语气、用词来判断你是心平气和地咨询，还是火冒三丈地投诉，从而切换不同的话术策略，这些技术悄无声息地影响着我们的每一次消费决策。

再瞧瞧虚拟现实（VR）和增强现实（AR），这俩技术直接成了“情绪制造机”。以前逛博物馆，顶多隔着玻璃看展品；现在戴上VR眼镜，你能“穿越”到古代，亲手触摸青铜器，听着沉浸式音效，情绪瞬间被拉满。故宫博物院推出的VR版《千里江山图》让观众仿佛置身画中，体验“舟行碧波上，人在画中游”的意境，周边文创产品销量随之暴涨。某美妆品牌推出的AR试妆功能让用户对着手机镜头就能试遍所有色号，试妆时间每延长1分钟，购买转化率就提升了一点。房地产商则利用VR技术打造“沉浸式看房”，让购房者还没踏进样板间，就已经在虚拟空间里憧憬起未来的生活，心甘情愿为这份“情绪预支”买单。

不过话说回来，技术把情绪变成数据的同时，当我们的喜怒哀乐被算法拿捏，到底是我们在主宰消费，还是数据在操控我们？就像历史上每一次重大技术变革一样，从造纸术到印刷术，从蒸汽机到互联网，都在带来便利的同时引发了新的社会思考。在情绪经济的赛道上，技术赋能让商业世界变得更懂人心，但如何在追逐利益与尊重隐私、满足需求与避免过度消费之间找到平衡，或许才是这场革命真正的考题。这场由技术掀起的情绪经济浪潮，究竟会朝着什么方向发展？是创造更人性化的消费体验，还是沦为数据操控的牢笼？这充满悬念的剧情，正在每个人的生活中实时上演。

情绪经济爆发的“幕后推手”

第二章

Chapter Two

一 市场痛点
内卷时代，情绪成了“救命良药”

当代社会，好像有一台无形的“情绪榨汁机”正在持续运转，将人们的情绪健康当作原料，源源不断地榨取焦虑、疲惫与迷茫。它就是席卷职场、教育、社交等生活各个角落的“内卷”，人们在这场竞争中你追我赶，成了这台“榨汁机”里无处可逃的“果肉”，被挤压得失去了原本鲜活的情绪状态。

1. 内卷漩涡：系统性制造的“情绪赤字”

内卷不是普通的压力堆积，它是一个环环相扣、冷酷无情的“情绪赤字”生产系统，好像深海中的巨大漩涡，人一旦靠近，便会被它强大的吸力拖拽进去，个体的时间、意义感、深度关系和自主性被逐一剥夺。情绪健康就跟沙漏里的沙子似的悄咪咪地溜走了，等你反应过来，它已经全漏光了，变得“emo”了。

1 职场“永动机”：KPI 暴虐下的情绪透支。

曾经光鲜的职场，这些年沦为内卷肆虐的“修罗场”。KPI，这个本来用作衡量工作成果的指标，现在却异化成高悬在头顶上的“达摩克利斯之剑”。那些“996”“007”的工作制，让打工人变成了不知疲倦的“永动机”。

天还没亮，城市刚打了个哈欠，打工人就麻溜爬起来奔赴工位。等月亮都熬不住下班了，整座城市呼噜声震天响，写字楼里还亮着星星点点的灯光，那些身影还在跟报表、方案死磕，好像一群“夜间守灯人”。35 岁是一道坎儿，就像游戏里突然冒出来的终极 BOSS。职场人每天都得提着心吊着胆，生怕哪天被这个怪兽一口吞了，毕竟后面排着队的年轻面孔个个生龙活虎，就等着“上位”呢！

在社交平台上，满屏都是打工人的无奈与挣扎：“每天睁眼就是工作，连喘口气的时间都没有。”“35 岁被裁员，感觉前半生的努力都白费了。”越来越多的人不堪重负，选择逃离一线城市的“内卷风暴眼”，踏上前往大理、鹤岗的“躺平迁徙”之路。

从劳动异化的角度看，员工在高强度的工作中，逐渐与自己的劳动成果、工作过程相分离，沦为资本增值的工具，自我价值感不断被削弱，情绪也在日复一日的消耗中濒临崩溃。

2 教育“军备竞赛”：起跑线焦虑的恶性循环。

教育圈的内卷，像是一场没有硝烟却“杀红了眼”的“军备竞赛”，而且一路卷到了幼儿园“大本营”。家长们心里就一个执念——得让自家娃“赢在起跑线”，最好赢在“胎教起跑线”。

早教班、兴趣班的报名处，家长们排起长队。这边钢琴课刚报上名，转头又得去奥数班占个座，好像给孩子报的班越多，就给孩子的未来上了越多的“保险”。有的家长咬着牙，掏空三代人的钱包，背上几十年的房贷买上一套学区房，就为了孩子能跨进那扇优质学校的大门。为了学区房，家长们算是演了一出现代版“孟母三迁”。

“海淀妈妈”成了教育焦虑的代名词，她们精心制订孩子的学习计划，穿梭于各类育儿讲座之间，在家长群里分享教育心得，暗自比较着孩子的成绩与特长。现在更是出现了“海淀妈妈”的升级版——“顺义妈妈”，从卷国内“名校”升级为卷国外“藤校”。电视剧《小舍得》将教育内卷下的家庭矛盾、亲子关系等冲突展现得淋漓尽致，很多家长都在剧中看到了自己的影子。

在社会快速发展的过程中，教育也被裹挟着加速前进，人们为了有限的优质教育资源不断加快学习节奏，都忘了教育的本质，只知道不能落后。结果呢？家长天天焦虑孩子成绩，孩子天天愁眉苦脸怕考不好，陷入焦虑的死循环，大家的情绪都被折腾得“遍体鳞伤”。

3 社交“表演场”：浅层连接背后的孤独。

我们的社交生活像是台精心编排的“舞台剧”。在社交媒体上，人人都是“最佳演员”，精心挑选照片、反复打磨文案，都为了在朋友圈展示自己最完美的一面，收获别人的点赞与羡慕。看着热闹非凡的社交背后，是浅层连接泛滥和真实情感交流的匮乏。我们在虚拟社交中花费了大量时间，与无数人建立起“弱连接”，但真正能在困境中给予温暖、在喜悦时分享快乐的好友却少之又少。

点赞焦虑成了社交媒体时代的“流行病”，发布一条动态后，人们会不自觉地频繁刷新，关注点赞数量，点赞少了便开始自我怀疑。大家线上聊得热火朝天，从诗词歌赋谈到人生哲学，一到线下见面，空气突然安静，各自低头刷手机，“社恐”也就成了许多人的标签。

如今所谓的朋友关系，不过是朋友圈里点过的赞，能推心置腹聊天或在你遇到难事时二话不说伸出援手的人，掰着手指头都能数得过来。随着社会原子化（指在社会转型过程中，个体逐渐脱离传统社群、组织等社会连接纽带，变得像“原子”般孤立存在，社会整合度下降的现象）趋势加剧，个体在快节奏的生活中相互逐渐疏离，难以建立起深度的情感连接。而人们为了缓解孤独，又不得不在社交中不断“表演”，陷入了恶性循环，情绪能量在一次次的“表演”中被消耗殆尽。

社会原子化的核心表现如表 2–1 所示。

表 2–1　社会原子化的核心表现

特征	具体表现
人际关系疏离	邻里关系淡漠，亲友联系减少，社交依赖线上化
集体认同弱化	对家庭、社区、宗教等传统组织的归属感降低，更强调个人主义
信任危机	对公共机构、陌生人信任度下降，社会合作难度增加
个体责任转移	社会责任被推向政府或市场

4 生活“倍速陷阱”：信息洪流中的时间贫困。

生活节奏在内卷的冲击下被按了“倍速键”，我们被卷入了信息的狂潮之中。短视频平台上，各种新奇有趣的内容不断刺激着我们的感官，让人欲罢不能，可当手指停止滑动，内心却陷入深深的空虚。追剧、看综艺都要开倍速，好像正常速度已经无法满足我们对效率的追求。外卖是一日三餐的“主力军”，人们不愿花费时间做饭，生活变得越来越快餐化。

这种“倍速生活”看似提高了效率，实际上让我们陷入了时间贫困的窘境。海量的碎片化信息切割着我们的注意力，使我们难以专注于一件事情。我们在追求速度的过程中，渐渐失去了对生活的掌控感，陷入一种“忙碌得无意义”状态，焦虑、迷茫等负面情绪也随之而来。

内卷这台机器，在各个方面系统性抢劫我们的情绪健康资源，制造出了众多情绪问题。无论是社会加速理论对现代社会快节奏的剖析，还是绩效社会理论对高绩效追求的批判，以及异化理论对劳动与人的关系探讨，都让我们看清了内卷背后的深层社会机制。只有把内卷的真面目和危害都摸透了，才能搞懂情绪经济爆火的原因，也才有招儿去打破让人头疼的坏情绪。

2. 情绪赤字清单：焦虑、孤独、倦怠与快乐稀缺

如果把当代社会比作一座巨型医院，挂号处怕是早被“情绪病号”挤破了门槛。在内卷的轰鸣声中，焦虑、孤独、倦怠与快乐稀缺成了现代人普遍患上的四大顽疾。这些看上去零散的情绪碎片，就像精密钟表里的齿轮，相互咬合着，暴露出人类深层心理需求没有被填满的巨大空洞。

1 焦虑“标配化”：未来恐惧与错失焦虑（FOMO）。

翻开当代人的“情绪病历”，焦虑症几乎成了人手一份的“基础套餐”。人们对未来的不确定性充满恐惧，总担心一个踉跄就被时代列车抛下，就像草原上的羚羊要时刻警惕着狮子。这种对阶层滑落的忧虑牢牢地粘在人们心里，甩都甩不掉。

知识付费平台上的囤课大军就是典型例证。手机里躺着几十门从职场技能到投资理财的课程，有人调侃自己的学习账号像座“数字藏经阁”，可真正点开学习的却寥寥无几，好像“买了”就“学完了”。这种“囤课不看”的行为，本质上是希望用知识储备的安全感对抗未来的不确定。

从社会学上看，社交媒体是焦虑的催化剂。社会比较理论指出，当朋友圈里别人光鲜的生活、同龄人的飞速成长不断映入眼帘，人们会不自觉地陷入“错失焦虑（FOMO）”——害怕错过他人正在经历的有趣事情而产生的持续性焦虑感。换句话说，就是看着别人晒出的升职、旅行照片，总担心自己错过了某个改变命运的机会或重要的生活体验，而这种对“落后”的恐惧，根源正是人类对安全感与掌控感的本能渴求。

2 孤独“常态化”：原子化生存与连接饥渴。

在高楼林立的都市森林里，孤独早已不是某个群体的专利，反而成了现代人如影随形的“老伙计”。据统计，我国“空巢青年”数量逐年攀升，他们白天在人群中穿梭忙碌，夜晚回到空荡荡的房间，连说话的对象都没有。宠物经济的爆发式增长，正是这种孤独的“代偿反应”——越来越多的人把情感寄托在宠物身上，将小猫或小狗视作最忠实的“家人”。

“煤球妈”是一位独自在深圳工作的95后姑娘，她最开始养那只叫“煤球”的英短猫时，每天下班第一件事就是“咔”地拉开猫罐头盖。“煤球”无论在哪里，马上摇着发腮的大脑袋一颠一颠地跑过来。有次加班到凌晨三点，她累得瘫在沙发上，却发现“煤球”蹲在旁边期待地盯着她，她突然觉得这“咔”的一声比男朋友说“多喝热水”还管用，再累也不能辜负了“猫主子”。去年她又在小区领回来一只“流浪”的布偶猫，现在每天回家，两只猫蹲在玄关像迎宾仪仗队，“煤球”蹭左脚、布偶猫蹭右脚。她偶尔跟闺蜜叨唠：“这俩毛孩子比相亲对象靠谱，现在我家从一个人升级成三口之家了。”

陌生人社交 App 的火爆同样耐人寻味。Soul、探探等平台上，每天都有无数人在寻找灵魂共鸣。但虚拟世界里的热闹，终究无法填补现实中情感连接的空缺。一人食餐厅、一人旅行攻略在网络上的热度居高不下，细琢磨就会发现，这是人们在原子化社会中对深度情感连接的强烈渴望。作为社会性动物，人类对归属感的需求从未消失，当现实人际关系无法得到满足时，人们只能在虚拟世界或宠物身上寻求慰藉，这种浅层连接反而加剧了内心的孤独。

3 倦怠“弥漫化”：身心耗竭与意义感迷失。

如今“累”成了全社会的通用语言。职业倦怠（Burnout）被 WHO 列入国际疾病分类，打工人自嘲是精神涣散的工具人，“躺平”文化在网络上迅速蔓延。有个做自媒体的姑娘说，她现在最大的愿望就是开个便利店，“不用跟别人比数据，能安心数硬币就行”。年轻人不再执着于拼命奋斗，转而追求“躺平式生存”，寺庙游、禅修热突然火爆，无数人涌入古寺，在袅袅香火中寻找内心的宁静。

存在主义心理学认为，当生活失去激情，倦怠便会如影随形。内卷让工作沦为机械重复的任务，人们就像工厂流水线上卡得死死的螺丝钉，每天睁眼闭眼都是同样的活儿，干久了低头一瞧，除了工位上堆积的咖啡杯，完全找不到自己成长的影子，连价值感都跟着 KPI

一起蒸发了。自我决定理论强调的“自主感”与“胜任感”被严重剥夺，努力失去正确方向，付出得不到应有回应，身心自然陷入耗竭状态。“躺平”看似消极，实际上是人们在意义感迷失后的无奈反抗，是对被异化生活的无声抵抗。

4 快乐“稀缺化”：短暂快感与持久满足断裂。

在物质极大丰富的今天，快乐反而成了比黄金还珍贵的奢侈品。奶茶、游戏、短视频，这些能快速刺激多巴胺分泌的事物，成了人们获取快乐的“速效救心丸”。

有人戏称自己是“多巴胺奴隶”，每天下班钻进地铁自动刷短视频，从搞笑段子刷到深夜美食；路过奶茶店，哪怕刚喝完一杯，看见新品海报上“一口快乐翻倍”或“第二杯半价”的标语，非得再买杯过过瘾；周末本打算学习充电，结果打开游戏就停不下来，嘴里念叨着“就打最后一局”，转眼天都亮了。当这些短暂的快感消退后，留下的只有更深的空虚。多巴胺作为神经递质的情绪作用如表2-2所示。

表2-2　多巴胺作为神经递质的情绪作用

作用类型	核心功能
愉悦与奖赏	在获得预期奖励、达成目标时释放，产生愉悦感（如美食、社交、成就带来的满足）
动机与驱动力	维持行为动力，不足时可能导致动力缺乏（如抑郁症、快感缺失症状）
学习与强化	强化有益行为，帮助形成习惯（包括正向习惯和成瘾行为）
注意与专注	调节前额叶功能，影响注意力集中程度

马斯洛需求层次理论说，当基础生理需求与安全需求得到满足后，人类理应追求更高层次的精神满足。但内卷下的快节奏生活让人们无暇思考真正的快乐是什么，只能依赖即时感官刺激填补内心空洞。

真正的快乐本应与自我实现相连，是完成有意义目标后的满足感。可人越是拼命追，快乐越是跑得比兔子还快。人们陷入了“越追逐快乐，越难快乐”的怪圈，在短暂快感与持久满足的断裂中迷失了方向。

以上这四大情绪“病症”，实际上是内卷时代下人类深层心理需求未被满足的外在投射。从存在主义对意义的追寻，到社会比较理论对焦虑的剖析，再到马斯洛与自我决定理论对需求的解读，都如同手术刀一样精确剖开了情绪赤字背后的深层逻辑，搞明白这些才能理解情绪经济崛起与爆发的深层逻辑与内涵。

3.“情绪价值”崛起：新型消费逻辑与情绪的商品化

当代消费市场如果是一座高速运转的巨型工厂，那“情绪价值”就是流水线上最受欢迎的原料。内卷把人们的情绪熬成了一锅焦苦的浓汤，于是有人嗅到商机，把焦虑、孤独、倦怠一股脑地打包，再变成明码标价的商品。在这种悄无声息的消费变化里，情绪如何从看不见摸不着的内心感受，变成了能在市场上流通的商品？

1 需求升维：从填饱肚子到“喂饱”灵魂。

二十年前，人们买衣服讲究“结实耐穿”，买家电追求“经久耐用”，从冰箱的制冷功率到洗衣机的脱水转速，每项参数都要跟售货员掰扯得明明白白，心里默默盘算“这玩意儿要是能用十年，每天折合下来才几毛钱”，消费需求上写满了实用主义。可现在走进商场，年轻人愿意为一支印着治愈插画的笔多掏三倍价钱，上班族排着长队花半小时买一杯撒着金箔的网红咖啡。你要问他们为什么这么豪横，人家会理直气壮地回一句：“这不是普通的咖啡！”这溢价的钱花哪儿了？大概都变成了能发朋友圈的“氛围感”，还有“活得精致”的小得意吧。

某网红书店是个典型案例。这里的书价普遍比电商平台贵一些，但每天依然挤满拍照打卡的年轻人。书店把书架设计成迷宫造型，角落摆着复古打字机当装饰，咖啡杯垫印着文艺短句。有人算过账，在这里喝杯咖啡看半小时书，实际阅读成本比买实体书还高，可消费者图的就是在知识海洋里遨游的仪式感。这种为情绪溢价买单的现象，本质上是马斯洛需求层次理论的现实演绎——当吃饱穿暖不再是问题，人们开始追逐更高层次的精神满足。

2 补偿性消费：用真金白银“赎回”缺失的快乐。

深夜加班后，你有没有冲动下单过奢侈品？刷到别人的旅行vlog，你是否立刻订了同款酒店？这些看似不理智的消费，其实是当代人缓解坏情绪的方式。就像沙漠中的旅人见到了绿洲，人们迫不及待用消费填补内心的空洞。

日本泡沫经济时代，上班族哪怕吃着泡面，也要咬牙买“LV包”，这和现在年轻人省吃俭用买限量款潮玩一样，其实是用真金白银换取多巴胺分泌瞬间带来的情绪“回血”。

据某电商平台数据显示，每周五晚8点到12点，奢侈品销量比平日高得多。打工人白天被KPI折磨得死去活来，深夜就变成报复性消费者，用限量版包、新款游戏机治愈自己。更有趣的是“孤独经济”：虚拟恋人陪聊服务月入不菲，宠物殡葬师成了高薪职业，甚至有人花钱租“临时家人”陪自己吃年夜饭。这些荒诞却真实的消费现象印证了补偿性消费理论——当现实生活无法满足情感需求，人们就会通过消费来“代偿”。

3 即时满足渴求：快节奏时代的“情绪急救包”。

在泡面都要吃“3 分钟速食版”的时代，人们对快乐的追求也进入了“快充模式”。盲盒拆封时心跳加速，15 秒爆笑短视频，奶茶入口瞬间的甜蜜……这些能瞬间“上头”的快乐，就像速效救心丸，专治各种被 KPI 伤害后的心脏。哪怕知道这种快乐来得快去得更快，可当领导突然通知临时加班时，谁能忍住不赶紧掏出这些“快乐急救包”，给自己续上一口气呢？

某盲盒品牌曾推出限量款玩偶，发售当天线下门店排起长队，线上平台更是“秒空”。集齐整套玩偶的花费足够买台笔记本电脑，但玩家们乐此不疲。因为当外界刺激快速激活大脑奖赏系统时，人们会陷入“即时快乐陷阱”，就算明知是短暂虚幻的快感，也忍不住一次次按下“购买键”。

4 情绪身份标签：消费成为新的“社交密码”。

在社交平台晒“佛系”茶杯的人，和穿“丧文化”T 恤的青年，本质上都在玩同一场“游戏”——用消费构建人设，就像原始人用图腾区分部落，现代人用商品标记身份。他们喜欢给自己找“组织”，比如扎进电竞圈、国风圈这些亚文化小团体里找存在感。

“谷子经济”的兴起就是代表。当人们收集这些周边商品时，实际是通过实体化情感标签寻找部落认同。两个佩戴相同“谷子”的女孩，眼神一交会便达成了情感身份验证仪式，瞬间建立起信任——咱们是一个“组织”的。这种“趣缘共同体”取代了传统的血缘和地缘，成为新的社交结构。他们在圈子里跟同好们处得热乎，守着圈里的规矩互动来互动去，慢慢就把圈子里的那套风格、喜好当成了自己身份的标签，心里的认同感和“小骄傲”也就跟着来了。鲍德里亚的符号消费理论为此做了生动注脚——商品早已超越使用价值，成为身份认同的符号载体。

5 自我疗愈投资：花钱买“心理按摩”。

当“emo”成为日常，越来越多的人开始像健身一样“健心”，连口头禅都从“干饭了”变成“我又破防了”。冥想 App 会员费、线上心理咨询课时费、疗愈旅行团报名费……这些曾经被视作“智商税”的消费，现在反倒成了中产新刚需。

某冥想 App 数据显示，一年会员费几百元，注册用户依然超 3000 万人。有人花 3000 元参加“拥抱陌生人”工作坊，有人付费请“树洞倾听师”陪自己聊天。乍一听荒诞得像行为艺术，却是自我关怀理论的落地——人们开始意识到，情绪健康和身体健康一样，需要投入时间和金钱维护。

心理学家早就说过，自我关怀不是矫情，而是人类给自己安装的“心理防护盾”。它讲究用对待好朋友的态度善待自己，允许脆弱、接纳不完美。大家终于想明白了——情绪健康不是玄学，而是得花真金白银和心思经营的，毕竟手机都要定期清理内存。

当情绪变成可以买卖的商品，我们既是这场交易的“受害者”，也是“推动者”。读懂这些成因，或许能让我们在物欲横流的市场里多一份清醒与从容。

二 技术开挂 瞄准你的喜怒哀乐

1. 数据的洪流：你的每一次心跳都是“情报”

凌晨三点，小王的智能手表突然震了一下——不是闹钟，而是它发现主人的心率比正常睡眠时快了 12 次 / 分钟。与此同时，她枕边的手机屏幕亮起，音乐软件自动播放治愈失眠的歌单，这些智能设备把人从指尖到心脏的每点动静都当成了“生意经”。

1 从陶罐指纹到“数字文身”：数据捕手的千年进化。

老祖宗打磨陶罐时，指纹嵌进陶土成了独一无二的标记；现在你刷手机的每道指痕都在云端生成复杂的“数字文身”。行为数据、生理数据、社交数据、位置数据……这些飘在互联网里的数字信息，把现代人的情绪织成了一张密不透风的信息网。

1）行为数据是本“公开日记”。

你在淘宝看一条裙子用了 2 分钟，在小红书给职场焦虑笔记点赞，在游戏里三次跳过同一段剧情——这些小动作在算法眼里就像公开的日记一样透明。

2）生理数据成了“泄密者”。

Keep 用户做完高强度训练，App 会根据其心率恢复速度进行鼓励，这是因为传感器把用户喘气的频率、肌肉的颤抖都译成了“求表扬”的要求。某智能马桶盖通过坐垫检测使用者的血压以及心率，推断用户当下的健康情况，提示用户应该注意什么。

3）社交数据是面“照妖镜”。

微信聊天里的“emo”“哈哈哈”，微博转发时的“破防了”，抖音评论区的“太真实了”，自然语言处理技术能从这些碎片里拼出用户的情绪拼图。人类给语言装了个“翻译插件”，让机器能分辨出“呵呵”是真开心还是想骂人。连续三天发送“好累”“不想干了”的用户，收到健身 App“职场充电计划”推送的概率会有所提升。

2 情绪指纹：算法如何拼出你的内心戏码。

深夜 11 点，循环播放李宗盛的《山丘》，购物车添加抗焦虑保健品，半小时后搜索“冥想入门”，这串操作在情感计算模型里就是中年危机的标准反映。心理学早就证明，人类情绪会在行为里留下破绽，哪怕嘴上说着“没事”，身体和习惯早把你抖了个干净。比如紧张时眨眼频率会增加，暗恋某人时删改消息的次数能暴露心跳速度，刷手机时的指尖力度也在悄悄记录你对某条内容的真实反应。这些行为破绽就像情绪的影子，哪怕你想藏，也会在举手投足间露出马脚，被心理学当成破译内心的密码，而算法把这些破绽变成了可交易的“情绪硬币”。

音乐流媒体平台不会说“你今年过得挺惨”，而是告诉你某年某月某日几点，你循环播放《可惜没如果》17 次。这种用音乐数据表达的情绪，让数千万用户心甘情愿在朋友圈晒出自己的精神“伤疤”。

当你把猫咪解压玩具和捏捏乐同时加入电商平台的购物车，系统会给你贴上“高压社畜”标签，接着推送“撸猫＋读书”的周末套餐。商家不强制你做选择，而是通过巧妙设计选择环境，像温柔推手一样引导你走向他们期望的决策——不问你焦不焦虑，而是通过购物车猜你心事。

某健身App通过摄像头看你做瑜伽动作时的肢体僵硬程度，结合呼吸频率判断你的紧张指数。当检测到连续三次动作变形，语音助手会突然说：“第一次练都这样，我当年比你还笨。”这就是算法在扮演“塑料姐妹花”，用共情让你继续付费。

3 情绪通鉴：一场跨越千年的效率升级。

如果把情绪识别比作一场跨越千年的修行，古人与今人走的是两条截然不同的路。

1）精准度的代际碾压。

古人识情绪靠医家望诊时观人眉峰聚散，谋士论战时察对方眼神流转，就算寻常人家送别，也得从“执手相看泪眼”里猜测不舍的深浅。可这察言观色的本事，全凭个人悟性。同是展眉，有人看作释然，有人解为轻蔑。而现在的情绪识别，高速摄像机能捕捉到一瞬间的微表情波动，比人眼快好几倍；皮肤电反应仪悄悄记下指尖的汗湿，揭穿“我没事”的口是心非。

古人需“察言观色数月”才能判断的性格偏向，现代AI在30秒语音里便能寻出愤怒或焦虑的蛛丝马迹，如此的精准度跨越，就像蒙着眼猜东西和显微镜下观物的差别。

2）规模化的降维打击。

古人的情绪识别是小众的手艺。君主的谋士能察言观色辅佐决策，医者凭“七情致病”理论调治身心，这些智慧多藏在深宅医馆里，靠口传心授延续，寻常百姓难窥门径。如今的情绪识别早已跳出个体的局限，成了广泛使用的技术，更在算法的助力下出现在生活的各个角落。从少数人的独门绝技到千万人的日常工具，这场规模化的蜕变，让情绪识别从象牙塔走进了市井烟火。

2. 算法读心术：比你更懂你自己的“数字管家”

你有没有过这种体验？刚跟朋友微信吐槽“工作好累”，抖音就刷到“打工人解压方式”；和对象吵架后刷微博，首页全是“如何经营亲密关系”，怎么回事？

1 数据翻译官的三重算法。

算法能读懂情绪，靠的是一套组合拳，招招打在人的软肋上。

1）协同过滤：找同类人的情绪小团体。

还记得上文提到的放入购物车的猫咪解压玩具和捏捏乐吗？事实上很有可能是你先搜索猫咪解压玩具，系统会立刻推送“买过的人还买了捏捏乐”，这并不是巧合，算法把你和一群“撸猫 = 焦虑”的人归为了一类。行为经济学里的“羊群效应”说的是人类骨子里的“跟风”——看到别人往一个方向跑，自己哪怕不知道为什么，也会下意识跟着跑。算法利用人类“怕错过”“怕落后”的心理弱点，让你在“大家都这么选”的氛围里变成跟着跑的“经济绵羊”。

2）内容分析：让图片文字“开口说话”。

抖音审核系统不只能识别违规内容，更能通过画面分析情绪，比如把下雨天的街道、昏暗灯光、慢节奏钢琴组合标记为“忧郁”，把阳光沙滩、蹦迪场景、电子音乐秒判为“亢奋”。自然语言处理分析得更准确，“这口红颜色还行”是中性评价，“我涂上它就是‘女王’”则被拆分成“炫耀＋喜悦”。

3）强化学习：在试探中把你“训”成条件反射。

新用户打开短视频平台，算法会先扔几个视频试水：宠物、搞笑、科普。如果你对宠物视频的完播率超过70%，点赞比看别的视频多，算法就像驯狗狗一样，知道萌宠是你的兴奋点，接下来经常给你推送“猫主子”拆家视频。这种机制就像巴甫洛夫的狗——心理学界最著名的“条件反射打工人”。这位俄国科学家拿肉喂狗时摇铃铛，摇着摇着，狗听见铃铛声就开始流口水，哪怕眼前没肉。这事儿妙就妙在狗把铃铛声和吃肉强行绑定在了一起，最后听到铃铛响就自动启动唾液腺，像装了个声控开关。

这揭示了人类同样的弱点：大脑会把偶然关联的事儿当成必然，短视频平台只要反复给你“铃铛＋肉”的组合拳，就能把你训成“条件反射消费者”，结果就是你看到宠物视频就点赞。

2 情绪钩子：批量生产“数字痒痒挠”。

小红书上那些“打工人必看！3招摆脱焦虑”的标题，抖音里“凌晨3点不睡的人都在看这个”的文案，全是算法工厂里流水线生产的“情绪痒痒挠”，专挑你心里最痒的地方下手。

1）强烈反差感。

“科学家竟然也会焦虑？”这种标题的点击率比普通标题的高好几倍，因为打破了“大佬都很稳”的认知。算法抓住这个规律，开始批量生产“消防员的卧室竟然这么少女心”“程序员穿汉服上班”之类的内容，用反差感挠得你好奇心发痒，不点开看都难受。

2）怀旧鸡汤。

音乐分析出25~35岁用户深夜爱听《还珠格格》主题曲，立刻推出“8090后童年歌单”，配文“听到这首歌，突然想起偷藏零食的同桌”。这是算法熬的鸡汤，让你一边怀念青春一边掉眼泪，顺便买个会员下载老歌，眼泪成了算法的提款机。

3）热议话题。

算法还掐准了人性里的“看热闹不嫌事大”心理，故意把持不同观点的人拉到一个群里，“彩礼该不该退”“职场女性该不该生二胎”这类话题的互动率颇高。这边你气得血压升高，它那边在后台偷偷数着流量变现的钞票。

3 个性化情绪剧本：你以为的“偶遇”都是安排好的“相亲”。

抖音的瀑布流设计是算法给你量身定做的“情绪相亲剧本”。当你刷到第一个搞笑视频时，一次精心设计的“数字相亲”就开始了。

1）情绪节奏大师。

前3个视频必须快速甩包袱（如“二哈”拆家），让你觉得“这App懂我”；第4~8个插入治愈画面（如海边日落），防止你笑累了退出；第9个突然来个反转（外卖小哥弹钢琴），制造情绪起伏。

2）阈值调节高手。

如果你对搞笑视频的笑点越来越高（点赞率下降），算法会自动加大剂量，从宠物搞笑升级到人类奇葩行为，甚至带点惊悚反转。这和游戏里的“动态难度调整”一个道理，让你始终处于“有点挑战但能爽到”的状态。

3）“即时”满足你。

深夜刷视频时，明明眼皮打架，手指却不听使唤地继续往下滑，这是算法在你大脑的“即时满足”神经回路上装了个“加速器”。让你想要什么就能立刻得到，手指划一下就有新段子蹦出来，大脑立刻分泌多巴胺奖励你“真快乐”。这利用了人类“等不了”的原始冲动——看见果子就得马上摘，不然可能被抢走。

3. 准确投喂：从“算命先生”到“情绪导航”

当技术能准确识别你的情绪，它就不再满足于当“算命先生”了，转身变成“情绪导航”。你认为自己在“按需消费”，其实是被它沿着预设的情绪路径引向了早已准备好的消费选项。

1 需求制造：从“你需要”到“你必须要”。

某运动饮料品牌发现，写字楼周边的用户心率在下午 3 点普遍升高，于是推出广告“你的心需要一杯冰爽救赎”。它先通过制造“工作压力必须用我来缓解”的逻辑，让你觉得不买就是跟自己过不去，然后再卖给你饮料。

小红书的“精致生活”种草机制，专推“95 后女生 3 年攒钱买江景房”“00 后博主月入百万元”的内容，让你觉得“别人都行，我为什么不行”，然后忍不住搜索搞钱攻略。**行为经济学的“锚定效应”说的是人们在做决策时，会受到已知的信息或“锚点”的影响，从而偏向于围绕这个锚点做出判断，而忽视其他可能的因素。**若是这个锚抛得不对，就不知不觉把别人的生活设成了自己的 KPI。

盲盒营销的逻辑也相当巧妙。它先初步建立“需要”的可能性：盲盒玩具本身可能吸引用户（如 IP 爱好者、收藏者），这时用户对盲盒的需求是“可能需要”；然后用概率制造“必须要”的紧迫感：算法控制的低概率（如稀有款 1:144），利用行为经济学的“损失厌恶”心理，让人觉得不买就可能永远失去拥有稀有款的机会；最后用概率带来“再试一次的希望”，让用户从“可能想要”变成“非买不可”。

2 情绪引导：产品 A/B 测试。

产品 A/B 测试中的情绪引导，核心是通过设计不同情绪触发点，对比用户反馈以优化体验。

通常测试会预设两种情绪路径：比如一组内容侧重温和共情（弱化冲突的表达），另一组侧重强情绪刺激（突出紧张感的表述）。通过观察用户停留时长、互动意愿等数据，判断哪种情绪更能贴合需求。这类测试的本质是用算法捕捉情绪与行为的关联，让产品既能触发用户情绪共鸣，又能引导其按预期完成行为。

某短视频平台用 A/B 测试优化封面：一组用“哭泣的猫”，另一组用“微笑的猫”。测试结果是“哭猫”封面点击率高 22%，但完播率低 15%——说明悲伤能吸引人点击，但留不住人，最后改成“猫流泪但眼神倔强”，既触发同情又留有希望，完播率提升30%，让你看得又哭又笑还舍不得走。

3 虚实情绪：从屏幕到元宇宙。

技术正在用VR、AR等“黑科技”建造更高级的化学反应。

某元宇宙平台算法发现用户连续3天发消息少于10条，就给其虚拟形象加“孤独光环”，推荐用户加入“同频小组”。渴望归属感是指人类天生就向往群居生活，从原始人围着火堆烤肉开始，就怕自己被族群落下，到现在进化成了“社交焦虑”。

深夜躺在床上，音箱里飘出算法为你定制的“睡前思绪整理歌单”。此刻的技术像个揣着你所有情绪秘密的老管家，它知道你看到猫咪视频会嘴角上扬，记得你加班时爱听的音乐，甚至比你更早察觉换季时你那莫名的低落。

这或许就是技术与情绪最奇妙的共生：它像个越来越懂你的朋友，用数据织成的“围巾”给你暖手，而你心里那些无法被算法解析的部分——比如偶尔发呆散发出的傻气，或是听见某首老歌时莫名的鼻酸才是让“情绪经济”旅程不至于变成流水线的关键。

三 解码 Z 世代 情绪消费的弄潮儿

1. 数字原生代：情绪经济的天然宿主

1 成长的底色：被信息和焦虑包裹的互联人生。

午夜两点，写字楼的灯海漫过夜空，细碎的光点簌簌落在出租屋的玻璃窗上。小周蜷在沙发里，手机屏幕把她的脸映照得忽明忽暗，虚拟偶像的生日直播正嗨到顶点，满屏的弹幕飞来飞去，充值界面的数字也跳得飞快，她的指尖下意识点向了“打赏键”。

Z 世代通常指 1995 年至 2009 年出生的人，他们从小就在互联网的浸润下成长，妥妥的“数字原住民”，虽享受着信息获取的便捷，却也首当其冲地承受着信息过载带来的多重焦虑。这些焦虑渗透在学习、社交、自我认知甚至未来规划中，Z 时代的多重焦虑如表 2–3 所示。

表 2-3　Z 时代的多重焦虑

焦虑类型	触发原因	典型表现	高发场景
选择焦虑	选项过载 害怕决策失误	反复对比 拖延下单	购物 职业选择
比较焦虑	社交媒体 “滤镜式”展示	自我贬低 频繁刷屏嫉妒	朋友圈 小红书
知识迭代焦虑	信息爆炸 技能更新过快	报课囤积却无法消化	职场 技术领域
信任焦虑	虚假新闻 观点极化	怀疑权威 “等反转”心态	热点事件讨论
社交表演焦虑	线上人设维护压力	修图过度 回复内耗	自媒体 社群运营

2　心的“编程”：数字世界悄悄改变情绪感知。

从心理学视角来看，人的内心始终存在理性与感性的微妙平衡。进入数字时代，这两种力量的互动变得更加活跃，仿佛形成了一对爱互动的“双系统”：理性沉稳持重，感性热情奔放。

小周在直播间里的状态如此，当屏幕上的特效礼物如烟花般绽放，多巴胺便会悄然升温，原本清晰的理性判断仿佛被轻轻拨动，瞬间柔和了许多，内心的悸动往往比冷静的盘算来得更直接。

而“沉浸感”这个词，用在 Z 世代身上格外贴切。他们观看虚拟偶像直播时的投入，每一个细节都能牵动心绪。数字环境仿佛将他们的情绪感知能力调到了更敏锐的档位，哪怕是细微的动静，也能在心里漾起层层涟漪。

3　把情绪算成钱：年轻人的消费账。

倘若亚当 · 斯密穿越到今天，或许会对着《国富论》里“人是理性经济人”的论断陷入沉思。在Z世代身上，传统的理性消费逻辑正悄然发生着有趣的转向，而“心理账户”理论恰好能为这种现象做个解释：小周能连着三个月靠吃泡面度日，却甘愿为偶像周边消费。

Z世代为带有情绪溢价的产品额外付费的意愿概率，比其他世代高出近四成。古人把金银视作交易货币，如今的年轻人正把“情感共鸣”当成一种特殊的“流通货币”，限量款球鞋也好，虚拟皮肤也罢，都成了能兑换情绪满足感的“硬通货”。

4 时代的印记：年轻人的价值观藏着哪些矛盾？

戈夫曼的“拟剧论”认为社会互动如同戏剧表演，个体通过前台（展现符合社会期待的行为）和后台（隐藏真实自我）进行印象管理，以操控他人对自己的认知，达成特定社会目标。这一点在Z世代的小红书打卡、B站充电等行为中体现得格外鲜明。

小周在直播间里的打赏，像是在向某个圈子递上一张“名片”；年轻人在网红店门口排起长队，是在演绎一场属于自己的“身份宣言”，这和人们通过特定物品彰显自我的逻辑相通，只不过载体从传统物件变成了限量新宠。

每个时代的人都带着独特的时代印记。Z世代恰逢社会快速变迁，他们的价值观极其丰富，既渴望融入群体获得归属感，又想突出个性标新立异；既热衷于虚拟世界的精彩，又期盼着真实可触的连接。这种看似矛盾的特质反映在消费上，就成了一场为自己量身打造的“演出”。

5 天生懂情绪，花钱更随心：这代人的独特之处。

从过去的心理规律到如今的消费习惯，人性的底层逻辑没变，就是换了件“数字外衣”。小周指尖送出的打赏，看起来挺冲动，实则是人性规律跟数字时代技术碰撞出的火花。

商家想摸准Z世代的脉，得像研究解读珍贵文献那样——在每一次看似“冲动”的消费背后找到那些始终存在的人性本质，再搭配上数字时代的新形式。毕竟不管是谁，内心对“归属感”与“独特性”的向往，从来都是一样真挚。

2. 情绪驱动力：消费背后的心灵密码

自习室的灯光在小雨的电脑屏幕上轻轻晃动，忽明忽暗间，B站里《原神》角色的二创视频正热度高涨。满屏“帝君威武”的弹幕滚动不停，像极了热闹市集里此起彼伏的欢呼，鲜活又热闹。她随手点下“一键三连”，又麻利地拍下同款周边挂件。

Z世代的每笔消费，都像一件精心设计的潮玩手办——看似随性的选择里，其实悄悄镌刻着这个时代的精神印记，也藏着那些从未改变的人性本真。

1 找到“自己人”：群体归属感的新模样。

人类对群体归属感的追寻，向来是文明演进的“隐藏剧情”。如今Z世代在B站的“弹幕狂欢”，是对“自己人”的数字化确认。一众B站付费会员搭起的虚拟城邦，用0和1的代码世界给漂泊的灵魂安了个临时住处。用户刷出的“爷青回”“泪目了”弹幕，就是在信息洪流中发出的身份认证信号。

B 站每多一个会员，社区里的专属内容、互动氛围就跟滚雪球似的越来越壮大，而“一键三连”成了约定俗成的社区礼仪。明清科举考生得研习八股文，当代年轻人为了融入群体，也得乖乖参与这场数字时代的身份加冕仪式。

2 用消费说“我是谁”：符号背后的个性宣言。

人们常常会通过一些外在的符号来界定自我。

徽州老宅砖雕上的梅兰竹菊曾是士绅阶层的身份徽章，如今国潮卫衣上的刺绣图腾成了 Z 世代的个性宣言。当商品承载的情感价值超过使用价值，消费者就愿意多掏钱，比如企业在灾害中伸出援手，这样的举动会让消费者对其产生好感，进而愿意为其产品买单。有人愿意花重金收藏字画，看重的也正是其中蕴含的文化品位带来的精神满足。

一些独特的香调成了 Z 世代对抗同质化的嗅觉武器。这种通过特定符号为自己划分精神空间的行为，本质上和人们用某种意象寄托自我的方式一样，都是在用外在符号来明确“自我定位”。

3 给心情“止痛”：压力时代的“小确幸”。

谁还没点对抗压力的小妙招呢？有人转着核桃慢慢把玩，有人捏着盲盒来回晃悠，不管是哪种，都是想在紧绷的日子里松口气。撕开漂亮包装的瞬间，那股畅快就像突然喝到一口冰镇饮料，浑身都舒坦。

“小确幸经济”的繁荣，其实是高压环境下的“情绪自救”。他们用奶茶的甜味、盲盒的惊喜，在现实与理想间搭了个临时避风港，累了就钻进去歇会儿，攒够劲儿再接着往前跑。

4 消费当“门票”：社交场上的隐形博弈。

年轻人在装修有特色的店里排上两小时队，买的不只是份吃食，更像是拿到了一张能融进社交圈的“入场券”。拍张角度刚好的照片，配段琢磨半天的文字发出去，就像在社交场里摆了个显眼的小摊位，就等大家来搭话呢。

有人专门收集那种带城市印记的杯子，靠那些不好找的款式在圈子里攒存在感；有人爱写探店笔记，每篇都像往社交账户里存了笔“信用”，慢慢就有了自己的影响力。

5 买的是价值观：用购物车“投票”的时代。

当品牌把运营收益投入环保事业时，年轻人在官网争相下单的热情是在用消费表达自己的态度，消费行为成了价值立场的公开声明——“我认同这样的理念”。支持那些关注女性成长的品牌，或者选择用环保材料做的商品，都是在用行动投票。

这几年绿色消费的人群规模增长迅速，其中主力人群来自Z世代。就拿汽车行业来说吧，很多年轻人打算以后买新能源车，有车一族里想要“二胎”的大部分也想选择新能源车。数据显示，约七成的Z世代愿为环保属性产品支付溢价。大家用钱包投票，自然会推动企业更重视社会责任。Z世代用消费行为证明：商业不再是冰冷的交易，而是价值观碰撞的新战场。

点下鼠标、划开手机屏幕的动作很轻，但在消费世界里能掀起不小的波澜。年轻人每次买东西的选择，都在悄悄改变着大家对“花钱”这件事的理解——情绪成了很重要的消费理由，购物车也成了表达想法的方式。商业世界慢慢发现，想和这代人好好打交道，得先看懂他们心里真正在意的东西。

3. 消费新范式：Z 世代的情绪购物车

“谷子”店里，小陈的指尖蹭过喜欢的游戏角色钥匙扣时，那轻柔的样子，像是在触碰什么特别宝贝的东西；划开购物软件挑手机壳时，她又立刻切换成精打细算模式，连几分钱的差价都要比来比去。

这般“左手信仰充值，右手人间清醒”的操作，其实就是年轻人在消费里找到的平衡感，透着他们独有的生活小聪明。

1 为热爱买单：从金石拓片到虚拟皮肤的千年共鸣。

翻开史书，北宋文人痴迷金石拓片，千金求一纸残碑，摩挲纹路时的热切眼神，和如今 Z 世代抢限定皮肤的执着劲儿隔着千年时空击了个掌。游戏厂商通过限量发售的方式，捕捉到玩家对专属体验的珍视。一款限定皮肤三秒内被抢空，体现出玩家们按捺不住的期待与热情，这种对稀缺体验的追求恰是玩家们对游戏热爱的直接表达。厂商让这份情感有了独特的承载，也让每一份拥有成为玩家心中值得珍藏的记忆，让虚拟皮肤的价值在共鸣中不断提升。

2 醉在当下：体验带来的畅快。

推开 teamLab 无界美术馆的门，光影像瀑布似的浇下来，参观者瞬间进入奇异世界。这股沉浸式体验的热潮藏着个简单道理：如今的消费者更看重商品蕴藏的温度与故事，愿意为那些能刻进记忆里的体验付出真心。这种由体验带来的快乐，远比单纯拥有一件物品更让人难忘，也更能在人们心里留下长久的余温。

剧本杀店里，Z 世代为破“民国谜案”争得脸红脖子粗；主题快闪店外，长队排得像条贪吃蛇。他们一头扎进另一个时空，用投入感充盈着精神世界，和伙伴们积累着独家记忆，给“情绪账户”狠狠充了回值。

3 种草拔草晒单：社交场上的数字“庙会”。

点开小红书，“00后私藏好物”“美妆心得”笔记下面的评论像庙会一样热闹。Z世代的“种草”“拔草”早成了热闹的社交戏码。比起明星打广告，大伙更愿意相信“素人博主”接地气的诚意测评。

某国产彩妆靠B站UP主发布仿妆视频，仨月销量翻十倍，全仗着“人传人”的魔力——每个用户分享都像往湖里扔石子，涟漪越扩越大。消费者“晒单”，就像在社交场做买卖，用购物体验换点赞评论，把购物搞成了永不散场的狂欢“庙会”。

4 虚实难分：数字世界里的身份花样。

虚拟偶像AYAYI代言美妆，直播间百万观众刷屏“打call”，标志着Z世代闯进了数字经济新大陆。数字资产冒出独特的“象征价值”，NFT藏品拍出天价，又应了“物以稀为贵”的老理儿，只不过稀缺物件从青铜器、古画变成了区块链上的一串代码。

Z世代穿虚拟时装看演唱会，用数字资产扮社交形象，就像在数字舞台上自编自演了一场戏剧。这让人想起北宋交子取代铜钱的变革，Z世代追虚拟世界这股劲儿，正悄悄给社会价值换算法，连社交的老规矩也跟着变新潮啦。

5 精打细算：心里的账本分得门儿清。

Z世代“左手球鞋自由，右手拼多多”的消费思路背后藏着一套独特的“心里账本”。在他们心里，买限量版球鞋的钱归“热爱账户”，为这份狂热哪怕“吃土”都乐意；日用品开销算“生活账户”，一分钱都得掰成两半儿花。他们愿意为演唱会砸重金，觉得现场气氛值这个价；但又会为几块钱配送费纠结半天，因为觉得不值当。这看似矛盾的操作，实则是对“情绪价值”的算计，透着Z世代特有的精明劲儿。

4. 商业重塑者：掀翻“桌子”的年轻力量

这群在数字浪潮里泡大的年轻人，掀翻了传统商业规则的“桌子”。他们每次花钱，都是推着商业这艘大船往没去过的海里闯荡，用年轻的力量创造出商业新形态。

1 爆款制造机：需求翻涌里的新花样。

能制造出爆款的人都是蹲点的高手——别人还在研究消费者爱吃什么，他们已经摸透了“大家现在想晒什么、想聊什么、想偷偷炫耀什么”。

这些制造者知道Z世代喜欢当“尝鲜者”，通过社交平台一转发，小众爱好就火成了全民热潮。所以他们从不用大炮打蚊子，而是拿个小网兜在需求的大浪里捞——把用户随口一句吐槽改成产品卖点，评论区几个点赞能催生出新玩法。比起慢慢熬“百年老店”，他们更爱用“小机灵”在需求翻涌里捞出爆款，主打一个“你刚想到，我就送到”。

2 营销革命派：传播江湖换了新玩法。

当蜜雪冰城“你爱我，我爱你”的旋律传遍大街小巷，传统营销方法越来越没了市场。Z世代在信息洪流里专挑能填补情感缺口的内容。要是品牌还端着架子硬邦邦地说教，那岂不是自找别扭嘛。完美日记另辟蹊径，不砸钱请明星代言，反而深耕“素人博主”的真实测评。这招用“素人同款”的共鸣卸下了消费者的防备，特别管用。从“我说你听”到“一起创作”，如今的品牌得学会在数字江湖里用故事和互动搭个情感驿站。

3 品牌合伙人：买卖双方换了新关系。

Z 世代不喜欢把自己当品牌的买单工具人，他们更喜欢做有话语权的“合伙人”，不再是品牌说“这是爆款”就乖乖掏钱，而是带着“我提建议你得听”的姿态打交道：在评论区“改”包装设计，在社群里“催”新品配方，甚至帮品牌想“传播梗”。

对他们来说，买东西不只是消费，更是“入股”，对于认可的品牌主动当“野生代言人”，觉得不够好就直接提修改意见。愿意平等对话的商家，反而能靠这群“合伙人”攒出人气，把买卖关系变成双向奔赴的协作。从花钱的角度看，让消费者参与新品研发，等于白得了个智囊团，特别划算。这种从旁观者到共建者的转变，彻底打破了买卖双方的权力平衡。

4 给情绪标价钱：创造消费市场新商品。

Z 世代为虚拟偶像挥金如土、给治愈系 App 充值的做法，源自他们专门设了个“情绪消费账户”，愿意为慰藉心灵的东西花大价钱。Z 世代对情绪价值的需求，让“给情绪标价”成了新商机，解压捏捏乐、深夜电台抱枕等，都是把情绪打包成商品。商家抓住这点，把抽象情绪变成具象商品，让商品成为情绪出口，当陪伴、安慰都能明码标价，情感关系就成了新的经济秩序。Z 世代用消费证明情绪价值同样能在商业天平上称出分量。

5 小众品牌唱主角：市场格局换了新模样。

观夏香氛的东方植物调、三顿半的精品速溶咖啡，曾经的小众牌子，如今一个个都成了香饽饽。Z 世代用兴趣和价值观重新划分消费圈层，拆掉了传统大牌靠历史堆起来的“护城河”。小众品牌专挑没人抢的细分市场深耕，避开主流市场的红海厮杀。当商业审美权交到年轻人手里，小众不再是边缘配角，而是重塑市场的主力军。

Z 世代用矛盾却充满创造力的消费行为把需求暗号、价值规律、群体逻辑编织成新的商业文明暗语。这个从点击鼠标开始的变革，正像当年活字印刷术改变知识传播形式那样，给商业文明带来翻天覆地的新变化。

5. 发展中的平衡：热闹背后的考量

Z 世代看着都挺舍得花钱，但他们心里都揣着杆秤——想疯狂“剁手”图个乐，又怕钱包吃不消；发朋友圈想秀一把，又怕太假被戳穿；享受数据送上门的便利，却像护食似的防着隐私被扒。商家也得跟着变着法儿做生意，可热闹背后也有麻烦，不留意就容易陷进去。

1 快乐消费：需要把握的平衡尺度。

Z 世代花钱有点像给奶茶配吸管——既得喝得爽，又不能一口喝下去呛着。他们清楚快乐消费的本质——不是盲目追逐新鲜感，而是有选择地为情绪价值买单。

面对盲盒这种能让人产生收集欲的商品，他们会主动设定“收集边界”：可能是“每月只入手一款”的自我约定，或是“只收集特定系列”的明确目标，用这种方式保留拆盒的惊喜感，又避免陷入无意义的囤积。碰上预售这种“先喂糖再结账”的套路，他们也有自己的应对方法——先把商品扔进购物车冷静冷静，算算发薪日和尾款结算日能不能对上，确保“当下的心动”不会变成“未来的负担”。

这群年轻人的消费观念是“既不委屈自己，也不坑了钱包”，要能笑着花钱，还能笑着算账，这才是最高明的快乐消费。

2 滤镜人生：自我表达与社交呈现的平衡。

Z 世代用朋友圈、vlog 分享生活，是个体表达需求在数字时代的自然延伸。把加了柔光的生日蛋糕照片发出去，就像把过生日的喜悦心情分享给网友。将正向情绪进行社会化传递是一种积极的情感交互，有重要的社交价值。

当然，要是为调滤镜熬到半夜，反倒成了甜蜜的负担。同理，在朋友圈特意维持一个人设，总在展示一个和真实的自己不太一样的形象，也是一种负担。你想啊，要是天天都得“端着”“装着”，时间长了肯定累，就像一直挺着腰板站得笔直，看着是精神，可后背早就悄悄发酸了。

对所有人来说，人设本该是把自己身上的闪光点亮出来，不是凭空造出另一个人。要是太较真地打磨，反而把原本轻松的分享变得不自在了。其实 Z 世代多半拎得清：修图时笑称“这脸瘦得能直接去演纸片人”，转头就捧着奶茶拍素颜 vlog。“修图”是给生活拍可爱快照，不是给日子换假面具。

3 数据流转：便利与隐私的平衡之道。

Z 世代买东西靠推荐算法省时间，和朋友聊天用表情包传心意，数据就像个贴心的助手。但助手也得有分寸，知道你吃面条爱加醋就够了，不用记你每回吃醋的表情。

人们刷到喜欢的推送内容会开心，设置隐私权限也熟练，其实都在“给点信息换方便”的圈里打转：明知道有点风险，可架不住省事啊。你浏览了什么、爱买什么，这些零零碎碎拼凑成了用户画像，对商家来说是优化产品和服务的参考。只是这分寸得把握好，别光顾着抖机灵，把规矩给忘了。数据流转本是为生活添彩，只要掌握好度，就能既享便利又心里踏实。

4 情感表达：商业场景中的多元呈现。

Z 世代对商业场景的情感表达向来通透。面对直播间里“家人们”的招呼，他们乐于接受这种带着商业属性的热络。比起生硬的“顾客您好”，“家人们”“宝子们”像是给交易裹了层糖衣，既清楚背后的营销逻辑，又享受那份被重视的亲切感，谁不喜欢呢？

对于情感陪聊、客服标准化关怀等商业化情感服务，他们也持开放态度。当这些服务能高效填补情绪缺口时，他们会坦然接纳，同时也敏锐地期待其中的真心。

在他们看来，商业情感关怀和现实情谊完全可以并行。前者是生活里的情绪快充站，后者是心底的情感根据地，只要那份关怀的温度没被商业目的冲淡，这种互补就有价值。

情绪经济火爆的底层逻辑

第三章

Chapter Three

一 四大核心特征
情绪经济的独特“人设”

如果把传统消费经济比作“胃肠经济”——满足人类基础生存需求，那么情绪经济就是名副其实的“心脏经济”。它不贩卖蛋白质和碳水化合物，而是兜售多巴胺和内啡肽；不计较卡路里含量，只在乎情感共鸣度。

1. 情绪价值主权化——从配角到 C 位，情绪登基大典

现在的消费市场就像一场宫斗剧，曾经默默无闻的小透明——情绪价值，一路过关斩将，上演了一出逆袭上位记。它踩着功能价值和符号价值的肩膀，风风光光地登上了消费决策的“龙椅”，成了说一不二的“主心骨”。这场变化看似悄无声息，其实是往平静的湖里扔了颗“巨型炸弹”，不仅炸得商业竞争版图地动山摇，还在人类消费行为和社会文化的“土壤”里埋下了不平凡的种子。一切都源自心理学、经济学、社会学等多学科“大佬”的精密布局。

1 脑科学起义：从功能满足到情感掌权。

人类的大脑里每天都在上演一场激烈的“权力斗争”，主角是掌管理性的前额叶皮层和掌控情绪的边缘系统。前额叶皮层像个严肃古板的老学究，长期把持着逻辑分析和判断的大权，在过去的消费世界里，消费者都得听它的，只会盯着产品的功能属性，把满足功能作为消费决策的铁律。

可时代变了，边缘系统这个不安分的家伙开始“造反”，影响力一天比一天大。神经科学研究发现，当消费者看到喜欢的产品时，边缘系统就像打了鸡血一样兴奋，有时候甚至能把理性的前额叶皮层按在地上“摩擦”。哪还有理性什么事儿啊？“情绪脑”把“理性脑”灌得晕头转向，等理性脑反应过来，情绪脑早就坐在消费决策宝座上了。

运动品牌市场是最佳见证。传统运动品牌都是忠实的功能派，把产品的透气性、耐磨性、弹性等功能指标当作广告宣传的“十八般兵器”，什么减震、人体力学、防水，一门心思要用这些“兵器”戳中消费者的需求。但 Lululemon 是个不走寻常路的“江湖侠客”，另辟蹊径打起了情感牌，靠着打造“运动社群归属感”成功出圈。

Lululemon 在线下开设瑜伽课、搞运动社群活动，2025 年在中国 7 座城市巡回举办十周年“瑜”见你嘉年华活动，北京工体站参与人数超过 5000 人，通过地标场景进一步强化 Lululemon 社群归属感，把消费场景改成了情感共鸣和社交满足的欢乐派对。心理学研究表明，消费者参加这些活动，大脑边缘系统就会分泌多巴胺，多巴胺一“上头”，情感连接瞬间决定了消费决策。Lululemon 的忠实粉丝复购率远远领先同行，消费者买他家的瑜伽裤，买的是一份身份认同，一种情感寄托，是“情绪脑”当家做主的生动写照。

2 情感溢价公式：情绪溢价的经济学内核。

在经济学殿堂里，情绪附加值对消费者支付意愿的影响，形成了一套独特的情感溢价公式。**有一个有趣的现象：消费者常常是冲动派，只要感觉到位，就算产品比同类贵 30% 甚至更多，也心甘情愿地掏腰包。**

按照传统边际效用理论，商品数量越多，消费者从每单位商品得到的满足感就越少。但在情绪经济的世界里，情绪价值打破了这个铁律，当产品的情绪价值拉满，消费者获得的满足感就不再只看商品数量和功能了，情感体验成了新的“衡量标尺”。

奢侈品行业就是这一理论的“最佳代言人”，消费者买奢侈品，与其说是买实用功能，不如说是交情感税。它既满足了炫耀性消费的心理，又赋予持有者少数精英的身份标签，消费者买的就是品牌带来的身份象征和情感满足。

戴森吹风机把情绪溢价玩到了高级别。论技术参数，戴森确实“有两把刷子”，但和普通吹风机比，价格贵得离谱。从拉风的外观设计，到安静得像猫咪呼吸的使用体验，戴森把“科技美学愉悦感”注入产品的每个部分，再加上弱化家电属性，强化轻奢定位，成功塑造了高端护发科技奢侈品的形象。靠着这波操作，戴森成功把控了消费者的支付意愿，在高端吹风机市场稳坐头把交椅，甚至很多美发店都以配置戴森吹风机作为高档的体现。戴森吹风机用实力证明了情绪附加值的作用。

3 社交货币革命：社会符号的价值解构。

在社会学的“显微镜”下，Z世代掀起的社交货币革命正在把消费市场的价值体系搅个天翻地覆。法国现代哲学家、社会思想家**鲍德里亚在《消费社会》里说过，消费早就不是单纯满足需求那么简单，而是人们用来刷社会身份认同的社交工具。**但Z世代就像一群叛逆的“后浪”，对社交货币的理解完全区别于传统观念，他们更看重小众圈层带来的情绪共鸣和价值认同，对大众追捧的地位象征反而不感兴趣。

还是Lululemon瑜伽裤，在Z世代手里从普通运动服变成了“自我取悦”的物品，这就是价值解构的鲜活教材。Z世代穿着它上街，不是为了炫富或秀地位，而是在高调宣告自己健康积极的生活态度，展示对自我价值的认可。

一项针对Z世代的调研显示，大多数Z世代都是情绪消费派，更愿意为能带来独特情绪价值的产品买单。他们成长在物质丰富的时代，更追求精神满足、情感体验和自我实现。在小众圈层，他们能找到灵魂共鸣的小伙伴，这种情绪价值认同比传统的大众地位象征“香”多了。

从营销学实践来看，霍布鲁克提出的情绪价值三维度——愉悦、意义、连接，就像品牌构建情感资产的武功秘籍。Lululemon照着这本“秘籍”苦练“内功”，用瑜伽社群活动给消费者带来快乐，用健康生活理念赋予产品深度内涵，用社群互动搭建情感连接的桥梁。靠着这一套组合连招，Lululemon成功修炼出强大的品牌情感资产，在情绪经济的赛道上一路狂奔。

情绪价值主权化作为情绪经济的核心特征，像一股无形却强大

的力量，渗透到消费市场的每个角落。它是多学科理论在商业实践中碰撞出的智慧火花，无论是品牌方在商海乘风破浪，还是消费者避免踩坑，都得把这一趋势研究透才行。

2. 情感可计算化——情绪的“可读可写可响应”

原来只存在于人类内心深处、看不见摸不着的喜怒哀乐，算是彻底藏不住了。曾经只属于自己的小情绪，愣是被拆解成能称斤按两卖的商品。技术飞速进步让主观情绪成了能被量化、能被交易的要素，算得上是消费市场的新手段了。

1 读心科技：从主观感受到客观指标。

当代技术可能比你还懂你的情绪！心理学界的“扛把子”——面部编码系统（FACS）就是读心术的专家。这套系统把人类脸上43块肌肉的细微运动完全拆解，嘴角扯出15度的假笑，眼轮匝肌跟着动没？它一眼看穿；气得太阳穴突突跳，还强装镇定？它让你别装了。靠着情绪识别的跨模态整合（微表情/语音/生理指标），它弄了一套能解码人类情绪的图谱。

这技术可没窝在实验室吃灰，早就融入了我们的生活。就说开车吧，堵车堵得你火冒三丈，方向盘都快被捏变形了，车载系统突然像个贴心的小棉袄，自己播放起佛经音乐。为什么这么懂你？人家摄像头正盯着你扭曲的五官、暴起的青筋，再结合你颤抖的语音赶紧给你播点音乐降降火。

2 情感提炼：把眼泪转化成商业数据。

经济学界也跟着凑热闹，来了一出“点石成金”的戏码。传统生产要素为成本、效率愁白了头，情绪数据倒好，实现躺赚——边际成本几乎归零。**什么是边际成本？边际成本就是指每增加一单位产量所带来的总成本的增量，常用于判断企业生产规模扩张的临界点与优化资源配置决策。**

这太专业了，还是瞧瞧 Netflix 吧。通过分析用户看悬疑剧时的暂停、快进、弹幕吐槽以及题材的完播率、重复观看桥段（如权力斗争片段）等数据，判断出大家对“愤怒”“紧张”情绪的偏爱，反手就把这些情绪偏好做成《纸牌屋》里的反转剧情、暗黑台词，爆款就这么诞生了，割了观众情绪的“韭菜”。

每到深夜，那些听着伤感情歌默默流泪的小伙伴，手机里的音乐准会跳出定制的抑郁歌单。这是平台把你听歌时长、切歌频率、评论关键词研究透了，将你的深夜“emo”量化成数据，再用动态个性化推荐算法，将你的眼泪变成源源不断的播放量。这就是数据要素市场化定价模型的威力——你的每一次情绪波动，都成了平台的业绩来源。再加上长尾理论（冷门商品虽单个销量低，但数量众多，其总销量能与热门商品相当）一助攻，连小众的“丧”文化、治愈系内容都能找到专属地。

3 隐私攻防：每一帧微表情都可以成为商业数据。

福柯老爷子笔下的“全景敞视主义”在数字时代进化神速，它就像一个环形监狱，狱警在中央塔楼能监视所有囚犯，而囚犯不知道自己是否被盯着，只能乖乖守规矩。在数字时代，我们随时随地被摄像头、数据追踪、算法监控包围着，自觉按照数据规则行事，被技术全方位“凝视”却浑然不觉。比如职场情绪手环，宣传可以提升效率，实则让员工像被关进透明玻璃房的小白鼠。老板盯着手环传回的压力值、专注度数据，员工连“摸鱼”发呆都得小心翼翼。

某些公司用微表情分析来决定裁员名单。员工走进会议室，脸上每一个肌肉颤动都成了表情符号。

3. 消费共创化——用户即情绪生产者

以前消费者就是电影院里老老实实吃爆米花的“观众”，品牌方在台上怎么“演”，“观众”就怎么“看”。现在倒好，“观众”一个华丽转身被拽上舞台当主演，成了品牌的“情绪合伙人”。

1 参与感“上瘾”：从消费者到共创者。

你觉得买东西还停留在一手交钱一手交货的时代？格局小了！现在的品牌方个个都是消费界的心理专家，他们打造出一个个参与感引力场，用的“配方”就是大名鼎鼎的“自我决定理论”。**自我决定理论认为，人们天生具有自主**（希望能掌控自己的行为和生活）、**胜任**（渴望展现能力并获得成就感）、**归属**（期待与他人建立情感联系并融入群体）**的心理需求，当这些需求得到满足时，人们会更有动力，也更容易获得幸福感和满足感。**简单来讲，当你发现自己能给产品设计提意见、左右品牌创意走向时，是不是很有成就感？自我决定理论解析如图 3–1 所示。

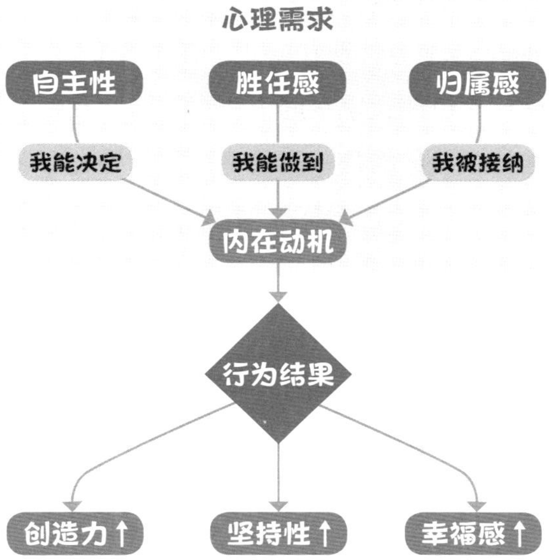

图 3-1　自我决定理论解析

小米社区当年搞的“100个梦想赞助商”计划，就是这个理论的实践教科书。别的手机厂商关着门钻研技术，小米公司把手机研发大门敞开，邀请用户当“野生产品经理”。从手机壳颜色到摄像头像素，从开关机音效到系统功能，“米粉”们的脑洞大开，熬夜写建议、激情讨论参数，比给自己孩子报兴趣班还上心。为什么大家这么拼？

小米公司这波操作满足了人性的三大需求：能决定手机长什么样，满足了“自主需求”，过了一把“上帝”瘾；提出的建议要是被采纳，“胜任需求”拉满了，感觉自己比专业工程师还牛；和一群志同道合的“米粉”折腾，归属感爆棚，找到了组织的快乐。

这种参与感一旦体验过，就跟嗑瓜子一样停不下来。参与过共创活动的用户，复购率比普通用户高不少。品牌方笑得合不拢嘴，不仅免费得到了海量创意，还摸到了消费者的“痒痒肉”。

2 情绪劳动变现：你的共鸣正在被悄悄标价。

在经济学的小本本上，现在多了一笔神奇的买卖——把用户的情绪劳动明码标价。以前大家在网上分享生活、吐槽产品，那叫“为爱发电”，现在好了，你的每一次共鸣、每一条走心评论，都成了能换钱的“硬通货”，你则成了情绪“打工人”。

B 站有个创作激励计划。UP 主们熬夜剪视频、写文案，掉的头发比程序员还多，为什么还乐此不疲？因为平台把观众的点赞、投币、收藏通通换算成真金白银奖励给视频制作者们！ B 站人再熟悉不过的就是 UP 主们每次必求的“一键三连”——求点赞、求投币、求收藏，看完视频不给你都不好意思。UP 主和品牌合作简单又愉快，双方一拍即合，没有扯皮、拉赞助等麻烦事儿，品牌的资源能“投喂”给 UP 主，让 UP 主产出高质量的内容，双方都能赚得盆满钵满。

这就是科斯定理在 UGC 领域的体现。当用户创作内容的成本越来越低，还能获得收益，市场就会自动形成高效的资源配置。品牌方不用花大价钱请明星代言，普通用户的真实分享反而更能打动人心；用户既能满足表达欲，又能赚外快，达成双赢局面。大家都不折腾，资源自然流向最佳组合。小红书也是这个道理，那些种草笔记，表面是博主在分享好物，其实是行走的“带货机器”。

这种注意力经济的双轨制变现，把情绪劳动玩得“不亦乐乎”。品牌方通过流量分成、合作推广，把用户的情绪价值转化成广告效益；用户则在收获金钱的同时，享受被认可的快乐。曾经被忽视的“情绪劳动”现在成了消费市场的宠儿，谁能想到，我们的喜怒哀乐也能变成收益。

3 虚拟部落狂欢：数字时代的情绪共同体。

现在的网友，表面上是社恐，实际上是“社交牛杂症”——现实里唯唯诺诺，网络上重拳出击。社会学大佬们一看，好家伙，这不就是新型社会组织形态吗？虚拟社群，说白了就是数字时代的虚拟部落，成员们靠着共同的兴趣、价值观聚在一起，使梅卢西的“身份认同理论”上升到了新高度。

蜜雪冰城的雪王狂欢节，像是大型狂欢现场。线上，网友们自发创作魔性视频、鬼畜表情包，播放量破亿；线下，门店排起长队打卡，人人举着雪王玩偶拍照，跟过年逛庙会似的。品牌方就靠一个雪王形象、一首“洗脑”主题曲，成功把消费者变成了“雪王粉丝”。

同样“上头”的还有《原神》“线上音乐会”，就像是“提瓦特”大陆突然开了个传送门，不管你是东北老铁、江南萌妹子，还是海外“歪果仁”，统统被拽进同一场狂欢。这帮玩家放现实里可能都是“社恐晚期”，但在音乐会弹幕里都成了“社交悍匪”。有人为蒙德的风流泪，有人为璃月的烟火尖叫，统一刷着“异世相遇，尽享美味”的暗号。这些人不是单纯来听音乐会的，更是来参加一场跨越山河大海、打破年龄代沟的“网友认亲大会”。

从产消者（Prosumer）崛起的角度看，这些虚拟社群的成员个个都是“斜杠青年”——既是消费者，又是生产者。他们在社群里创造、传播情绪价值，推动品牌发展。而品牌方则借助社群裂变的三度空间模型，靠着用户之间的口碑传播、情感共鸣，实现低成本、高效率的扩张。

“消费共创化”这股风，彻底吹乱了传统商业的“发型”。对于品牌来说，抓住这波共创机遇，就能在市场上“横着走”；对消费者而言，既能享受参与的快乐，又能赚点零花钱，何乐而不为呢！

4. 情境敏感化——情绪的变形记

情绪价值随情境而变，变化之大超出你我的认知。

1 时空折叠魔术：同一杯咖啡的 72 种情绪身价。

星巴克卖的只是咖啡？天真了！人家卖的是“情绪盒子”。早上 8 点，这里是打工人的“续命起搏器”，一杯美式下去，胜似一针强心剂，让你能顶着黑眼圈继续和 PPT 大战三百回合；下午 3 点，变成了闺蜜的“八卦交易所”，点上一块小蛋糕，就能交换到公司里最新鲜的小道消息；到了晚上 7 点，又成了情侣的“甜蜜孵化器”，昏暗的灯光下，连空气都开始冒粉色泡泡。

咖啡豆里全是心理学的“小心机”——情境线索倍增术。情境依赖记忆理论（SDL）认为，记忆编码时的情境线索（如环境、情绪状态、感官信息）会成为提取记忆的关键线索，当回忆时的情境与编码时相似，记忆效果会显著增强。

宜家在样板间里摆上红酒杯和牛排模型，再配上柔光灯和柴火音效，情境依赖记忆（SDL 理论）被发挥得淋漓尽致。当你看到餐桌上精致的烛台，大脑就开始自动播放浪漫晚餐的幻灯片了，原本只想买个书架，这一刻恨不得推着整套餐具走向收银台。

2 心理账户诡计：为什么下雨天打车费翻倍反而更香。

当暴雨天打不到车时，打车费就算翻倍，乘客也觉得好像还挺合理。滴滴的“雨雪天溢价”其实是在收你的“焦虑税”。当暴雨把你浇成了落汤鸡，这时候大脑的“心理账户”就自动把这笔钱归到了“生存必需开支”，平时觉得贵到离谱的30元溢价，这会儿在你眼里就是“救命钱”。

美国著名行为经济学家和行为金融学家、诺贝尔经济学奖得主理查德·塞勒研究出来的“心理账户”细分理论，被众多些平台研究得非常彻底。在不同的情绪场景下，你的大脑会给消费支出开不同的“小账户”，比如“生活必需账户”“娱乐消费账户”“人情往来账户”，不同账户的价值各异，支付意愿也不同。“心理账户”场景案例如表3–1所示。

表3–1 “心理账户”场景案例

心理账户类型	经典消费场景	行为特征
社交紧急账户	约会迟到时加价打车	时间成本＞金钱成本
情绪疗愈账户	失恋后冲动买奢侈品	情感补偿＞实用价值
未来贴现账户	办健身年卡却只去三次	高估未来自律性
虚拟货币账户	游戏充值648元比现实消费更随意	数字支付痛感钝化

约会要迟到了？这属于“社交紧急账户”，多花点钱打车算什么；赶飞机快误点了？那是“生存危机账户”，就算打车费比机票还贵，也得咬咬牙。便利店的烤肠，平时卖3元你都嫌贵，可要是凌晨2点加完班，你愿意花8元买，还觉得这烤肠怎么比平时还好吃呢！不是它变好吃了，是它变成了你的溢价满足感。

与此同时，平台的动态定价系统根据实时的供需数据，给出个让人咬咬牙能接受的溢价，实现乘客、司机和自身利益的最大化。平台早就摸透了客户的心理，算准了你为情绪买单的底线。

3 节日情绪劫持：仪式化消费操控。

双十一、618 这些购物节，其实是商家凭空创造的“定点剁手大战”，从头到尾都在诠释仪式化消费：人们为了获得特定的情感体验、满足心理需求，在带有仪式性质的场景或活动（节日、纪念日）中，进行超出日常实用需求的消费行为。天猫把双十一购物节包装成了“全球狂欢盛典”，限时的优惠政策、屏幕飘落的红包雨、直播间主播的呐喊，让人失去了理智。现代人太需要一个情绪发泄口了。平时被工作压得喘不过气的办公室白领，在双十一下单的那一刻，释放的不是购物欲，而是积攒了一年的压力。

商家还深谙“峰终定律”的精髓（人们对一段经历的印象，主要由过程中的最好或最坏的高峰体验和结束时的体验决定，而不是参考平均体验或全程的感受），把购物节的“峰值体验”和“终值记忆”安排得妥帖。抢到限量款时的狂喜，拆快递时的期待，这些高光时刻让你忘记了等待时的煎熬和比价时的纠结，为孤独的都市人提供了一个集体情绪共振的避风港。

在时空折叠的数字时代，情绪价值成了最值钱的商品。消费时就算知道是“套路”，有时候我们还是会心甘情愿往里跳，毕竟，谁能拒绝那些能带给我们快乐的“小确幸”呢？

二 消费决策密码 消费高低看心情

说到买东西，那些货比三家的精打细算，都是情绪导演的一出“戏”。从瞅见商品眼睛发亮，到掏出手机干脆利落地完成付款，心情控制着你消费的起承转合。

1. 情绪启动：按下购买的“第一个按钮”（需求触发）

心理学上的“情绪唤醒理论”是引导消费的“启动按钮”，你眼睛看见了什么、心里觉得什么必须买，全由它说了算。情绪不同，你对东西的敏感度有云泥之别。

心情跌到谷底时，人看见什么东西都想买，心里空落落的，就想靠买东西填补。加班加到灵魂出窍，点开购物 App，毫不犹豫买支贵得离谱的口红，给自己发精神加班费，这叫“即时满足型消费”，先保证当下舒坦，管它下个月喝西北风还是东南风，先把今天的快乐兑现了再说。

心情好时，人们就会琢磨能让快乐加倍的东西。人家“积极情绪扩展理论”可不是瞎说，人一开心，什么新鲜事物都想试一试，花起钱来也格外大方。周末天气好去逛商场，本来只是散散步，看见一条裙子，立马觉得“这就是为我今天的好心情量身定做的”，拎着就走；发了奖金，第一反应是喊上好朋友去新开的网红餐厅吃一顿，好像只有那儿的菜才配得上此刻的得意扬扬。**经济学上有个说法叫“财富效应”，说人一顺就觉得钱是大风刮来的，控制不住地想消费，拦都拦不住。**

焦虑和压力有时候也逼着你买这买那，这源于应激反应，人一紧张就想找东西来稳住阵脚。备考的学生青睐软乎乎的“减压神器”，享受一瞬间的掌控感，缓解紧张情绪；职场新人被工作摁在地上“摩擦”，赶紧报名各种知识付费课，好像多学一点，焦虑就能少一点。周围人都在为压力买单，你不跟着凑个热闹，反倒更心慌，就像下雨天别人都打伞，你淋着雨走，总觉得自己是个异类，“群体焦虑传导”把坏情绪映射到了消费上。

换个角度思考，商家要想吸引消费者的视线，得先琢磨他们当下的心情是好还是坏。在写字楼旁边弄个“解压套餐”，在情侣约会的地方摆上“甜蜜限定”，大概率能戳中他们的消费点，在他们情绪波动的节骨眼上，递上最合适的产品。

回想一下，你最近一次脑子一热买了没用的东西，是在什么样的情绪下？开心得忘乎所以，难过到想放纵，或是压力大到想逃避？情绪总能在不经意间主导你的消费行为。

2. 情绪滤镜：世界在你眼中的“颜色”（信息处理与评估）

情绪就像有色眼镜，你戴着它看什么都带着特殊色调，往往把信息搜索和评估抛在了脑后，这可不是“心情好坏影响判断”那么简单。

开心的时候，好像眼中的世界开了美颜滤镜，看什么都顺眼。“积极偏向效应”说了，人一高兴，大脑就会选择性接收外面的信息，专挑好听的、好看的，把那些不喜欢的、负面的屏蔽掉。有的人买手机，只要外观合心意，完全不在乎功能性，这种“证实性偏差”容易让我们在弯路上越走越远，你一个劲儿地证明这东西好，那些反面信息早就被自动屏蔽到十万八千里外了。从消费的角度来讲，这时候人们普遍对成本没什么概念。况且社会发展节奏这么快，人们大多时候全凭心情做决定，先买了再说，大不了不满意再退嘛。

烦躁或难过的时候，开的“滤镜”就变成灰色了，看什么都觉得别扭。心理学研究发现，负面情绪一上来，大脑里的“找碴儿”系统就被激活，任何一点小瑕疵在你眼里都是大问题。网上买件衣服，看到个线头就认定是假货，其实就是把“质量问题”和“怕被人骗”绑到了一块儿。失恋的时候，看到情侣款的商品就觉得刺眼，“情绪泛化”把对前任的那点不痛快，撒到了不相干的东西上。从经济学角度看，“风险厌恶”在这时候会变本加厉，总觉得不管买什么都可能吃亏，哪怕是可接受范围内的小瑕疵，也会觉得“商家就是想坑我”。

有时候，你对某个品牌或代言人有好感，那他们的产品在你眼里就自带“光环”。“晕轮效应”引发你的正面情绪像光晕一样扩散到所有跟他们相关的东西上。比如追星的小姑娘看到偶像代言的护肤品，哪怕自己从来没用过这个牌子，也觉得偶像推荐的肯定好用，把对偶像的信任“迁移”到了产品上。“情感投射”还发生在很多场景中，想一想，自己是不是因为喜欢某个导演，他拍的电影哪怕口碑一般，也会买票去支持？

或许这能给商家带来一点启发：别一个劲儿地生硬推销产品有多好，不如先想办法给消费者戴副“情绪滤镜”。可以拍点暖心的广告故事，找个符合目标群体喜好的代言人，让他们对品牌产生好感。说到底，卖商品先得卖“情绪预期”，就像古人说的“爱其人者，兼爱屋上之乌”，情绪到位了，产品的缺点也就“不存在”了。

3. 价值放大器：情绪如何给商品“镀金”（感知价值提升）

情绪有时候能悄悄把商品的身价往上抬，让它在消费者心里变得金贵起来，这就是“情感价值溢价”的厉害之处。

现在人们都在说的“治愈感”，在商品上也有体现，带“疗愈”属性就能身价翻倍，这与心理学的“情绪调节理论”紧密相关。当人们被孤独、焦虑这些坏情绪缠上时，就会主动找能调节情绪的工具，商品一旦被贴上“治愈”的标签，就成了情绪的“创可贴”。青年人给宠物买进口粮，照顾宠物找到“被需要”的感觉，用宠物的陪伴填补心里的空白；上班族下载使用冥想 App 是靠“正念减压”调节压力，符合“自我关怀理论”——人们乐意给能让自己心里舒坦的东西花钱，这时候的商品从“可买可不买”一下变成“必须买”，情绪到位了比什么都重要。

“峰值体验理论”促使人们愿意为“快乐税”买单，人对快乐的记忆深不深，全看那一瞬间的开心有多强烈，为了得到快乐，宁愿多花远超商品本身价值的“冤枉钱”。主题乐园的快速通行证比普通票贵好几倍，还是被疯抢，就是因为“不用排队”能让快乐来得更简单纯粹，免得被排队的烦躁扫了兴；限量版潮玩手办被炒到天价，属于“不确定的快乐”——拆开盒子那一刻的惊喜，能让大脑分泌好多多巴胺，从其中得到的快乐可比玩具本身值钱多了，“效用最大化”在这儿有了新定义：被情绪牵着走的消费中，人们图的是快乐最大化，只要能开心，钱根本不是事儿，有人为了看场演唱会，宁愿省吃俭用好几个月，这种情况不在少数。

“社交货币”值大钱，根源在“社会认同理论”。那些能让人羡慕和获得认可的商品成了证明身份的硬通货。年轻人去网红打卡地消费，穿小众设计师品牌的衣服，大多是为了在人群里显得标新立异，得到同好的认可。“符号价值理论”在这儿补充了一句：商品的“社交货币”价值越高，它代表的意义就比实际用处更有价值。

有时候人们会先挑那些和自己价值观、预期相符的商品，通过花钱来强化“我是谁”的想法，这符合心理学的“自我一致性理论”。看重环保的人，愿意多花钱买可降解的餐具，认为这是在为地球做贡献；喜欢做公益的人，会先选那些有慈善联名的商品，好像花的每一分钱都在向世界传递善意。当商品符合了消费者的核心喜好，比如价值观、理想，他们对价格就不那么敏感了，就像信佛的人愿意花大价钱请佛像，因为“信仰的价值”没法用钱来衡量。

泡泡玛特的盲盒能卖高价，是因为它造出了“期待—惊喜—失落”的情绪循环，暗合“间歇性强化”原理，时不时来个惊喜，能让人像着了魔似的持续消费。星巴克的“第三空间”是“场所认同理论”的完美体现，人们会对能找到归属感的地方产生感情依赖，更愿意为这种“情感连接”多花钱；户外用品品牌 Patagonia 坚持环保理念能让消费者买单，当品牌的价值观和消费者一致时，花钱就成了给价值观“投票”，自然成了水到渠成的事。

商家别只盯着产品的功能，多想想它能给消费者带来什么情绪价值，是能治好孤独，还是能带来快乐？是能让他们在社交里更有面子，还是能体现他们的价值观？把这些情绪点放大，商品自然能卖出好价钱。**卖东西就是卖“情绪解决方案”，谁能抓住消费者的情绪需求，谁就能在市场上赚得盆满钵满。**

4. 行动催化剂：冲动与规避的“幕后推手”（购买行为驱动）

直播间里“最后30秒”的倒计时你肯定看过不少，让你觉得现在不抢就来不及了，哪还顾得上想这东西到底用不用得上。这就是商家的高明之处——利用“时间贴现效应”让消费者高估了即时回报的价值，不太去想未来长时间的持久回报价值。同时，好心情也会把“马上抢到手”的快感放大，商场里“全场五折”的招牌把“省钱的快乐”和“立刻拥有”绑在了一块儿，再加上别人抢得欢，你看着看着就觉得自己不买就不赶趟了，冲动就在这股热闹劲儿里让你也掏了钱。

消极情绪引出了一种特殊的“零售疗法”。人心里不痛快时，总得找个出口发泄，购物刚好能提供这种即时宣泄——工作不顺心就去买衣服，转移对糟心事的注意力；跟朋友吵架就点一堆外卖，用“吃”这种最原始的快乐抵消委屈，用购物的掌控感填补生活里的力不从心。买东西花的钱，看着是成本，其实是修复情绪的投资，哪怕知道是自欺欺人，也愿意为暂时的舒坦买单。人感冒了要吃药，情绪“感冒”了就靠购物“治疗”。

恐惧和焦虑催生出了“预防型购买”。马斯洛需求层次中，安全需求是“地基”，是基础。人觉得自身可能会受到威胁时，会提前买东西进行防护，比如看到别人体检出问题就赶紧给自己买保险，用财务保障化解健康风险；再比如听说流感要来了，就开始囤口罩，靠物资储备缓解对未知的恐惧。可焦虑过头也会让人卡壳：买手机时既怕价格太贵，又怕刚买就降价，“选择过载”会让大脑因顾虑太多而停止运转，导致什么都不买。“预防型消费”说白了就是用确定的支出抵挡不确定的风险，给未来的安全感买份“保险”。

人丢了东西的痛苦，是捡到同等价值东西所带来快乐的三倍。看到别人抢到限量款而自己没抢到的难受，是因为“没抢到”的结果被大脑当成了“实实在在的损失”；还差一人就能成功拼团时，哪怕多花点钱也想拉个朋友进来，就怕把“错过优惠”变成“亏了本”。“机会成本感知”在这儿被放大：情绪上头时，你会觉得不买这东西，损失的不光是商品，还有快乐、面子，甚至身份认同。尤其是数量限定的稀缺品被贴上身份象征的标签，更刺激人们前赴后继地彻夜排队，只为买到那“没抢着就算吃亏”的商品。

这方面的例子简直太多了，双十一的“满减”“前 N 名半价”，先给商品定个高价，再用优惠让你觉得不买就亏大了；演唱会门票刚开售就被抢光，时间稀缺性和情感价值叠了双层“buff”，让你觉得这辈子错过这次就会留遗憾；为了参加同学聚会买了超出预算的奢侈品，怕在圈子里掉价，这时候花钱就成了社交安全投资。

聪明的商家会给消费者营造积极的紧张感，会让消费者觉得买了就踏实，说到底，就是把“想买”升级成“现在就买”。

5. 社交情绪场：群体心情的“共振效应”（社会影响）

人的情绪在社会活动中或多或少会受到环境的影响，悄悄左右着你的花钱决策，社会情绪传染的魔力究竟有多大呢？

人的大脑中有个叫“镜像神经元”的东西，它就像一面镜子，你看到别人笑也会不自觉地跟着乐，市集里的欢笑声能让你心情大好；直播间里大家抢“限时秒杀”，你也跟着手心冒汗，这种情绪模仿很容易变成掏钱的冲动。你拿不定主意时，别人的选择就成了指南，弹幕刷屏的“买它”其实就是在告诉你“这玩意儿靠谱，不用费脑子想了”。“群体动力学”对此说得更明白，线上线下的热闹场面会形成心理气场，在里面的人不知不觉就被群体意志带着跑，身处演唱会现场，哪怕平时是个闷葫芦，也会跟着大伙喊几嗓子。

群体的认同感会造成一种从众心理。网红店门口排着长队，给其他人的感觉可能是“这么多人买，肯定差不了”，心理学上叫“规范性社会影响”，这时人们往往为了融入圈子，排俩小时队也认了。刷朋友圈看到有人晒瑜伽垫，瞅着别人都在练，就觉得这是当下该赶的时髦。一样东西，买的人越多，它的“社交价值”就越高，就像大伙都用同一款瑜伽垫，聊天才有共同话题，不买就“落伍”啦！

谁不想在别人面前光鲜亮丽？买衣服琢磨同事会不会觉得“土”，选礼物担心对方嫌没品位，这些其实都是受“恐惧诉求”的影响，怕别人负面评价带来的恐慌，会让你不自觉地选“稳妥的”而非“喜欢的”，怕出错成了笑柄。“风险规避”也在反映类似的情况，为了不承担差评风险，多花点钱买大家都认同的牌子总没错。

凡勃仑在《有闲阶级论》中对炫耀性消费的社交进行了剖析，去高级餐厅吃饭、晒新款手机，本质是在证明“我有钱”“我懂生活”。

“自我决定理论”也说，人都想被认可、找到组织，朋友圈的点赞其实是在确认“我挺优秀”。奢侈品、网红打卡地都是“高成本信号”，花的钱越多，越能证明“我不是普通人”，就像孔雀开屏，费挺大劲展示羽毛，无非是想告诉别人自己有多独特和优秀。

小红书的种草笔记是对“意见领袖理论”的具象化实操。博主用真实体验当包装，让你觉得靠谱，跟着买准没错；抖音上打卡小众景点，路远、价高也乐意，稀缺性炫耀用别人没去过的独特性换关注，正合差异化认同的路子。

6. 记忆的烙印：购后情绪决定“下次还来”（购后评价与忠诚）

人们对一件事的记忆，主要停留在最激动和结束时的感受，有些品牌能让人记一辈子正是抓住了这一要点。

积极购物的体验，比如收到商品时附带的小惊喜、客服耐心解决问题的暖心，这些好心情像胶水似的把你和品牌粘在一起，心理学上叫“情绪链接”。演唱会返场的惊喜属于“情绪高峰”，正合“峰终定律”里的“高峰记忆”原则——强烈的好心情会霸占记忆的C位。

糟糕结局的破坏力大得惊人，是因为大脑对刚发生的事记得更牢，所以售后扯皮会把之前的好印象全抹掉，好比买个电器被售后刁难，从此再也不碰这牌子，是因为“被坑”的坏情绪成了记忆的主角，一次糟糕的购物经验成了否定一个品牌的动机，哪怕更换品牌再麻烦，哪怕有点舍不得，也得断得干干净净。

仪式感与专属感的记忆强化，正符合心理学“独特性需求”的特征。精美的包装、手写的卡片，让你觉得自己挺受重视，这种感觉能激活大脑的奖赏回路，记忆起来就格外牢固。会员生日收到专属祝福和优惠，是用区别对待打造身份认同，品牌给你贴“尊贵会员”的标签，你就更愿意常来购买，以便维护好这个身份，这种情感投资其实是在买客户忠诚，比砸钱打广告划算多了。

海底捞的经典服务让人忘不了，看见孩子就递玩具，瞅见感冒就送姜茶，这些小惊喜营造了情绪高峰；有些品牌的拆箱设计让人印象深刻，比如化妆品盒子一打开有灯光和音乐，让你觉得拆的不是快递而是礼物，这是用“多感官刺激”加深记忆，调动的感官越多，留下的记忆越难忘；售后差的商家留不住人，是因为他们不懂“服务补救悖论”——一次完美的售后处理，其实比从没出过问题更能让客户死心塌地。

三 消费者情绪剧本 那些隐藏的变化规律

1. 触发阶段：如何打开消费者的“情绪缺口”

刷手机逛购物车时，那些让我们忍不住下单的时刻，背后有不少商家的心思。这些不是什么坏套路，而是满满当当的商业智慧，这些巧妙设计是怎么让购物体验变得这么让人“上头”的呢？

1 蔡格尼克效应：进度条的“紧箍咒”。

心理学上有个“蔡格尼克效应”——德国心理学家蔡格尼克指出：人们对未完成或中断的任务比已完成的任务记忆更深刻，且更有动力去完成它们。再简单点说，人脑就像个“强迫症晚期”患者，对没完成的事儿记得比完成的事儿清楚得多。比如看剧看到一半被打断，剧情能在你脑子里循环播放好久；任务做到 90% 没完成，这事儿能一直搁你心里惦记着。

商家就是利用了人的这个特点。当你看到 App 里“任务完成 90%”的提示，大脑瞬间启动“强迫症模式”：这剩下的 10% 不弄完就浑身难受。这种提示能让用户强制完成行为的点击率飙升！就像游戏里差最后一步就能通关，谁能忍住不接着玩？商家用虚拟进度条给消费者的大脑套上“紧箍咒”，专治各种“拖延症”“半途而废症”。

是不是想起什么了？对，就是拼多多“砍价免费拿”活动。用户参与砍价活动时，页面显示商品价格已被砍至 99.1%（如原价 1000 元的商品仅剩 9 元待砍），进度条以醒目的红黄色填充至几乎满格，并标注“仅差 1 人助力即可免费拿”。此时 95% 的用户都会分享链接，甚至群发给不常联系的好友，只为凑齐最后“看似极少”的助力值。而实际上，剩余 1% 的金额需邀请几十甚至上百人才能完成。

进度条不是技术工具，而是情绪工具——它利用大脑对“未完成”的执念，将理性计算转化为冲动购买行为。

2 伏隔核：短视频为什么让人刷到停不下来？

再讲讲神经科学里的“快乐开关”——伏隔核。它是大脑中的一个重要核团，参与调控情绪和奖赏系统，负责分泌多巴胺，与愉悦感、动机、决策、成瘾等密切相关。怎么让伏隔核分泌多巴胺呢？可以通过运动，比如跑步打球；还可以多吃鸡蛋、大豆，再补充维生素 C/E 保护多巴胺神经元；还有保持良好的睡眠，连续睡眠会使得伏隔核多巴胺降低。

转回到商业上来，划重点：遇到未知奖励时，伏隔核就像打了鸡血，活跃度瞬间暴增，比跑步补维生素快多了。比如拆盲盒，你永远不知道下一个会开出什么宝贝，是不是你想要的那个，这种未知的刺激能让人兴奋。

抖音的“3 秒神反转”也用的是这招，开头抛出悬念，中间一个劲儿铺垫，最后 3 秒甩出高能反转。每刷一个视频，大脑都在赌下一秒有惊喜，伏隔核连续开工，多巴胺像不要钱似的分泌，不知不觉几个小时就过去了！难怪有人调侃：“抖音五分钟，人间两小时。”

3 信息缺口理论：你的 IP 如何火起来？

再说说行为**经济学里的洛温斯信息缺口理论。是由美国卡内基梅隆大学行为经济学家乔治·洛温斯坦于 1994 年提出的，它是解释人类好奇心产生机制的核心理论——好奇心源于个体意识到自身知识存在“缺口”时的心理不适感，这种缺口会激发填补未知的强烈动机。**说白了就是：当我们发现自己知道的和想知道的之间有差距（信息缺口），好奇心就会“噌”地一下冒出来。一旦好奇心超过某个阈值，焦虑感也跟着到来，逼得我们必须去填补这个缺口。

“惊！这个习惯正在毁掉你的健康”“揭秘明星绝对不会说的减肥秘诀”……这些铺天盖地的标题故意制造信息缺口，让你心里痒痒。你明知道可能是套路，但大脑已经开启“好奇→焦虑”模式：“万一真有干货呢？我得点进去看看！”平台靠着这招，把文章弃读率压得死死的，用半遮半掩的信息，把我们变成了“咬钩的鱼”！

2. 博弈阶段：商家如何击穿消费者信任防线

1 塔尔德模仿律：“素人”刷屏比明星带货更狠

当你在小红书刷到 7 条以上不同账号的同款口红试色，大脑就开始自动启动模仿程序：“这么多人用，总不会错吧？”数据显示，每个决策节点这种 UGC（用户生成内容）密度一旦超过 7 条，转化率能大幅度飙升。小红书的“素人”测评战术的成功在于，商家深谙“三人成行”的道理，用海量“素人”笔记织成一张模仿大网，让你在不知不觉中走进“大家都买我也买”的圈子。

加布里埃尔·塔尔德是法国传播学鼻祖、社会学创始人之一，1890 年出版了《模仿律》一书，认为模仿是人类社会行为的基础。人们喜欢模仿同一圈子里的人，比如同事买了件衣服你觉得好看，邻居家的新冰箱你觉得特好使，感冒的同事打喷嚏比电视里的医生提醒更让你想戴口罩。

2 前扣带回皮层：从众心理的大脑反应。

淘宝的“后悔险”就是瞄准了人的这个神经弱点。当你纠结买不买大衣时，“7 天无理由退换”的标签相当于给前扣带回皮层吃了颗定心丸：“大不了退了，怕什么？”这招把“损失恐惧”隔离到“享乐预算”的心理账户里——反正花的是开心钱，退货也不亏。商家算准了你害怕“跟别人不一样”的神经软肋，用制度设计让你心甘情愿卸下防备。

前扣带回皮层是人脑的重要组成部分，属于大脑边缘系统与高级认知功能网络的关键交会节点。这涉及心理学里的神经基础——从众效应靠的是大脑里的前扣带回皮层。这玩意儿就像个“社交焦虑探测器”，当你发现自己跟周围人行为不一样时，它就会不断放电，让你感到不安。比如同事都在聊某款手游，你没玩过就会下意识想下载，不然感觉融不进圈子。

3 圈层 KOC 的逆袭：UP 主比明星更懂你。

某国货品牌在 B 站找 100 个“万粉”UP 主做“真实测评”，结果比请一线明星带货转化率还高，这是塔尔德模仿律的进阶玩法。

塔尔德模仿律有以下三个核心法则。

①下降律——社会下层模仿上层。

②几何级数律——模仿一旦开始就会以几何级数扩散。

③先内后外律——人们优先模仿本地/熟悉的文化和行为。

“素人”带货的成功恰恰体现了“先内后外律”和“几何级数律”的叠加效应，揭示了在互联网时代下，这两个规律已超越“下降律”成为主导消费模仿的核心力量。模仿的本质是寻求身份认同，消费者购买“素人”推荐的产品，隐含“我想成为他这样的普通人”而非“我想成为遥不可及的明星”。传统明星属于“阶层上行”的偶像，而圈层 KOC（关键意见消费者），如美妆区 UP 主，跟你是“平行圈层”的朋友。当你看到关注的 UP 主用着某款国货说“真好用”，大脑会自动把这归类为“朋友推荐”，你会觉得“跟我一样的美妆爱好者都在用，肯定适合我”。商家抛弃了“自上而下”的明星路线，改走“圈层渗透”路线，用 KOC 击穿你的个性保护防线。

4 打响信任攻防战：当神经科学遇上社会科学。

商家动用了三大战术让你防不胜防。

战术一：塔尔德模仿律。用海量“素人”内容制造“圈子都在买”的现象，利用圈层平行传染让你主动模仿。就像办公室里一人点奶茶，整个部门都跟着下单。

战术二：前扣带回焦虑。通过“后悔险”“免费试用”等设计，降低你从众时的心理压力，让大脑的“社交焦虑探测器”罢工。

战术三：KOC 战术。放弃明星光环，改用同圈层的“自己人”

做背书，把商业推广包装成“朋友分享”。

下次刷到“素人”测评刷屏、瞅见“后悔包退”的贴心标签，或是被关注的 UP 主真心安利时，大脑就会琢磨琢磨：前扣带回皮层是不是正为这些暖心设计雀跃？圈层里的好物分享是不是让你眼前一亮？读懂这些藏着的“科学小心思”，既能开心 get 好物，又能当回“消费小机灵”，岂不是美滋滋？

3. 沉淀阶段：如何将消费懊恼转化为忠诚复购

商家最怕你买完东西喊“后悔”，好不容易让你掏了腰包，没过两天你要退货，这不是竹篮打水一场空嘛。现在的商家变着法儿把你的退货懊恼揉成了对品牌的忠诚度。

1 费斯廷格认知失调理论：淘宝“0 元退”的艺术。

美国社会心理学家费斯廷格提出了“认知失调”理论：人要是做了后悔的决定，心里就会别扭（认知失调），**这时候就会拼命找理由“甩锅”，把错误归咎于外部因素，免得承认自己笨。**费斯廷格认知失调理论就是防退货法宝。比如考试没考好，更愿意怪“题目太难”，而不是“我没复习好”；买了件衣服后悔了，更愿意说“这衣服质量太差”，而不是“我眼光真差”。常见认知失调情境与归因如表 3-2 所示。

表 3–2　常见认知失调情境与归因

触发场景	认知表现	典型外部归因（"甩锅"理由）	真实内部原因
消费驱动力	"我怎么可能买亏了"	"商家虚假宣传"	冲动消费决策失误
考试失败	"这成绩不反映我的能力"	"题目超纲 / 老师偏心"	复习不充分
健身计划失败	"方法肯定有问题"	"教练不专业 / 基因限制"	未能坚持训练
股票投资亏损	"市场被操纵了"	"庄家割"韭菜"/ 政策突变"	缺乏投资知识
恋爱关系破裂	"TA 根本配不上我"	"对方性格缺陷"	自身沟通问题

淘宝的"0 元退"服务就是专门对付这招的。表面上看退货率涨了，但商家算准了你会把退货原因归咎于"尺码不合适""颜色跟图片有差"，而不是"我冲动消费"。这种外部归因让你心里舒坦了："不是我选错了，是商品本身有问题。"结果神奇的事情发生了——复购率不降反升了。因为你没觉得是自己决策失误，自然对平台的信任感没受影响，下次看到喜欢的还敢买。商家用"0 元退"降低了你的自我否定，把后悔情绪转化成了"再给一次机会"的信任，不知不觉就提升了消费者对品牌的忠诚度。

2　沉没成本艺术的进阶玩法：Keep 的"中断合理化"。

行为经济学里有个"账户搬家"的操作——心理账户跨期转移。前文提到过的诺贝尔经济学奖得主理查德 · 塞勒认为，人们会把不同时间、不同用途的钱分到不同“心理账户”里。比如你会把健身卡的钱归到“健康投资账户”，要是没坚持去，就会觉得钱打水漂了，心里贼难受。

智能健身平台KeepApp给中断打卡的用户发勋章，本质是行为经济学的“沉没成本救赎”。通常来说，投入时间和金钱后没达到目标，人会产生强烈的后悔感（沉没成本效应）。但Keep把“中断”包装成“蓄能期”，相当于给你的沉没成本找到了新的意义——之前的打卡不是白费，现在休息是为了更好地出发！原本的沉没成本突然有了正向意义，这种认知重构让你把放弃行为看作“积极选择”，而不是“失败”，自然就不会因为后悔而卸载App，反而可能因为“荣誉感”重新开始打卡。

4. 群体裂变：看清情绪狂欢与崩塌的临界公式

现在的商家也真不容易，搞个营销活动想让大伙儿嗨起来，结果一不留神就可能出差错，有的事件能让销量暴涨，有的却让主播掉粉百万，这狂欢与崩塌的临界线到底在哪儿！

1 默顿自我实现预言：鸿星尔克“野性消费”的“病毒变异”。

还记得2021年的鸿星尔克吗？当时网上流传“鸿星尔克给河南暴雨捐了5000万元，自己却快破产了”，这个说法像病毒一样扩散。网友们信以为真，纷纷冲进直播间“野性消费”，有人一口气买了20双鞋，有人让主播随便上链接。品牌方赶紧出来辟谣“我们没破产”，但网友们不信：“你别装了，我知道你快撑不住了！”

品牌方自己出来辟谣居然都不信。到底是为什么？

美国社会心理学家罗伯特·默顿提出自我实现预言，核心逻辑是人们对情境的主观认知，会反过来影响情境的实际结果。简单说就是，当人们相信某个事件是真实的，他们会根据自己内心的这种信念而采取行动。

人们在工作中可能遇到过这种情况。老板无意中说“小张可能不适合这个项目”，这句话传到小张耳朵里，他开始怀疑自己的能力，做事畏首畏尾，最终项目果然出错。此时老板会觉得“你看，我就知道他不行”，却忽略了正是自己的预言间接导致了对方的失败。预期像一只无形的手，推着现实往预言的方向走。

鸿星尔克的例子就属于自我实现预言，大家宁愿相信自己愿意相信的“真相”。一群人都觉得“鸿星尔克快倒闭了”，然后去买他家的东西，结果硬是把一个濒临破产的预言变成了销量暴涨的现实，让品牌真的火了起来。

2 情绪传播 SIR 模型：从键盘冲锋到监管“灭火”的全过程。

复杂科学里的 SIR 模型解释了网络情绪的传播路径。这个模型把人分成三类：容易被感染的（Susceptible）、**已经被感染的**（Infected）、**恢复免疫的**（Recovered）。就像感冒病毒传播一样，情绪病毒也会由少数人传给多数人，直到大部分人都“被感染”或产生“免疫力”。

2021 年 GameStop 事件就是最好的演绎。Reddit 上的散户们高喊“对抗华尔街精英”，坚信只要抱团买入 GameStop 的股票，就能把做空机构“干翻在地”。他们无视这家游戏零售商连年亏损的基本面，只相信“人多力量大”的热血口号。结果呢？越多的人买入，股价涨得越离谱，从十几美元狂飙到几百美元，最终引发监管介入和市场混乱。

起初只是少数对金融不平等不满的普通投资者（易感人群）参与，然后是Reddit用户跟进，通过口号煽动对抗情绪，“感染率”飙升（被感染），最后监管机构限制交易后，散户情绪降温，部分转向长期投资（恢复免疫）。群体情绪一旦上头，理性彻底退场。散户们自动过滤“股价虚高”的警告，把任何质疑都当成华尔街的阴谋，最终酿成了一场非理性繁荣的闹剧。

有资料显示，当微博转发链超过17层时，立场就会极端化，原本讨论“价格是否合理”变成了“打工人尊严”的问题，相当于情绪病毒把人群“免疫系统”彻底摧毁了

3 病毒式传播的三要素：从野性消费到崩塌的数学公式。

鸿星尔克和GameStop事件的对比，反映出一个传播公式：当情绪强度 × 圈层凝聚力 × 模因传播性 > 1.2（K值）时，事件就会像病毒一样暴发。但爆发方向由群体情绪的性质决定——正面情绪能带来销量暴涨，负面情绪则导致“塌房”。

①情绪强度：鸿星尔克的“爱国情怀+同情心理”，GameStop“对抗金融霸权”，都是高浓度情绪燃料。

②圈层凝聚力：支持国货的网友拧成一股绳，打工人群体也迅速形成联盟，圈层越团结，情绪传播越快。

③模因传播性：“野性消费”像病毒一样变异传播，网友改编的段子、二创视频加速了模因扩散。

鸿星尔克事件后期，有人为了证明“支持国货”，跑去买不相干的竞品，甚至攻击其他品牌，这就是群体情绪失控的表现。

5. 抗性时代：为什么传统营销手段正在失效

“这届年轻人怎么这么难带啊！”以前那些百试百灵的营销套路，搁 Z 世代这儿全成了老掉牙的冷笑话。“最后三天”“错过再等一年”的话术在他们这里失灵了！Z 世代进化出了“反套路金钟罩”。

1 多巴胺耐受：Z 世代的快乐神经已经“躺平”。

先说说“快乐阈值保卫战”在商家和 Z 世代博弈中的作用。**神经科学里有个概念叫多巴胺耐受，说的是大脑里的多巴胺其实是个傲娇的快乐传递员。**一开始你收到个小惊喜，它跑得比兔子还快，麻溜儿地把快乐送到你跟前。可如果天天给它派活儿，今天一个折扣，明天一个赠品，后天再来个满减，这快递员就摆烂了——“今儿这单我不送了，除非加钱！”

研究数据更是扎心：Z 世代的多巴胺响应阈值比 70 后高出一倍多！这意味着给 70 后一杯普通奶茶就能让对方乐呵半天；到了 Z 世代，你不给一个会发光、会唱歌还带特效的奶茶，人家压根儿不稀得看一眼。瑞幸估计是摸准了这群年轻人的思路，周均 3% 的新品更新，今天联名这个 IP，明天搞个季节限定。

00 后实习生小李，手机里装了八九个咖啡 App，每天蹲守各种新品折扣，刚开始他还为抢到限量款发个朋友圈，现在看到“新品上市”四个字，眼皮都不抬一下，问他这几天怎么没买咖啡，人家回一句“没意思”。你瞧，商家煞费苦心设计的“快乐套餐”，在 Z 世代这儿全成了保质期很短的“快餐”。

2 前额叶皮层：Z 世代的“套路识别雷达”已开启。

如果说多巴胺耐受是 Z 世代的快乐防线，那他们的前额叶皮层就是“反套路雷达”，还是 24 小时无死角的那种。Z 世代的前额叶皮层激活速度比 70 后、80 后快零点几秒。别小看这零点几秒，这能让他们快速识别商家“套路”，免疫“最后一天大甩卖”这种话术。

以前商家玩营销是“九曲十八弯”，满减规则复杂得像奥数题。现在的 Z 世代喜欢反套路，给商家打得措手不及。有些平台店主可能被折磨得不行了，干脆破罐子破摔，甩出“降价”的海报，没有弯弯绕绕的满减，没有让人头晕的优惠券，可见 Z 世代早就受够了商家的营销手段，敢玩虚的，他们转头就走；要是坦诚点儿，说不定还能入他们的法眼。

3 抗性生成模型：商家和 Z 世代的“套路拉锯战”。

营销学里的抗性生成模型，就像商场博弈的真相“说明书”。商家不停地扔出各种营销“炮弹”，什么限时折扣、饥饿营销、联名款；消费者呢，就拿着“抗性盾牌”左挡右防。商家和消费者玩着一场“套路攻防游戏”，一开始，商家的“炮弹”还能炸出点水花，可扔着扔着就不对劲了——消费者的“盾牌”越来越厚，最后进化成“免疫铠甲”。

这就涉及两个概念，“客户抗性”和“增益模型”。

客户抗性是指消费者在决策过程中对营销行为（如推销、优惠券推送）**的抵触心理或行为。增益模型简单来说就是将消费者分为四类：无干预不购买，有干预才购买；无论是否干预都购买；无论是否干预都不买；不发券可能购买，发券反而流失。抗性生成模型的核心**

就是识别第四类人群——不发券可能购买，发券反而流失。消费者增益模型分类如图 3-2 所示。

图 3-2 消费者增益模型分类

商家现在忙着分析哪些干预方式（如频繁推送、高压销售）容易引发抗性，以及怎么改变策略。举个例子，以前商家搞个“第二杯半价”，消费者就跟捡到宝似的，呼朋唤友来消费。现在你再试试？Z 世代掏出手机比价：“隔壁店买一送一，你这半价还好意思宣传？”商家没办法，只能升级，从“满减”到“拼团”，从“直播秒杀”到“盲盒营销”，花样不断翻新。可 Z 世代也不是吃素的，你出一招，他们破解一招，把优惠变成了打折竞赛。

说起 Z 世代的反“套路”能力，00 后小雯就练就了一身“火眼金睛”。去年双十一，某美妆品牌旗舰店打出“前 1 小时五折”的诱人广告。小雯非但没着急下单，还淡定地打开比价软件，把商品近三个月的价格走势查了个底儿掉。果然，活动开始后她发现，商品先悄悄涨价了 20%，所谓“五折”其实只比平时便宜几块钱。

更厉害的是，有次某网红在直播间安利一款面膜，宣称“用完皮肤像剥了壳的鸡蛋”。小雯先翻了翻评论区，发现前排全是“好用到哭”“无限回购”的复制粘贴评论，明显是“水军”刷的。她又去查了查品牌备案信息，发现这款面膜的备案功效只有基础保湿，小雯马上就拉黑了该网红和品牌。

Z 世代给商家上了一堂生动的“反套路教育课”。以前的商家靠着信息差和营销轻松“收割”消费者，现在 Z 世代不仅不好“骗”，还会“反将一军”——想刺激消费？他们偏要理性冷静。

商家与其绞尽脑汁琢磨新“套路”，不如放下“割韭菜”的心思，踏踏实实回归产品和服务本身。毕竟，真诚才是永远的必杀技。

人群精描

02

CROWD DESCRIPTION

第二部分

PART 02

情绪消费的群体图谱

第四章
Chapter Four

一 年龄代沟
三代人情绪刚需场景对照

1. 消费基因解码：每一代人都带着时代的印记

不同年龄的人群，就像来自不同星球的居民，有着截然不同的消费习惯与偏好。老一辈总是沉着冷静，在菜市场与超市的货架间仔细比对价格，对新兴的扫码支付、线上购物充满疑虑；中年人则行色匆匆，在生活的重压下，每一笔消费都要精打细算，既要满足家庭需求，又要为未来做好规划；而Z世代脚步轻快，穿梭于虚拟与现实之间，他们的消费选择充满个性与创意，愿意为热爱的事物一掷千金。

这些差异并非偶然，而是历史、经济与技术共同作用的结果。每一代人都带着时代的印记，在消费的世界里书写着属于自己的故事。

1 银发族：计划经济烙印下的“囤积型消费”。

先说说在超市里像“打折特种兵”的银发族。他们身上带着浓浓的计划经济风格，物资稀缺的记忆深深刻进DNA。大部分人的退休金并不宽裕，生活上得精打细算。对他们来说，菜市场的秤砣比手机支付更靠谱，只相信看得见、摸得着的实体消费。

超市里经常能瞧见一群大爷大妈为了几毛钱差价在纸巾货架前“排兵布阵”，千万别惊讶，这不是抠门，这种习惯源自物资匮乏催生出的生存本能。想当年计划经济时代，买米要粮票，买布要布票，物资稀缺。囤纸巾这事儿，本质上是他们给自己的“心理保险”，毕竟经历过当年的岁月，手里有货心里才不慌。这种行为放现在像段子，但在那个年代，囤货是生存必修课，其重要性不言而喻。

他们还是时代熏陶出的实用主义者。买东西先问“能不能用”，再问“划不划算”，至于好不好看、潮不潮，都是“浮云”。要是谁推荐他们买智能家居，他们准会回一句：“有这钱，还不如多买两斤排骨！”加上现在满世界的二维码、人脸识别，对他们来说跟外星科技似的，“技术焦虑”拉满，他们还是更愿意选择菜市场、便利店这些“舒适圈”。

2 中年人：“改革阵痛”催生的“避险型投资”。

作为社会的中坚力量，中年人更像“夹心饼干”：成长于改革开放浪潮中，目睹了计划经济向市场经济的剧烈转型，刚告别粮票时代，又一头掉进国企下岗潮，再到互联网颠覆传统行业。以上种种让他们患上了“风险 PTSD”，行为金融学里的“前景理论”在他们身上被应验——宁可少赚点，也不能赔了老本。所以他们买东西主要看重“避险”。

不仅如此，他们有的还背着房贷、车贷，是全家老小的经济支柱，教育、医疗这些支出就像吞金兽。因此他们将“岗位稳定”列为求职首要标准，“公司倒闭风险低”，这不仅仅是找工作，更是给自己买“职业保险”。很多人即便对晋升无望感到不满，也不敢轻易跳槽，毕竟工作不光代表收入稳定，更是抵御时代不确定性的底气。

他们不得不在教育上加大投入，不是他们“人傻钱多”，实在是被“鸡娃内卷”逼迫的。谁家孩子又报了什么兴趣班、补习班，家长群里谁又天天“晒成绩”，这事搁谁心里不慌？知识付费成了他们的“焦虑解药”，要是自己学了能升职加薪、孩子考上名校，那投资回报率就很高了。虽然有时候买了课程也不一定看，但买了就等于“尽到责任”，心理安慰效果满分。

关于上网，他们属于“半业余”冲浪选手。从 QQ 空间“偷菜”到用手机买菜，技术更新的速度比不过 App 迭代的速度。不过他们很务实，互联网在他们眼里就是“高级工具人”，能比价、能砍价、能抢优惠，还能在直播间抢货，也算是经历了一场“互联网进化”。

3 Z 世代：数字大模型培育的“即时型满足”。

最后来聊聊 Z 世代这群“数字土著”。作为独生子女，他们是家里的“独苗”，从小在数字世界里摸爬滚打，属于互联网原住民。工资还没到账，花呗就先“爆仓”，“兴趣理财”的概念一出来，他们就觉得兴趣爱好也能当饭吃，享受着算法投喂的快乐，完全停不下来。

他们的消费观和上面两代人的差别不是一星半点。独生子女的身份让他们习惯了“独享资源”，原子化社会又让他们更注重自我表达。买虚拟偶像专辑、抽盲盒、炒数字藏品，在老一辈眼里这些都是“败家”的行为，但在他们看来，这就是在虚拟世界里“盖房子”，每一笔消费都是往自己的网络名片上镀金。

经济上，他们完美诠释了什么叫“花明天的钱，圆今天的梦”。

消费信贷的大门敞开，限量款球鞋既能穿又能“炒”，数字藏品说不定哪天就身价暴涨，消费和投资的界限在他们的观念里变得模糊：消费不是为了满足需求，而是为了寻找让自己惊喜的体验，个性化、沉浸式才是王道，至于实用与否，再说吧。

以上三个年代人群，从听的歌、追的剧，到聊的话题、用的社交软件，处处都是“代沟”。不过正是由于有差异，才让社会呈现出七彩万象。商家如果能摸清这些门道，产品开发、营销策略还不手到擒来？大众要是明白了这些，和家里人跨代沟通也能少点“南辕北辙”的尴尬。

2. 人格演变地图：从集体主义到原子化生活

如果把不同年龄段人的性格“摊开”摆在一块儿，就像一幅抽象画，每笔颜色都带着时代特有的“签名”。下面借助心理学的大五人格理论（神经质、外向性、开放性、宜人性和尽责性），分析一下三代人性格里的历史、文化和技术成因。

1 权威顺从者：银发族的潜意识。

银发族称得上责任界的“扫地僧”，把规则作为生活的金科玉律。早年的威权教育像模具，人们把“服从权威”“遵守规矩”刻进心里。老一辈人经历的时代，强调集体利益高于个人需求，个人的想法与创新容易被忽视，这让他们在面对新事物、新观念时，表现出较低的开放性，形成强烈的路径依赖。他们买菜认准老摊位，线上购物对于他们来说有些陌生。

他们的内心像“活火山”，看着没动静，情绪却在“奔腾”。

物资匮乏的年代，集体主义至上，个人情感表达往往被视为“不合群”“不懂事”，抒发情绪都得掂量再三。长期这么“自我封印”，情绪无处释放，“岁月静好”把自己的情感世界锁得严严实实。

2 焦虑实用家：中年人的矛与盾。

中年人的尽责性同样“爆表”，不过他们的“责任”始终对准家庭。上有老下有小，生活把他们压得时刻紧绷，买棵白菜都得货比三家，每个决策都得反复验算。这份对家庭的“执念”，直接把尽责性推到了前排。

他们又是向父辈传递文化的“反向社会化”主体，但同时承受着传统价值观的规训，这种代际文化反哺导致了他们的矛盾思想。他们面临学业内卷、房价高企、环境危机等多重不确定性，“系统性风险”又进一步催生了矛盾行为——既追求“躺平”的安稳，又渴望“斜杠”的多元价值。

而在接受新事物方面，他们不像老一辈那样“严防死守”，也不像年轻人那样“来者不拒”，是实用主义的忠实粉丝。互联网对他们来说，能购物、能比价就会赶紧学习，这种稳中求新的心态是在时代浪潮里练就的智慧。

可生活的“暴击”哪是那么好扛的？孩子教育、老人健康、职场危机……随便拎出一件都能让人焦虑。这焦虑就像跟屁虫，虽说没大声嚷嚷，但随时影响着他们的生活节奏。

3 独特游民：Z 世代的潇洒。

他们出生在“社会原子化”时代。个体与传统的社群、组织、亲属关系的连接变得越来越疏松。过去“远亲不如近邻”的熟人社群渐渐淡去，楼道里住对门的人可能都叫不出彼此的名字；大家庭的“抱团感”在瓦解，小家庭成为基本单元，甚至独居者越来越多，周末的餐桌常常只有自己和外卖盒作伴。工业化和城市化催生了这种状态，每个人都像高速旋转的陀螺，没有太多精力维系复杂的人际关系，线上社交的便捷也让面对面的深度交流变得可有可无。所以Z世代的人遇到事儿连个“吐槽搭子”都不好找，他们的情绪稳定性较差，就像坐过山车，忽上忽下没个准。短视频、游戏、社交平台不断拉高他们的兴奋阈值，快乐来得快去得也快，情绪不波动才怪。

但是论开放性，他们则是三代人中的先锋。算法推荐给他们打开了无数新世界，前两代人还在围观虚拟偶像、元宇宙，他们已经冲进去安营扎寨了。尽责性在他们这儿成了“两面派”——碰上感兴趣的事儿就是时间管理大师，24小时不够用；遇到不喜欢的事儿，马上“摆烂”。对他们来说，兴趣才是行动的第一驱动力。

在控制感和风险偏好方面，三代人就是三个极端。老一辈追求的是“稳稳的幸福”，对权威有种天然的信任感，毕竟在稳定的环境里待惯了；中年人被生活“毒打”怕了，总想着把一切都攥在手里，安全感全靠掌控力支撑；而Z世代在算法的“随机投喂”里摸爬滚打，早就习惯了不确定性，反而把风险当“调味剂”，为了追求独特体验，什么新鲜事儿都敢试。

3. 情绪代偿机制：空巢孤独、三明治焦虑与存在饥渴

1 银发族：在回忆堆里找慰藉。

大清早的公园，广场舞的旋律准时响起，一群头发花白的老人

整齐划一地摆动身体，手机里循环播放着《莫斯科郊外的晚上》。这是银发族情绪世界的典型体现：表面上集体活动挺热闹，其实是跟孤独感打“游击”。人对亲近关系的念想来源于童年形成的情感。等儿女成家搬走，自己从家里的顶梁柱变成“看客”，心里的靠山暂时没了着落，空巢带来的孤独感就成了常态。

这种孤独可不是没人说话那么简单，是跟社会的连接断了线，心里发虚，专业的说法就是社会连接断裂后的心理失重。长期孤独会触发大脑的疼痛中枢，迫使个体启动代偿机制。短视频里那些老歌、老物件一刺激，就把他们脑子里杏仁核藏着的怀旧记忆勾出来了，产生类似“止痛片”的效果。

前文提到他们长期“自我封印”，那他们怎么调节情绪呢？因为老一辈人还带着集体主义的克制习惯，所以忍耐就成了处理情绪的“秘方”。他们常把孤独化成对儿女的“过度关心”，比如老转发养生文章，或者在社区当志愿者，戴个红箍儿坐在胡同口“巡逻”，图个被人需要的感觉。他们跳广场舞不光是为了活动身子骨，更是为了重新找到组织，找回集体归属感。这实际上是一种代偿行为，当一个人正常的需求、情感得不到满足，或是面临难以克服的困境时，就会不自觉地寻找其他替代方式来缓解内心的不适。他们在“这辈子值不值”的纠结里，给自己找了个新角色。

2 中年人：在压力夹子里搭“情绪脚手架”。

深更半夜的书房，台灯下摊着孩子的练习册，旁边还压着没写完的工作报告。中年人在 KPI 数字和孩子的成绩单之间来回瞅，眉头紧皱，心里的焦虑无法诉说，还藏着点说不清的愧疚。但他们没有仅仅停留在焦虑上，而是“实干型”，把焦虑变成了具体的行动，给孩子报补习班，自己去学个技能，想靠着“解决问题”重新把日子攥在手里。这就是中年人的“责任高峰期”：上有老的身体让人操心，下有小的学习让人费神，中间还得防着自己工作上被淘汰，这么多事儿压着，成了“压力三明治”，不逼着自己当家里的“定海神针”不行啊。

愧疚感作为副产品，来自对“完美角色”的无力完成。“未来时间观”在这儿起了微妙的作用：中年人会不自觉地放大对未完成事务的负面评价，比如因加班错过了孩子的家长会，会在心里说自己“不称职”。为了对付这种情绪，他们选择“花钱补过失”，给孩子买贵的学习用具，报个几千元的研学班，其实就是靠花钱、做计划找回“能掌控一切”的感觉。这种目标导向的行为能激活大脑的伏隔核，产生类似完成任务后的多巴胺奖励，有目标的事儿能让大脑兴奋起来，暂时消除了焦虑带来的烦躁。

“压力山大”的中年人如何调节情绪呢？他们不爱在网上“瞎嚷嚷”，更爱靠跑步、抽烟、喝酒这些能“一个人待会儿”的方式自我安慰，透着实用主义的特点，这跟他们成长在“情感不外露”的时期有关系。这种“什么都讲实用”的情绪处理法是被社会压力逼出来的，但也容易让情绪问题“拖成慢性病”——等心里的“脚手架”撑不住了，身体就可能出毛病，比如头疼、肠胃不舒服。

写字楼里白领们的“鼠标手”“颈椎病”，都是情绪压力的躯体化转移。当大脑被 KPI、房贷等问题持续占据，负责躯体感知的顶叶皮层会将焦虑信号误判为肌肉紧张，久而久之，肩颈僵硬就成了“职场标配”。还有人喜欢在孩子睡熟后开一罐啤酒，酒精带来的短暂放松只是用中枢神经抑制作用掩盖未处理的“情绪垃圾”。但肝脏不会说谎，中年群体的脂肪肝检出率已达1/3，每一次深夜独酌都是在透支身体的代谢能力。

3 Z世代：在数字荒原上找“情感信号塔”。

作为从小泡在网上的一代，Z世代的脑子早就被算法训练成“刺激敏感器”，短视频15秒一换的节奏、游戏马上给奖励的“套路”，把高兴的阈值抬得很高。等现实里的新鲜劲儿没网上多了，无聊就成了常态，这不是没事干，是脑子被“养刁了”，普通刺激喂不饱了。凌晨两点，他们还在不停刷社交软件，手机里装了上百个App，却还是无聊得发慌。“电子木鱼”App下载量超2000万次就是这种矛盾的具体表现：用网上敲木鱼的方式学传统冥想，本质是数字时代的情绪脱敏疗法。

Z世代是三代人里最爱“敞开了说”的。他们在网上发点碎碎念，混进小众圈子聊天，视频弹幕多得都看不到视频内容，甚至用“emo文案”搞出一套情绪交流的暗号。现在人各过各的，个体转向群体依恋，寻求代偿。他们靠共同的情绪符号，比如二次元梗、追偶像搞点不深但频繁的互动来弥补“圈子归属感”。社会情绪选择理论到Z世代这儿反过来了：未来日子还长，反倒喜欢尝试那些奇异的体验，比如玩沉浸式剧本杀释放压力，或者把自己没实现的想法迁移到虚拟偶像身上。

“怕自己没存在感”是Z世代情绪里的暗礁。在网上造个虚拟身份比在现实里做出成绩容易，因此他们喜欢在数字世界里靠买虚拟装备、数字藏品攒“面子”。这种做法躲避了现实竞争的压力，也是想在去中心化的网络里重新搞清楚“我是谁”，重建自我认同。Z世代在进行虚拟身份互动时，大脑的默认模式网络激活程度高于现实社交，可见数字世界对他们认知自我的影响是非常大的。三代人情绪代偿对比如表4-1所示。

表4-1 三代人情绪代偿对比

维度	银发族 （空巢孤独）	中年人 （三明治焦虑）	Z世代 （存在饥渴）
核心情绪	社会连接断裂导致的孤独感 （心理失重）	责任高峰期的多重压力（焦虑+愧疚）	现实刺激不足的无聊感（存在感缺失）
代偿行为	1. **怀旧刺激**： 听老歌、看老物件 2. **角色替代**： 社区巡逻/转发养生文章 3. **集体活动**： 广场舞找归属感	1. **行动导向**： 报班/学技能 2. **消费补偿**： 高价买教育产品 3. **生理宣泄**： 跑步/抽烟/喝酒	1. **数字脱敏**： 电子木鱼冥想 2. **符号社交**： 弹幕/EMO文案/二次元梗 3. **虚拟认同**： 买数字藏品/虚拟偶像
代偿机制	杏仁核激活怀旧记忆 （类似“止痛片”效果）	伏隔核多巴胺奖励 （通过目标行为缓解焦虑）	默认模式网络激活 （虚拟身份重塑自我）
典型表现	跳广场舞时循环《莫斯科郊外的晚上》	深夜独酌啤酒缓解未处理情绪	凌晨刷上百个App仍感“电子无聊”
潜在风险	长期自我封印导致情感压抑	躯体化转移 （颈椎病/脂肪肝）	现实竞争力弱化

2 三代人情绪的“共通点”和“不对付”。

三代人的情绪看似各不相同，其实共同面对着人类的生存挑战：老一辈人怀念过去是想补回失去的连接，中年人焦虑是怕扛不住责任，Z世代觉得无聊是嫌刺激不够，都是想找个“安全基地”。一根暗线串起三代人不一样的时间概念——觉得未来“有的是时间”（Z世代）、“时间不太够还一堆责任”（中年人）、“时间不多了得好好捋捋”（银发族），所以调节情绪的方法也就跟着变了。

这种差异也催生了独特的社会现象：老一辈人刷短视频形成“数字返祖”，中年人对掌控感的追求带火了成人教育经济，Z世代怕没存在感，搞出了虚拟身份产业。只有理解人性，理解时代给人带来的不同特性，商家才能设计出满足各个层面、各个年龄阶段消费者情绪价值的商品。

4. 破译支付密码：健康购买券、身份保险与社交货币

三代人揣着各自的“消费经”入场了，不同的历史浪潮、经济变迁背景，把大家的性格、情绪培养成了不同款，这些性格差异又与各自独特的情绪需求相互作用，进一步影响着消费决策，最终造就了三代人各具特色、画风迥异的消费习惯。

1 银发族：为延长“被需要期”付费。

老人们酷爱储蓄，他们带着农耕文明的朴素智慧，用物质储蓄对抗风险。对于每一分钱都精打细算，哪怕到如今，他们还保留着“买根葱都恨不得砍价五分钟”的传统，省下的钱全存进银行，好像只有摸着存折时才能安心。

他们对价格的敏感形成了“性价比至上”的消费逻辑，虽然逛超市的时候可能看不清手机屏幕，但是不会轻易放过商品价签上小数点后的两位。

上了年纪，他们又添加了新的消费项目——健康焦虑。从包治

百病的玉石床垫，到号称能“洗血管”的电解水机，商家但凡在广告词里加上“长寿”“祛病”等关键词，就能让他们眼睛发亮。因为他们深知身体是革命的本钱，到老了更是要把健康当成后半生的“绩优股”，总想多投点资。毕竟辛苦了一辈子，谁不想多享受几年儿孙绕膝之福？在他们心里，买药和器械的钱，是给未来幸福生活买保险，是对长寿最朴实的渴望，也是对过往岁月里那些未能好好照顾自己的弥补。

老年人还热衷红色旅游，这迎合了“符号消费”，他们消费的不只是商品本身的实用价值，更是它所承载的象征意义、文化内涵或社会身份标识。每一张景区合影、每一枚纪念徽章，都是他们展示着“我和那段光辉岁月”。这种消费在本质上也是对集体记忆的加固，就像给逐渐模糊的青春相册重新塑封。

2 中年人：为“阶层不下滑”投保。

中年人将奢侈品消费视为解压利器，这背后藏着特定的时代原因。在经济转型的剧烈变革期，他们目睹了铁饭碗破碎、下海潮兴起。就像刚被扔进大海的游泳新手，他们一边扑腾着适应市场经济的浪潮，一边还得琢磨怎么证明自己没被淘汰。奢侈品就成了“救命稻草”。一块亮闪闪的劳力士手表、一身笔挺的阿玛尼西装，往人前一站，不用开口，旁人心里就默默给你贴上了“混得不错”的标签。说到底，这股“奢侈品热”反映的是X世代（1965—1980年生人）的焦虑与渴望。在旧价值观崩塌、新秩序还没站稳脚跟的当口，他们太需要一个看得见、摸得着的东西，来证明自己跟上了时代，证明自己在这场社会转型的大考里没掉队。

不仅如此，他们还把“限量款”推向消费舞台中央，拿稀缺性盖了个“身份壁垒”。限量款的魅力在于它既满足了炫耀性消费的心理，又赋予了持有者“少数精英”的身份标签，划定社交圈层。

“再生产理论”提到，教育从来不是简单的知识传递，而是阶层复制的通道。中年人咬着牙把孩子送进学费高昂的私立学校，看中的就是那里优质的教育资源、高端的人脉圈子，还有学校自带的“精英滤镜”。对他们来说，这是给孩子买的“阶层门票”，是阶层跃升投资。怕孩子输在起跑线上的焦虑，再加上对自身阶层滑落的恐惧，让他们在教育上特别舍得花钱，哪怕节衣缩食，也要把孩子送进优质学校，把自己未完成的梦想、未实现的野心全都塞进孩子的未来。

愿意为知识付费对他们的吸引力源于“焦虑经济”，在竞争激烈的环境下，他们希望通过学习提升竞争力化解内心的不安，这种消费逻辑符合他们追求稳定、规避风险的生活策略。在竞争白热化的环境中，多学一门技能就多一分安全感，哪怕买了压根没学过，也能收获短暂的心灵平静。

3 Z世代：为“虚拟人格养成”氪金。

最后要讲的这群“后浪”，消费风格就一个词——“叛逆”，也可以说是消费的“行为艺术家”。他们买东西大多不看实用性，只图一个“爽”字，看重消费带来的即时快乐，而非物品的实用价值。他们愿意为热门动漫联名奶茶排队两小时，哪怕价格是普通奶茶的三倍，且味道和普通款相差无几，但只要包装上印着喜欢的角色形象，他们就会毫不犹豫下单，为的就是拍照发社交平台时收获点赞和羡慕目光的“爽感”。他们为主播打赏时，即便这些打赏并不能换来实际反馈，但看到喜欢的主播对自己的专属感谢，那种被关注、被重视的满足感也让他们甘愿一掷千金。

潮玩对他们来说是亚文化的代表，只有同好之间才能读懂。当一个人抱着限量款手办走进漫展，瞬间就会被同好们热情包围，好像流浪许久的孩子找到了家。在这些圈子里，拥有特定的潮玩物品是身份的象征，能快速拉近彼此距离，这是年轻人在原子化社会中寻求归属感的一种方式。现实生活中，大家各自忙碌，关系疏离，但在潮玩的圈子里，他们凭借共同的爱好能找到志同道合的伙伴，建立起新的社交网，填补内心对认同的渴望。

与传统消费方式相比，他们更青睐“体验消费”。抽盲盒时，心脏随着盒子打开的瞬间剧烈跳动；预订限量“谷子”，等待到货的日子里满心期待；为了参加潮玩展、听演唱会，有人不惜跨省奔波，这些都让消费不再只是单纯的买卖，而是一场充满乐趣的体验。这种体验消费迎合了 Z 世代追求新鲜、刺激的心理，他们愿意为独特的感受投入大量的时间和金钱。

三代人的情绪消费差异，是历史与时代共同作用的结果。无论是银发族还是 Z 世代，每笔消费都是对时代的应答。理解这些差异，既能读懂社会变迁，也可以搭建起代际共情的桥梁。

所有情绪消费的终点，都是对安全感与归属感的永恒追寻。

二 性别区隔
情绪消费的二元法则

上海静安寺商圈的晚上热闹得很，霓虹灯把玻璃幕墙照得透亮。周大福店里，几个小姑娘正围着柜台打转，指尖在刻着“今日晴朗”的转运珠上轻轻划过，眼睛里亮晶晶的。旁边的电竞馆里，键盘声噼里啪啦，有个小伙子正趴在标价一万两千元的电竞椅上，椅背跟着游戏里的爆炸场景嗡嗡震动。同样是在钢筋水泥高墙里打拼的年轻人，情绪不同，男性和女性走出了两条不一样的消费之路。

先来看看姑娘们的消费哲学。定制香氛前调柑橘是“早晨被阳光叫醒的轻快”，中调玫瑰是“收到鲜花时的脸红”，尾调檀香是“独处时的踏实”。调香时选“雨后青草”味纪念毕业旅行，加“焦糖”香呼应第一次约会的蛋糕，喷在袖口时就像把回忆酿成了随时能闻到的物件。

汉服圈的姑娘更有意思，普通汉服两千元，定制款直接翻四倍到八千元，她们图的是什么？图的是穿上那身衣服，仿佛穿越回古代，和同好们喝茶赏景的共情，再往朋友圈一晒，点赞评论就是最好的身份认证。她们花钱，花的是仪式感，是把情绪变成既看得见又摸得着的“社交货币”。

再看看小伙子这边，消费逻辑藏得挺深。就说电竞椅，带震动按摩功能，看着是游戏装备，其实是解压装备。防脱发市场一直以男性为消费主力，一款男性智能激光头盔客单价接近500元，比女性同款要贵，人家包装上印的是“头皮健康管理”，App还能监测发量，保证把“面子工程”做到位，既解决了实际问题，又不用把“脱发焦虑”挂在脸上。到了深夜也不清静，AI伴侣App的男性用户占比高得很。说出来你可能不信，他们更喜欢“兄弟模式”，随心所欲地吐槽，把心里的憋屈全倒给AI，还不用怕被说“不够坚强”。哥们儿花钱，讲究的是“技术护体”，情绪释放得藏在功能背后，既得有“面子”还得有“里子”。

商家也精明得很，就顺着这两套不同的逻辑开展营销。一款解压玩具，以前还分男女款，粉色面向女性用户，蓝色面向男性用户。现在可不是了，统一改成按情绪分，焦虑的可以选“重力蛋”，怎么捏都行；孤独的就选“对话魔方”，按一下就有人“陪聊”。健身App更会琢磨，把男性课程包装成“体能数据优化”，其实里面是情绪宣泄训练，嘿，提升体能顺带把心里的不痛快也发泄出去了，复购率比女性课程还高。现在Z世代的小伙子们也开始买彩妆了，消费这事不分男女，只看能不能摸准了用户心里那点需求。

话说回来，无论是姑娘的转运珠，还是小伙子的震动椅，都是各位给自己准备的“情绪小甜点”。**消费场景中男女有各自的小讲究：女性把情绪穿在身上、戴在手上，男性把情绪藏在技术和功能中，各有各的门道，各有各的乐子。商家们要是能把这些琢磨透了，不愁没生意。**

1. 她经济：情绪价值的显性表达逻辑

手账不是简单的笔记本，米白色内页是“心事落地的柔软”，烫金边角是“认真生活的仪式感”。有的女生在扉页贴满演唱会票根，那是“为热爱尖叫的滚烫日子”；在某页画满星星，那是“失眠夜的孤单发光”。每一页字迹或潦草或工整，都是情绪在纸上的“散步”。如今的Z世代女性，已经把安抚情绪当成每日必做的事儿了，出门前化妆的工夫，她们也想给心情找个“伴儿”。消费市场计算着，把姑娘们的喜怒哀乐变成能戴在手上、穿在身上的“情绪信物”。

1 悦己开关：给心情找个“看得见的伴儿”。

小小一串手链，12颗珠子各有讲究：黑玛瑙刻着“冷静”，紫水晶刻着“勇气”，粉水晶刻着“被爱”。小陈手腕上的手链戴了三年，从3颗攒到7颗，颗颗都是她的心情日记：升职加薪时添颗“成长”珠，失恋时戴颗“坚强”珠，戴上它们，就像有个无形的朋友陪着她。

心理学说，人会对“特定动作+特定物品”有条件反射般的安慰。每天戴上对应心情的珠子，就像给自己设了个情绪小开关，大脑会觉得一切都因它而掌控。再说定价，普通金珠800元打底，带情绪刻字就能再多卖200元，还别说贵，商家这是玩了个定价的小窍门——先给个基础价让你心里有谱，再把情绪价值、设计心思全算进去，你买的是每天的好心情，自然觉得值，姑娘们更懂得给自己的心情“投资”。

2 共情溢价：在圈子里找到“情绪老家”。

北京某汉服社里，社长小李正教新成员穿明制马面裙，屋里的汉服从几百元的日常款到上万元的定制款。姑娘对着镜子调整发簪，眼里满是欢喜："上周穿汉服去颐和园，有阿姨夸我'真好看'，开心得不行。"社员年均消费几万元，比普通爱好者高出不少，她们图的是圈子里的认同感——你穿对了朝代的形制，绣工讲究，配饰得体，在圈子里就算"自己人"，这种被认可的感觉比衣服本身值钱多了。

大多数人都想通过消费告诉别人"我是谁"，尤其在汉服圈这种亚文化圈子里，消费就像一张"入场券"，对圈子文化了解越深，在里面就越有话语权。而且现在都市人社交压力大，汉服社里能跟同好聊缠花、点绛唇，这种没压力的交流，让姑娘们找到了"情绪归属感"。从这里衍生出的租赁保险、妆造课，其实都是为了维持这份归属感花的"门票钱"。

3 动态定价：让价格跟着心情"打拍子"。

星巴克曾在周一推出过"早安解忧组合"：美式咖啡 + 早餐三明治打 7 折；周五下午门店推出"买一送一"的星冰乐或果茶系列。这是摸准了姑娘们的情绪脾气：周一上班焦虑，周五下班兴奋，周末想放松，品牌就跟着这节奏推出不同优惠组合，你别说，还真像给心情配了个"节拍器"。

从经济学上讲这叫"峰终定律"：商家特意在周一、周五搞促销，给你制造情绪小高峰，再给优惠配上一些应景的名字，让你记住这消费过程的"好"。**神经学研究发现，当价格折扣跟情绪对上号，大脑里的"奖励中枢"会更活跃，就容易记住这品牌"懂我"。**再说深点，这是把"情绪体验"当成了商品——周一卖的是"焦虑缓解"，周五卖的是"周末期待"，姑娘们买的是让心情变好的一整套服务，就吃这一套"情绪组合拳"。

4 从“悦己”到“共生”：她经济的“小心思”。

琢磨透了消费现象，你会发现“她经济”有三个小秘密。

第一，情绪看得见：姑娘们喜欢把无形的心情变成首饰、衣服这些能看见的东西，就像把心里的话写成日记。

第二，社交有符号：每回消费都是在做“自我介绍”，穿汉服说明“爱传统文化”，戴转运珠说明“会管理情绪”，都是给外界呈现的“身份标签”。

第三，消费有仪式：周一买抗压珠、周五穿狂欢裙，时间一长就成了习惯，像每天刷牙洗脸一样成了生活里少不了的仪式感。

现在越来越多的品牌开始研究姑娘们的情绪变化，比如某美妆品牌推出与心情搭配的口红：焦虑期搭配珊瑚粉，自信期搭配正红，都是在给不同的情绪痛点找解决方案。心理学上这叫“自我决定”——姑娘们通过消费满足自主选择、获得认同感、找到归属感。大家在不同场合用不同消费行为扮演不同角色。

这些场景里，消费成了跟自己、跟世界聊天的方式，让心情有踏实安放之处，是找到同类的温暖，是把日子过成自己喜欢的模样的仪式感。商业越来越懂女人心，知道她们需要的不是冷冰冰的商品，而是“懂我情绪”的温暖回应。

商业懂了这心思，就像递上一支笔，让每个女性都能把自己的情绪故事写成看得见的模样。“她经济”是这个时代对女性情绪的温柔对待——谁不想在快节奏的生活里找到一个东西，能让心情变得可感、可触、可期待呢？

2. 他经济：情绪代偿的技术突围战

凌晨两点，手机屏幕亮了又灭，最后停在 AI 女友的对话框上。没打字，就听她用温暾的语气说“今天也辛苦了”，程序员小张盯着天花板笑了笑——这事儿没法跟兄弟说，但对着屏幕，心里那点憋屈好像真能消散一些。男人的情绪就像藏在袖口的手帕，轻易不拿出来，却总能找到合适的角落晾一晾。

1 技术包裹的焦虑释放：把“难言之隐”变成说明书。

32 岁的陈先生在北京国贸上班，他最近一直在用激光防脱发头盔。他早上洗漱时对着镜子看了又看，感觉自己的头发仿佛多了一些。他怀着喜悦的心情来到办公室，忍不住跟同事聊起了“头皮健康管理仪”用着感觉不错，这比承认“怕秃顶”体面多了。

陈先生心里藏着个心理学的小秘密：人要是心里有矛盾，比如既怕脱发又不想承认焦虑，就会想尽办法找个理由把这事儿合理化。智能防脱头盔的“油腻度检测”“毛囊报告”，就是给焦虑穿了件“健康管理”的马甲，让你觉得这是在解决问题，不是在跟情绪较劲。男人花钱分账本，买防脱用品归“健康投资”，比“情绪消费”听着合理多了，预算自然松快，把情绪藏进功能里。

2 无压倾诉基础设施：给心事留个“匿名信箱”。

AI 伴侣有个“树洞模式”，对话框里的消息显示“已读”，就代表人工智能成了你的“专属树洞”，说什么它都会倾听，就像在没熟人的酒吧角落喝酒，想说什么都行，不用怕被人盯着瞧。白天在外奔波的男人，晚上想卸下“盔甲”倾诉一下衷肠，找谁说好像都拉不下来面子，AI伴侣的作用就体现出来了。尤其是在深夜，倾诉的人比白天多不少。

“去抑制效应”说的是在匿名状态下，人更容易说实话。AI正好满足这个条件，跟它说职场委屈、中年焦虑，不用怕被随意评价，也不用回复它的消息，就像对着树洞说话，说完直接拍拍屁股走人。更巧妙的是“拟社会互动”，你把AI当听众，它不会打断你的倾诉，更不会追问你隐私的细节，这种单向的陪伴刚好消除了男性“想说又不想麻烦别人”的矛盾。有款新车配置了“会变色”的隐私车窗，谁也看不见你在车里头是什么表情，技术给情绪搭的这个“安全屋”真是踩在了男性的心尖儿上。

3 沉浸式场景再造：在技术里“开个小号”。

电竞椅背跟着游戏里的爆炸场景嗡嗡震动，这场面相信不少使用过的朋友都不陌生，现实里给甲方改10版方案还是被打回，转身窝在电竞椅打10分钟游戏就什么都忘了，至少能自己说了算。这抓住了多少男性的心思：现实里处处受制，空有一身好“武艺”无处施展，这不就来了？技术搭的虚拟场景成了“平行世界”，在这里什么都是你说了算，终于能过把瘾了。

人专注到忘了自己的时候，压力自然就散了，这叫“心流体验”。智能电竞椅的震动反馈、VR游戏的场景模拟，都是给使用者造了个“情绪中转站”：把现实里的憋屈转化成游戏里的胜利、数据上的增长。

4 深层逻辑：男人花钱三个“不挑明”。

男人的情绪消费藏着三个“不挑明”。

第一个，功能当外衣：买防脱头盔不说焦虑，说“头皮健康”；买 AI 伴侣不说孤独，说“智能助手”。就像把药片裹上糖衣，情绪需求得借着功能的包装才能满足。

第二个，匿名保体面：倾诉得有“安全距离”，不管是 AI 的“树洞模式”，还是智能设备的“隐私保护”，都是给面子留条缝，情绪可以脆弱，但得藏在技术背后。

第三个，掌控感迁移：现实里做不了主，就在技术场景里找补回来。发量增长的数字、游戏通关的提示，都是在跟自己说“我行”，悄悄给自信心打个气。

这三个“不挑明”被聪明的商家转化成了钞票，其实就是商业看懂了男人的“口是心非”，把情绪关怀藏进技术参数里，让你买得体面，用得舒心。从智能头盔到 AI 伴侣，技术成了他们无形的朋友，把关怀藏在每一个“不挑明”的设计细节里。商业的温柔，就在于懂得男人的“难以启齿”，于是用技术搭起桥梁，让那些藏在硬汉外壳下的柔软，有了可依靠的肩膀。

男人需要情绪出口，需要体面的、不被戳穿的情感通道。

“他经济”的妙处，就像看匠人做手工，不扯着嗓子喊“我懂你”，而是把理解嵌在针脚里，不声张地体贴才是“润物细无声”。

3. 破界融合：当性别标签开始溶解

上海愚园路的观夏香薰店，玻璃罐里飘出的雪松味清冷冷的，像刚下过雪的山尖。男同志以前买香薰都得躲躲藏藏的，生怕被别人说‘娘’，现在猛男的工位上摆着几个精致的小玻璃瓶也见怪不怪了。消费市场的变天，有时候就在这一丝一缕的气味里。

1 数据雷达网：中性消费的崛起密码。

泡泡玛特门店里，Z世代的姑娘正跟男友抢着开最新款“SKULLPANDA”盲盒。靠近了瞧，这熊猫头穿着工装裤，长得既不“甜”也不“硬”。“以前他总说这是女生玩的东西，现在拆盒比我还积极。”姑娘看着男友打趣地说着。当潮玩IP没有明确的性别标签，反而成了年轻人的“情绪公约数”。就像观夏的香薰，不区分男女，只提“雪山的清冷感”，让更多人愿意把它带回家。

美妆柜台前的变化更明显。00后男生正把温感变色唇膏往购物篮里放。“这支草莓色涂着自然，跟打完球的样子差不多。”他说得随意，却道出了个大趋势：现在男生买美妆，图的不是“像不像男人”，而是“能不能让自己开心”，曾经被归为女性专属的唇膏、修容，成了他们的“心情小配饰”。

2 场景破壁机：从“性别定义”到“需求翻译”。

Lululemon的男装区，一条标价1280元的24小时通勤裤的面料带点微弹，口袋藏得严丝合缝。这要是以前，人们会觉得运动品牌的裤子只能在健身或运动时候才穿呢，谁能想到现在配西装也倍儿体面？这条裤子的秘诀就在“体面舒适”四个字上，甭管你是要赶地铁还是见客户，它都能轻松应对，把男性运动裤变成了万能通勤装。

科技产品方面，脑波监测眼罩的用户有福了——终于不用在粉色按摩仪和黑色安眠药之间选来选去了。智能眼罩不看性别，只看脑电波数据，给每个人生成专属助眠方案。男性高复购率说明了什么？比起纠结颜色和标签，数据给出的解决方案更实在。无印良品的托特包，既能装电脑也能装瑜伽垫，不分男女，只要能装下，什么都欢迎。

3 科技平权者：数据驱动的需求解绑。

工程师们在深圳的智能硬件实验室里鼓捣新一代手环。这次他们学聪明了，不搞“男款黑色，女款粉色”，而是让手环自己“看”用户：加班多了就切换“抗压模式”，周末出门就选择“活力追踪”。结果男女用户数都有所增长，曾经被性别框住的可穿戴设备，成了人人都能用的生活小助手。

智能眼罩的成功源自“数据比性别更懂人”。传统助眠产品总爱分男女，女的给香薰，男的给运动方案，可智能眼罩不管这些，直接通过脑电波知道你需要白噪音还是气压按摩。以前买东西像做选择题，现在只看数据推荐，反而选得快、用得好。这种“科技平权”让失眠、焦虑这些事儿不再被性别标签捆绑，难得可以松一口气了。

4 商业破局点：从“男女分区”到“需求混载”。

聪明的商家品牌早就摸出门道了，总结起来就三招。

标签别带“男女”：观夏不说“男香”，只说清冷感，让买香氛的男性毫无顾虑。

设计不搞特殊化：泡泡玛特的“SKULLPANDA”不甜不硬，长成“中间样”，反而让不同性别的人都能找到喜欢的点；睡衣只做燕麦色、浅灰色，不分男女款，情侣买同款也不觉得违和。

用数据说话：FocusCalm的头环是通过技术为每个人“量身定做”，甭管你是男是女，合适就是硬道理。

就连母婴市场都在变。以前商家总爱把“妈妈包”弄成粉色，现在“亲子通勤包”改为了中性灰，爸爸也能大大方方背着它出门了；儿童玩具不再分“男孩积木”“女孩过家家”，都统一改成了“创意工程系列”，孩子想怎么玩就怎么玩。商家终于明白了，比起琢磨男性和女性分别喜欢什么，不如想想他们需要什么。

商家终于学会了“看人下菜碟”，不是看性别，而是看需求。Z世代用行动证明，性别标签不是墙，而是窗——推开它，就能看见更广阔的消费天地。未来的消费市场，或许不再有“他经济”“她经济”，只有“人经济”。当货架上的商品不再忙着讨好男性或取悦女性，而是想着怎么让每个人都觉得合适，我们买到的就不再只是贴着标签的商品，而是对每个个体的尊重与懂得。这个场景里，没有“他的”“她的”，只有“人们都喜欢的”。

未来的消费场景里，技术要学会和人们的情绪“聊天”，不是猜你是男是女，而是直接问问你的心“今天想找点什么安慰”？

三 圈层密码
4 大亚文化群体价值创新指南

当下的消费市场呈现出的圈层化特征可是越来越明显了：Z 世代每月固定为 AI 情感陪伴服务掏钱，续“心灵会员”；爷爷奶奶们则倾向于购买具备健康监测功能的养老服务——每个消费圈层都各自蕴含独有的消费需求与市场机遇。

县城青年捧着“莆田联名款”当宝贝，数字游民追的是“云端上的老乡会”，这些早就超越了传统商品的交易范畴。各圈层都在找属于自己的“快乐密码”，寻求情感满足的价值表达。

现在的商家要是还按老皇历卖货，怕是连消费者的购物车门槛都够不着了。现在的生意像拆粽子一样，得一层一层探究消费者的心思。谁能把孤独变成陪伴、焦虑变成动力、漂泊变成归属这些事儿搞明白，谁就能在这波圈层经济里开疆拓土。四大亚文化群体消费特征对比如表 4-2 所示。

表 4-2 四大亚文化群体消费特征对比

维度	小镇青年	丁克族	新中产	数字游民
消费驱动力	身份认同感	自我投资	阶层符号化	自由溢价
高频消费品类	国产潮牌	轻奢旅行 宠物经济	高端家电 私立教育	共享办公 电子装备
价格敏感度	高 （追求“性价比社交”）	中低 （愿为情绪价值买单）	中高 （注重长期价值）	两极分化 （装备重投入，日常极简）
品牌忠诚度	低 （易被短视频种草）	高 （认准小众品牌调性）	高 （依赖品牌背书）	中 （工具属性优先）
决策关键因素	熟人推荐 （微信群 / 快手主播）	社群口碑 （豆瓣小组）	KOL 专业测评	全球比价

1. 小镇青年——如何获取县域新消费的情绪溢价

1 当县城青年扛起“城乡混搭”的时尚大旗。

现在最会玩消费混搭的，一定是县城青年。这帮年轻人左手举着在本土奶茶店买的印着方言梗的杯子，右手刷着海外博主的穿搭视频，整个儿一时尚弄潮儿。他们通过消费行为在“本土自我”与“理想自我”之间搭建桥梁，将本土文化符号转化为可展示的身份资本。

看他们的朋友圈，上一条是穿着国潮卫衣逛庙会，衣服上绣着方言俚语；下一条是用“散装”英语给跨境电商上买的潮鞋写好评，他们既要保住“根”带来的安全感，又想抓住“潮”激发出的新鲜感，这种既扎根本土又眼望全球的消费哲学，可以用社会心理学中的“双重认同理论”来解释——通过选择性消费符号构建的新型身份认知体系，在地域归属感与时代参与感之间形成互补共生的心理结构。某调研显示，接近七成的县城青年认为，穿带家乡元素的衣服特别有面儿，当本土文化以时尚形式呈现时，消费行为就成了群体归属感的确认操作。

在县域消费市场，设计型国货正上演着“农村包围城市”的好戏。从经济学视角看，复购率差异源于青年们对带有家乡文化标识的衣服产生隐性情感加分，再加上社交媒体上小20亿次的本土文化话题传播量，衣服上的方言、非遗等元素被转化为可分享的社交货币，激活了群体记忆。

比如一款印着四川方言“巴适得板”的帆布包，在县域市场卖断货不说，还被年轻人晒到海外社交平台。这时候包的实用价值退居其次，“巴适得板”的文字符号成为身份编码，购买行为本质是在完成“我是穿本土潮的年轻人”的自我声明。这种情感溢价正好说明了，消费者乐意为文化认同支付的溢价，普遍要高于产品功能本身的价值差。

2 拨动县域青年的“消费算盘”。

1）品质生活新表达——当国际设计撞上“村口审美”。

某国潮品牌的“轻奢系列”是教科书案例，人家从行为经济学上深度剖析了县域青年：他们会把收入划分为不同类型，三天内的收入属于可承受的“享乐消费账户”，说白了就是可以随便消费，超过这个额度就容易触发“损失厌恶”心理，瞬间觉得多花一分钱都亏得慌。

品牌方把“国际元素”和“本土符号”混搭，来了个符号嫁接——把巴黎时装周的廓形作为“高级感载体”，把陕北传统剪纸作为“情感锚点”，两者结合就产生了“文化资本叠加效应”。高，实在是高！

就说那款“陕潮”夹克吧，外面看是极简的黑色工装，内衬却藏着用荧光绿绣的“吃馍要就蒜”字样。设计师深谙“惊喜效应”带来的效果，当消费者在高端外观下发现本土化幽默元素时，立马就会产生“被理解”的情感共鸣，主打一个反差感。穿上这衣服去相亲，对象都得夸你有品位。

2）文化自信建设——方言变“潮语”的公式。

方言属于地域文化的核心载体，当它被转化为时尚符号时，就触发了群体成员的“文化血缘”共鸣。

新式茶饮品牌把杯套印上“巴适得板”“嘹咋咧”，情感溢价哪儿来的？当然是消费者把对家乡话的感情全灌进奶茶杯里了，心理学管这叫“情感迁移效应”：杯套上的“巴适得板”成为情感代偿物，跟之前说过的“锚定效应”一个路数。

“方言盲盒徽章”是谁想出来的？抽到重复的“锤子哦”立马就有小情绪了，抽到没出现过的“中中中”能嘚瑟地一口气发三条朋友圈。“斯金纳箱理论”是所有盲盒的核心机制，简单来说就俩字——随机，游戏里的十连抽保底机制让你明知大概率出不了好东西，还是盼着“一把出奇迹”，“可能中奖”总是让你手痒痒地想再抽一次。县城中学的学生为了凑齐徽章把喝奶茶当成了日常行为，无形中地域文化认同完成了持续消费的行为闭环。

3）社群影响力——村口 KOC 比明星更懂“接地气”。

什么是 KOC？它是“关键意见消费者”的缩写，是指在特定群

体中具有较大影响力和话语权的人，说通俗点就是能促使你主动消费的“大V”。

听说过本地KOC比明星还吃香吗？传播学的“两级传播理论”说，信息从传播媒介到大众需要经过“意见领袖”的过滤和解读，“他说好才是真的好”。而县域市场的强关系网络正好加持了本土KOC的可信度。某零食品牌找“吃货大姐”在菜市场做试吃直播，当消费场景与日常生活高度重合，推荐行为就具备了“场景真实性”，这可比明星在摄影棚里摆拍有说服力！

这种现象还能从经济学的“信息不对称”理论解释：县城消费者认为自己跟明星还是有很大代沟的，存在阶层距离，信息可信度低；而村口大姐的推荐属于“同圈层信息交换”，减少了信息甄别成本，地理接近性带来心理接近性，不信她还能信谁？

3 别把“本土”玩成“老土”。

以前很多品牌踩过坑，其实是不懂社会学的“刻板印象威胁”，当品牌推出“特供版”时，会触发心理学的“自我一致性”防御机制：消费者为了维护自我认知，会拒绝购买与刻板印象相符的产品。商家要遵循“需求匹配理论”，想想怎么能聚焦真实场景，而不是忙着给消费人群贴标签。

品牌搞本土文化创新时为什么容易走偏？直接把传统剪纸印在T恤上，看着是挺热闹，可年轻人嫌“土”。传统元素得用现代技术做造型、再设计，才能产生既熟悉又新鲜的审美体验。比如国潮品牌把陕北剪纸设计成极简线条，让消费者既认得出是剪纸，保留了文化内核，又用现代设计语言重新包装，透着时髦劲儿。

任何营销都应建立在群体自尊的基础上，而非利用群体焦虑牟利，像不能拿人家的乡音开玩笑，营销得给足“体面感”。聪明的品牌都给消费加份“尊严溢价”。

2. 丁克家庭——情感陪伴的高品质生活

1 当“毛孩子”成了家庭 C 位。

家庭成员中谁是最受宠的那一个？家里养小动物的朋友肯定会毫不犹豫地说“我们家主子”。尤其是丁克家庭里的宠物，更是集万千宠爱于一身，瞅瞅他们给猫“主子”买的东西——基因检测套餐，比自己体检还贵；智能喂食器能连接手机 App 远程哄猫，“四脚吞金兽”可不是浪得虚名。“情感代偿机制”影响下，丁克家庭把宠物当孩子养，实际是通过照料行为完成情感投射，只不过养育对象从“人类幼崽”变成了“喵星人”。

一线城市的丁克家庭每年在宠物支出上明显多于普通家庭，这钱都花哪儿了？去宠物医院看看就明白了：给狗做核磁共振的、给猫买进口粮的，甚至给鹦鹉报“说话培训班”的，能在孩子身上花的钱，在宠物身上一分都不舍得省。宠物医院给宠物看肠胃，流程跟给人看病差不多，血常规、B 超、输液样样齐全。神奇？这事儿用“消费迁移理论”就能说得通了，当生育意愿降低时，原本用于养育孩子的消费预算就会“迁移”到宠物身上，形成“毛孩经济”的爆发式增长。

更有意思的是晚间宠物互动数据，远程陪伴设备的使用率比白天还高，加班不能马上回家的丁克族最牵挂的还是家里的“主子”，赶紧打开手机看看宠物在干什么。用传播学的“媒介补偿理论”来说，这些智能设备补偿了主人不在家时的陪伴缺失，而主人通过屏幕逗宠物的行为，是用互动降低因“缺席”产生的愧疚感。

2 解锁人宠关系的“新相处模式”。

1）智能关怀系统——当摄像头变成“云铲屎官”。

PetCube 智能摄像头可以说是丁克族的“救星”，双向语音能跟猫“唠嗑”，自动投喂解决“主子”的温饱焦虑，行为分析还能生成“猫咪心情报告”，现在它高不高兴，一会儿它可能干什么去，都能给你分析出来。主人害怕宠物独自在家出什么幺蛾子，智能设备通过实时监控降低了这种不确定性，就像给宠物买了份“电子保险”。

当系统检测到猫咪频繁抓挠沙发，会推送“可能焦虑”的提醒，依据行为信号解码宠物的小心思，将它的肢体语言转化为人类可理解的信息，帮助主人完成“跨物种沟通”。使用该设备的丁克用户留存率比普通用户高，不是因为设备多高级，而是满足了丁克族用智能设备维系人宠连接。

2）健康管理生态——给“毛孩子”找个私人医生。

宠物基因检测是丁克族的“未雨绸缪”。某品牌推出的“宠物族谱检测”能查出宠物狗的祖先血统，你家的泰迪没准有阿拉斯加的基因，那拆家这么厉害就说得通了。人们需要为宠物的行为找到合理解释，或者说他们想给宠物的行为找个“理由”。

宠物私立医院的 VIP 年卡完全是风险对冲：丁克族愿意为宠物健康支付溢价，其实是买个心里踏实；宠物心理咨询服务就属于更前沿了，是不是听起来挺神的？很多人还没做过心理咨询呢，宠物已经先行一步了。它可以通过分析猫咪的磨爪频率、狗狗吠叫时长来评估情绪，正是利用了动物心理学的“异常行为识别”。有主人说：“带猫做完心理咨询，它吃得香了，睡得好了，不起夜了，感觉比自己做心理咨询还值。”

3）圈层社交平台——人宠社交的“破冰神器”。

“爪爪星球”App 构建的“人宠生活社区”中，大部分内容是用户晒宠，不少线下转化率靠“宠物友好咖啡馆”组织活动实现。你可以在 App 上认识同样养柯基的邻居，每周一起遛狗，这在以前是根本不可能实现的，因为没有“同好连接”，而宠物恰好成了关键的社交媒介。

人们会莫名高估自己宠物的可爱程度，就像妈妈们总觉得自家孩子是最聪明的一样，自然愿意分享。而线下活动的高转化率源自宠物友好的环境中，社交压力自然降低，更容易建立连接。

3 别把宠物当“情感代餐”。

1）尊重“毛孩子”的动物本性。

有些品牌为了迎合丁克族的情感需求，把宠物产品做得太“人类化”——给猫穿连衣裙、给狗戴蝴蝶结，搞得宠物一脸“生无可恋”。宠物行为学家直吐槽：“有主人给鹦鹉买早教机，结果鸟被吵得拔自己羽毛。”咱们还是要遵循动物本身的行为习惯——宠物首先是动物，其次才是情感寄托。

“天性友好设计”把猫抓板做成瓦楞纸色，符合猫咪磨爪标记领地的本能；给狗玩具加入撕咬发声功能，满足它的捕猎天性。给猫买了个仿真老鼠玩具，它终于不挠沙发了，原来之前不是捣乱，是天性没处释放。当宠物的本能需求被满足，主人的情感代偿才能更健康。

2）拒绝“养宠焦虑”。

有些品牌为了卖货，故意营造“养宠焦虑”，广告语都写的是“不给宠物吃进口粮就是不爱它”“不做基因检测就对不起它”。不要把爱护宠物当作道德绑架的理由，这就越过了伦理边界。品牌就像司机，伦理边界是交规，不闯红灯、不按喇叭制造焦虑，才能把用户安全送到信任的目的地。商业高速上，开得稳才能跑得远。商业行为不能利用消费者的情感弱点牟利，不能跟家长说“不买学区房就是耽误孩子”吧！

“轻松养宠”理念慢慢被更多人接受，“让铲屎更简单，让爱猫更自由”，听听这 slogan，强调效率而非焦虑；“基础保障 + 可选升级”的灵活模式也能让用户根据自己的能力选择给宠物提供何种服务。丁克族的情感代偿需要出口，但不应该被商业过度放大。

喝咖啡的意义中，提神永远排在第一，不能被优越感或其他事物取代。

3. 新中产——终身学习经济的认知升级

1）知识付费 = 电子“藏经阁”。

囤课成了现代新中产最上瘾的消费行为。手机里没几个知识付费的 App 都不好意思说自己是职场精英。来瞧瞧他们的课程列表——从“哈佛商业思维”到“古琴零基础入门”，从“AI 时代生存指南”到“断舍离收纳课”，活脱脱建了个电子“藏经阁”。

新中产囤课多，可实际完课率非常低。新中产的知识恐慌，本质是怕自己被时代抛弃。半夜惊醒摸手机看技术论坛的程序员应该都深有体会，还包括每天刷行业报告的公关总监，这种焦虑属于“不确定性规避”——人们需要通过掌握知识来降低未来的不确定性，哪怕只是感觉自己掌握了。某互联网公司总监吐槽：“上周买了门元宇宙营销课，其实我连VR眼镜都没戴过，但不买吧就怕开会时接不上话。”这种身份焦虑在精英圈层尤其突出，不学习就好像主动放弃了“准入资格”。

“拖延折扣”通俗来说就是拖延症，人们会高估自己未来的执行力，觉得明天一定能学，结果到了明天一看囤了这么多课，心想要不明天再说吧，就这样过去了N个明天。新中产的课程列表里躺着一堆“计划中”的课，想法很丰满，行动很骨感。意图和行为之间的鸿沟太大了，难以跨越，课程完成率比股票收益率还低，好歹股票偶尔还涨，课没准压根就没点开过。

2 拆解新中产的“学习型消费”。

1）模块化知识产品——把知识做成“压缩饼干”。

“知识压缩”在飞速发展的社会中的应用可是太广泛了。短视频平台老能给你推送“2分钟带你看电影”“5分钟速通游戏全流程”这类“压缩”过的精华。知识付费也不例外，“30分钟拆解经典”这类内容专挑干货中的干货讲，因为你确实没有完整的时间收看或收听完全部内容。利用坐地铁这种碎片化的时间听完《人类简史》，出站时立马感觉自己贯通了整个人类文明。将庞杂知识分解成易吸收的知识块，就像把大象装进冰箱分三步，降低了认知负荷。售卖“时间效率”绝对受新中产的欢迎！他们非常愿意为30分钟就能掌握核心观点支付150%甚至更高的溢价，因为认知有了捷径。

如果把30分钟再切割，每节课控制在15分钟内，就更符合“注意力阈值”——成人的专注时长通常不超过20分钟。某职场心理课把“沟通技巧”拆成“电梯演讲”“邮件措辞”等更细分的微模块，用户可以随用随学，情境学习把知识与场景绑定，更容易被激活使用。

2）成果可视化设计——给学习戴“勋章”。

知识付费平台用“勋章体系”把学习游戏化。“连续21天学习”“完成10门课程”等成就，让学习变成“打游戏”。看着自己账户里的学习勋章墙，哪怕好多课没听完，你也会觉得自己特上进。玩游戏杀怪掉装备能让人兴奋得一晚上都不睡觉，学习中的小成就也能刺激大脑分泌多巴胺，即时反馈让人更有动力坚持。

能力雷达图的设计满足了“身份展示需求”。用户把雷达图发到朋友圈，加个有分量的标题——2024年度学习报告，向别人展示自己是个持续学习的人。虽然雷达图上可能有的地方有“水分”，但被领导点赞了，这就值了！学习成果此时成了社交货币，比实际的知识属性更重要。

3）圈层化学习社区。

“同侪压力”相当于从众心理的升级版：一群人在电梯里都面朝后门，新进来的人会忍不住跟着转过去，哪怕前门才是出口。去健身房看到别人举铁，自己也不好意思坐跑步机上玩手机。要是在职场课社群搞个学习打卡PK的活动，规定输的人要发红包，保准学员们凌晨一点还在群里晒笔记呢！本来群体中的个体就容易产生从众行为，尤其是当群体被赋予“精英”标签时，比如“TOP10商学院校友学习群”，成员更不愿落后了。

请KOL做背书和请行业大佬亲授课程，都是瞄准了人们的“权威崇拜”心理。互联网大厂高管的“管理课”挂两千元左右的高价，仍有很多新中产抢购，好多人的心理都是：就算学不到东西，听听大佬吐槽职场也值了，这就是名人效应带来的溢价。

3 学习不是“减肥药”。

1）学习效果要“明码标价”。

学习这东西还是纯粹点好，说得太玄乎——“年薪百万”“创业必成”，结果学完发现根本没达到预期，甚至一半都不到，为什么呢？教育学中“学习目标管理”说了，学习这事必须明确标注“可量化成果”，比如“学完能写 3 种商业文案”，而不是像减肥药一样空泛承诺“一定瘦 20 斤”，必须量化为“合理使用配合运动，每月可减重 2 斤 ~4 斤”。

“效果可视化”更能让学员了解自己的能力到底提升了多少，是在哪儿进步的；或者干脆推出类似“学习—实践—反馈”的闭环，学完一个小知识点后提供模拟场景让学员练习，让他们切实感受到自己在进步，而不是靠营销话术忽悠。

2）知识碎片化≠认知碎片化。

有些课程为了适应碎片化学习，知识点拆得太稀碎，过了半年用户可能感觉自己掌握了很多知识，但一问什么都没记住。科学的知识体系构建一定不是堆砌，碎片化学习需要辅以系统梳理，就像买了一堆乐高零件，得有图纸才能拼成完整模型。

知识图谱这东西真是太有用了——学完一个领域的碎片化课程后，提供一个体系化思维导图，帮你把知识点串起来，省事还高效。

4. 数字游民——构建移动时代的归属感

1 当背包客变成“云端游牧民族”。

数字游民这帮人太潇洒了，成天背着电脑满世界跑，今天在清迈咖啡馆敲代码，明天去里斯本海边发邮件，在上一种很新的班。他们平均每 3 个月就得换个住所，却愿意花 600 元月费加入社群，这其实是空间流动性与社交稳定性的矛盾。风筝飞得再高，也得有根线牵着，数字游民飘得再远，也得找个“云上老乡会”。

相当多的数字游民认为“稳定的社交网络”比“地理位置自由”更能让自己踏实，这事儿还是挺反常识的。有位在东南亚漂了三年的程序员分享他的经历：“有次发烧在民宿躺着，连个送药的人都没有，突然觉得自己像片随风飘落的叶子。”长时间的漂泊让他的归属需求被触发，人天生需要建立情感连接，哪怕是四海为家的游民，也得给自己找个“数字部落”。当物理漂泊带来不确定性时，人们愿意为虚拟社群支付更高价格，这就是“安全感溢价”。

数字游民的社群参与强度比普通人高得多，用传播学的“同温层效应”来解释最贴切：当人们处于相似的生活状态时，更容易产生共鸣，很多时候只有群里的人才懂你。

2 解锁移动生活的“归属感密码”。

1）72 小时速成“云兄弟”。

“72 小时破冰计划”要求新成员完成“教大家做家乡菜”“合作策划线上活动”任务，大大提升了社群留存率。军训时一起晒过太阳的同学更容易成为朋友，共同完成任务能快速建立信任，进群第二天就被拉着策划活动，忙完后突然觉得自己不是外人了，通过参与集体活动，完成了从局外人到自己人的身份转换。成员为了破冰任务投入时间精力，当然更舍不得离开社群了，就像自己费劲组装好的家具，再丑也舍不得扔。

“信任积分系统”不让成员白忙活，完成任务就能积累积分兑换线下活动权益，正向反馈越多，成员的参与意愿越强，照这路子用不了 72 小时，24 小时之内就“皆兄弟”了。

2）移动生活解决方案——技术连接你我。

数字银行把“流浪里程”可视化，用户在不同国家消费，相应城市在线上就会被点亮，瞬间就能让你觉得漂泊不是瞎逛，是在拼世界拼图呢。意义可视化将抽象的生活经历转化为可感知的视觉符号，把旅行照片做成相册，让流动的生活有了叙事性。

跨境 SIM 卡自动匹配当地社群资源，有了它，数字游民不用再花时间找当地组织问这问那，SIM 卡直接给你推送“周五夜市游民聚会”，减少了社交搜索成本。通过技术手段让原来很难建立的跨地域连接变得容易，这就是弱连接激活给人们带来的便利。

3）漂泊人生的数字身份资产化。

“游民护照 NFT”把旅居轨迹变成区块链上的数字藏品，还能兑换线下权益，把无形的生活经历转化为可交易的数字资产，满足了“自我叙事需求”——游民通过 NFT 整理自己的漂泊故事，就像在展示荣誉勋章。

“权益兑换”功能太有必要展开来说说了。A 城市的 NFT 勋章能在 B 城市免费兑换咖啡，“跨地域认同”让数字游民在不同的地方都能享受到“组织待遇”，就像军人凭退伍证在各地享受优待，别提有多自豪了。NFT 成了身份认证符，省去了自我介绍的麻烦。

3 是“游民”，不是“难民”。

1）社群不是“万能漂流瓶”。

有些社群为了扩大规模，什么人都往里拉，结果发代购广告的、发链接求拼团的、晒自己家孩子的全进来了，成了大杂烩，往往这种无效社群的黏性特别低。社群的管理者还是得遵循基本的群体同质性原则，社群成员越相似，归属感才越强。

严格准入审核势在必行，比如可以要求新成员提交“数字游民经历证明”，高端点的社群甚至可以设置线下面试环节，能有效地过滤掉闲杂人等，保证社群成员的高纯度。虽然在这个过程中可能筛选掉很多人，包括确实符合成员入选要求的，但起码留下的人都是“纯度”很高的，一聊起在巴厘岛停电时怎么远程开会，瞬间就能引发共鸣。心理学的“门槛效应”说的就是这么一回事：加入难度越高，成员就越珍惜。

2）平衡之道：远方的浪漫没有滤镜。

有些品牌把数字游民的生活拍成“诗和远方”，在短视频平台里一发，第二天就有一大批追梦人排着队辞职。一朋友曾经吐槽：“当初看了宣传片心潮澎湃，直接裸辞，结果在清迈赶上雨季，半个月没出民宿，差点抑郁了。”生活中这种“头脑一热巨后悔”的事不少，一方面是自己得清醒，任何生活方式都有两面性，另一方面是品牌方应该规规矩矩展示真实的漂泊，得把可能会出现的问题也一块儿说了，比如偶尔停电的焦虑、办签证的麻烦，而不是一个劲儿地加美好的滤镜。

咱们换个角度聊聊，除了在宣传上尽量全盘托出，还能从哪儿发力呢？出个“游民生存指南”怎么样？归纳收集如“100个国家签证攻略”“远程医疗紧急联系人”这种干货，其实比看漂亮画面更实用。信息对称了，消费者才能知道自己花了多少钱，得到多少收益，做选择的时候才能有据可循，钱不至于花得莫名其妙。

上面这**四大亚文化群体看似各玩各的，但都在进行同一款“情绪消费”——把情绪需求变成不同形态的满足。从马斯洛需求金字塔看，这帮人都在更高需求层级寻找着自己的“情绪乌托邦”。**

现在的消费市场就像大型“情绪剧本杀”，四大圈层各有各的角色卡。小镇青年是“身份逆袭者”，丁克族COS“毛孩子家长”，新中产扮“知识侠客”，数字游民当“云端旅人”。商业品牌要想当好这个金牌DM（主持人），就得先读懂他们各自的“剧本需求”——不是简单递杯奶茶说“请喝吧”，而是得给情绪需求找个“戏服”，给归属感设计“剧情线”。

商业实战

BUSINESS PRACTICE

第三部分

PART 03

第五章

Chapter Five

情绪经济的十大黄金赛道

一 潮玩文创
给“小确幸”和“大情怀”明码标价

一个成本仅几元到十几元不等的塑料玩偶能卖出几十倍的高价，普通食材装进特定包装就成了送礼佳品，潮玩文创行业把人们心里的情绪摸透了。这些商品不只有物理属性，更是一个个能打动人心的情绪容器。有人为瞬间的惊喜买单，有人为文化的厚重付费，看似非理性的消费，其背后是一套成熟的情绪价值变现逻辑。

制造稀缺性的情绪杠杆是行业的核心。无论是限量发售的玩偶，还是节日限定的礼盒，少而精的策略总能引发消费者的购买欲。这种稀缺性并非简单的数量控制，而是通过设计差异、版本区分、获取难度等多层级的手段，人为制造“拥有即特殊”的心理暗示。当消费者觉得“错过就再也没有了”，购买行为就从可选项变成了必选项，价格敏感度自然大幅降低。二手市场的奇高溢价更是印证了这一点：越是难以获得的品类，越容易成为圈层内的硬通货，其价值早已脱离成本本身，完全由玩家的情感认同度决定。

文化符号的情绪嫁接让商品拥有了跨圈层的能力。传统元素的现代表达和亚文化符号的主流转化都是常见的操作手法。把历史故事、神话传说、艺术风格等文化内容分解成当代人能理解的视觉语言和消费场景，就能让商品成为文化传播的媒介。消费者购买时，不仅是在获取一个物件，更是在接纳一种审美、认同一种价值观，甚至是给自己贴上某个文化圈层的身份标签。这种“买的不是东西，是意义”的消费心理，让溢价变得合情合理，因为情感共鸣和文化认同本身就难以用成本衡量。

仪式感的情绪放大让消费过程成为记忆点。精心设计的体验环节，比如拆盒时的期待感、陈列时的成就感以及赠送时的体面感，能将单次购买转化为持续的情绪反馈。从包装的开启方式到产品的细节展示，从购买时的互动流程到售后的社群运营，每个触点都在强化“这场消费很特别”的认知。一旦消费行为变成一段值得回味的体验，或是可以分享的社交素材，商品的情绪价值就完成了从使用场景到生活方式的升级。

在潮玩文创领域，最成功的商业模式往往是情绪设计，而非制造产品。人们愿意为让自己开心、骄傲、感动的事物支付溢价，将无形的心情变成有形的价值符号。

案例一：泡泡玛特——盲盒里的“心情过山车”与“社交硬通货”

泡泡玛特火遍大江南北，成功上市，年轻人为什么喜欢Labubu？核心逻辑其实很简单：它把年轻人的“小情绪”装进了盒子，卖出了大价钱。

1. 情绪如何变现

1 盲盒“钩子”——钩起你的“多巴胺”。

人在拆开盲盒前，永远不知道会抽到哪一款，这种“开奖”般的未知感，戳中了人们对惊喜和收集的原始渴望。大脑在期待与揭晓时分泌的多巴胺，让人像染上“快乐瘾”般欲罢不能。回想小时候收集干脆面卡片的心情，就能秒懂这种心理机制。

隐藏款是更大的诱惑。商家故意设置极低的抽中概率（比如1/144），用稀缺性拨动消费者的占有欲。抽中隐藏款的那一刻，心情堪比中彩票！正是这种“万里挑一”的幸运感，以及随之而来的炫耀资本，支撑起二手市场上几倍甚至十几倍的隐藏款溢价。一个成本相近的基础款只卖 59 元，二手市场隐藏款多出来的差价，是为极致幸运感和社交优越感支付的“心情税”！

2 IP 是“灵魂伴侣”——给你的情感找个家。

MOLLY、SKULLPANDA……不只是玩具，泡泡玛特旗下坐拥上千个 IP，每个都有独特的形象和性格。MOLLY 的“无辜”和沉默，像个安静陪伴的朋友；SKULLPANDA 的酷飒多变，满足了年轻人表达个性的需求。这些 IP 成了年轻人情感的容器，是放在办公桌上减压的小伙伴，也是塞在包里随身携带的小确幸。尤其对于 Z 世代来说，在快节奏且时常伴随孤独感的生活里，这种无声的陪伴价值千金。

3 社群“放大器”——把买家变“代言人”。

要是抽到心仪款或隐藏款，第一时间拍照发朋友圈、小红书，这是在宣告“看我多幸运 / 多有品位！”泡泡玛特的玩具慢慢成了 Z 世代彰显个性、寻找同好圈子的“社交货币”。在“娃友”社群里，大家交流收藏心得、交换藏品、讨论新品动态，形成了一个新的情感共同体。

二手市场是“晴雨表”。平台上的交易热度、价格波动反映着某个 IP 或款式“情绪价值”的高低。社群越活跃，讨论越热烈，相关产品的“心情溢价”能力就越强。热门 IP 系列（如 DIMOO 的限定款）往往首发即被抢光，二级市场立刻产生可观溢价，这就是“社群共识”赋予的额外情绪价值。

2. 商家的脑洞要大开

“钩子”要够诱人：设计能激发强烈情绪（如惊喜、收集欲）的互动机制（不一定是盲盒，但要有类似“未知奖励”的功能）。

“灵魂”要能共鸣：打造有温度、有性格、能与目标用户（尤其是年轻人）产生深度情感连接的 IP 或品牌人格。

“圈子”要建起来：用心经营用户社群，鼓励分享和互动，让消费者成为品牌传播者和价值共创者，社群热度能拉高产品的情感溢价空间。

案例二：故宫文创“朕的心意”——舌尖上的“文化情绪银行”

故宫，不再是高高在上的紫禁城。它通过“朕的心意”这样的文创食品，把厚重的历史文化变成了人人都能“吃下去”的情绪价值。

1. 情绪如何变现

1 文化“金字招牌”——吃的是糕点，品的是五千年。

“朕知道了”饼干、“千里江山”卷，从产品名字到包装设计，糕点处处融入故宫元素、文物纹样与帝王典故。买一盒“朕的心意”，吃进嘴里的是普通点心，留在心里的是紫禁城的韵味，是中华文化的自豪感。这恰好满足了现代人对精神归属和文化认同的深层渴望。一盒品质相当的普通糕点可能卖100元，但贴上“故宫文创”的标签后，就能卖到300元甚至更高，其中的溢价是消费者心甘情愿为文化自豪感和高级审美体验买的单。

2 帝王“体验卡”——过一把“主子”瘾。

“朕”“御膳”“贡品”这些关键词自带“帝王BUFF”，将普通零食提升到皇家御膳的档次。打开包装就仿佛穿越回清朝，自己就是被悉心伺候的“主子”。这种小小的“身份提升”和满满的仪式感，给平淡的日常生活增添了趣味与尊贵体验，抓准了人们追求“小确幸”和与众不同的心理。

3 送礼“核武器”——面子、里子、文化都有了。

逢年过节，送一盒包装精美、文化底蕴深厚的“朕的心意”，远比送普通烟酒、保健品显得有品位、有新意，是一种“有文化”的体面。收礼的人会觉得被重视、有面子，送礼的人也会觉得够档次、显情谊。量化来看，同样的点心，这差价便是“朕的心意”帮你传递尊重、情谊和文化格调的“快递费”。尤其在中秋节、春节这样的高情感浓度节日，限定款礼盒更是供不应求，价格与销量双双攀升。

2. 给商家的启示

深挖“文化富矿”：找到自身品牌或IP中能与现代人（特别是国人）产生情感共鸣的文化符号和精神内核，并将其活化、现代化。

选好“情绪载体”：食品、日用品等高频、普遍适合的品类，是承载文化情绪、降低体验门槛的绝佳媒介。包装和命名则是讲好情绪故事的关键。

绑定“情绪高峰”：精准切入送礼场景和传统节日（中秋节、春节、端午节等），利用这些天然的情感需求爆发点（团圆、祝福、感恩），推出应景产品，实现情绪价值的最大化变现。

结语

泡泡玛特和故宫“朕的心意”，一个打通年轻潮流与社交，一个深耕传统文化与礼仪，路径不同，但成功的逻辑相通。

戳中“心窝子”：精准定位目标人群最核心的情绪痛点或爽点（年轻人的孤独、爱玩、爱晒；全民的文化自豪、送礼需求、仪式感）。

“感觉”比“东西”贵：消费者最终为产品/服务所承载的情绪体验（惊喜、陪伴、归属感、面子、文化认同）买单，而非仅仅是物理属性。产品是情绪的“容器”。

“稀缺”是涨价法宝：无论是隐藏款、限量版还是节日限定款，人为制造的稀缺性能极大激发购买欲和支撑高溢价，物以稀为贵在情绪消费里表现得更为明显。

“故事”讲得好，溢价少不了：给IP赋予性格和故事，给产品编织文化内涵和使用场景，让消费者为故事背后的情感共鸣付费。

在潮玩的世界里，每一款产品都像一把钥匙，而消费者心门的锁，正是他们内心深处的情感需求。当我们谈起潮玩领域的情绪货币化，或许不应只关注产品的生产成本与功能设计，更要静下心来聆听玩家们未说出口的期待，让每一件产品都能成为玩家情感的延伸。

二 宠物经济
为“毛孩子”花的钱，藏着多少“铲屎官”的心情账单

一句“它是我家人”，道破了宠物经济的情绪内核。当宠物从“动物”变成“家庭成员”，消费行为便不再受限于基本需求，而是演变成一场围绕情感的价值交换——为陪伴买单、为安心付费、为不舍花钱，这些都是“铲屎官”们给心情开出的账单。宠物经济的真正魅力，在于把人与动物之间的复杂情感转化成了可设计、可量化、可延续的商业价值。

情感代偿的价值转化是行业的核心逻辑。现代人在快节奏的生活中积累的孤独感、压力感，往往会投射到宠物身上。为宠物提供更好的生活条件，是在满足自己对“被需要”“被陪伴”的情感需求。当主人为宠物选择高价食品、定制服饰、娱乐活动时，既是在照顾“家人”，也是在通过这种方式填补内心的情感空缺。“我对它好，就是对自己好”的心理，让宠物消费的溢价空间被极大拓宽，甚至超越了对自身消费的理性考量。

缓解焦虑的商业设计抓住了主人的情绪痛点。养宠过程中的各

种担忧——宠物的健康状况、行为习惯、寿命长短等，都成为商业创新的切入点。从基础的医疗保障到高端的基因检测，从行为训练课程到心理健康咨询，商家通过提供专业解决方案，帮助主人缓解“照顾不周”的焦虑。这些服务的价值，不在于成本高低，而在于能否给主人带来“安心感”。当科学手段、专业服务与情感需求相结合，即使价格不菲，消费者也愿意为“减少担忧”买单。

仪式感塑造的情感锚点让消费成为情感记忆的载体。无论是宠物生日时的庆祝派对，还是离世后的殡葬服务，这些被赋予特殊意义的仪式，都是主人表达情感的方式。商家通过设计一系列标准化、个性化的流程，让这些重要时刻更具纪念意义。一份定制的纪念相册、一件承载回忆的饰品、一场庄重的告别仪式，都能将主人的情感具象化并留存。这些服务不仅满足了主人的情感需求，更让消费行为成为一段值得珍藏的记忆，从而使情绪价值得以长久延续。

在宠物经济领域，最成功的商业模式是读懂了“铲屎官”的情感。人们为宠物花费的每一分钱，都是在为自己的情感找寄托、为自己的心情买保障。这门生意的秘诀，就是将人与宠物之间的深厚情感，转化为实实在在的商业价值，让每一份爱都能找到合适的表达方式。

案例一：告别与解码——宠物殡葬与基因检测的情绪“刚需”

1. 宠物殡葬：为愧疚与思念定价的温柔生意

宠物殡葬服务这门生意称得上是用仪式感化解愧疚的艺术。在行业头部宠物火化服务机构，你能看到比肩殡仪馆的专业流程：宠物遗体清洁消毒时会用无刺激的专用沐浴露，梳理毛发时会播放它们生前最喜欢的音乐；告别仪式上，主人可以选择鲜花环绕的棺木，还能收到印着宠物爪印的纪念证书和一杯装在琉璃瓶里的宠物骨灰；如果想留下更长久的念想，还能将骨灰制成晶石吊坠，或是用毛发做成DNA纪念盒。

这些服务的价格远超想象：基础火化套餐起步价近千元，包含遗体清理、告别仪式和骨灰寄存；升级套餐则超过3000元。为什么有人愿意为宠物的身后事花大价钱？在客户调研中，有位失去12岁金毛狗的女士说："它走的时候我不在身边，总觉得亏欠它。花这些钱，是想让它离开得有尊严，也让我心里好受点。"这种愧疚补偿心理正是宠物殡葬服务的核心情绪锚点。商家抓住了主人在宠物离世后的自责、不舍与思念，而一场体面的宠物葬礼，成了缓解这份愧疚感、表达最后爱意的重要出口。标准化的仪式流程也为无处安放的思念提供了寄托，让"花钱买心安"变得合情合理。

1 情绪如何变现——分层定价的"心情抚慰金"。

1）**基础价**（功能价值）。

覆盖火化、基础骨灰罐等物理处理成本，价格相对透明。

2）**"心情抚慰"溢价层**（核心利润来源）。

A. 仪式感溢价。

专属安静的告别空间、温馨的鲜花布置、个性化的悼词和流程设计。量化点：包含简单仪式的套餐，价格可能跃升至千元以上。这差价，正是为"好好说再见"的庄重感和情感宣泄空间所支付的费用。

B. 情感寄托物溢价。

把爱宠的爪印做成银饰，毛发融入水晶，定制刻有名字和照片的精致骨灰盒。银饰售价可达数百元；高端定制骨灰盒价格轻松过千。这些物品承载着睹物思宠的深厚情感，溢价自然居高不下。

C. 心理支持溢价。

专业的悲伤情绪辅导（Grief Counseling），可以帮助主人度过最难熬的时期，包含专业咨询套餐，价格往往更高，这是为“情绪疏导”和“被理解”支付的额外费用。

D. 便捷隐私溢价。

上门接送爱宠遗体、提供独立的服务空间。这是在悲伤时刻，为“减少麻烦”和“保护隐私”支付的贴心费用。

2 情绪价值量化公式 1（见图 5-1）。

宠物殡葬总花费 = 基础服务费 +（仪式复杂度系数 × 单价）+（纪念品感情承载系数 × 单价）+（心理支持系数 × 单价）+ 便捷隐私附加费

图 5-1 情绪价值量化公式 1

（对比：基础火化 ￥800 vs 含告别 + 爪印银牌 + 咨询的套餐 ￥3500，差价 ￥2700= 综合情绪抚慰金）

2. 宠物基因检测：贩卖“健康掌控感”与“深度认知”

宠物基因检测是门“用科学缓解焦虑的生意”，能通过唾液样本分析宠物的多种遗传疾病风险、行为特质和品种溯源信息。“你真的了解你的毛孩子吗？早知道，早陪伴。”这个品类策略踩中了养宠人的未知恐惧。养柯基的白领王女士说：“我家狗总爱啃墙皮，医生说可能是异食癖，但查不出原因。做了基因检测才知道，它携带了代谢紊乱的隐性基因，需要特殊饮食。虽然花了一千多元，但现在喂粮我心里有数，不像以前总瞎担心。”购买这类检测服务的用户中，大部分是30~35岁的城市女性，她们最关注的三个问题是“会不会得遗传病”“性格能不能改善”“吃什么最健康”——本质上是通过科学数据缓解“照顾不周”带来的焦虑。

基因检测还成了社交货币。检测报告里的“品种纯度98%”“拥有雪橇犬基因片段”等结论，成了主人在社群炫耀的资本。有的宠物咖啡馆推出“基因检测主题聚会”，让主人们带着报告交流“毛孩子的前世今生”，这种“科学背书 + 社交炫耀”的组合，让原本小众的检测服务在两年内渗透率飙升。

“它是什么品种的混血”“会不会得它父母的遗传病”“为什么它这么胆小 / 活泼”对爱宠健康、性格、血脉的好奇与担忧，催生了强大的求知欲和掌控欲。基因检测就像给毛孩子做了一次“生命解码”。

1 情绪如何变现——“认知阶梯”的定价智慧。

1）入门级（满足好奇心 & 身份确认）。

基础品种检测，价格相对亲民，解决了“它到底是谁”的基本疑问。

2）进阶级（核心价值！缓解健康焦虑）。

遗传病风险筛查是最大卖点，提前预知爱宠可能面临的健康隐患（如心脏病、髋关节发育不良），让主人提前干预、科学喂养，核心是买一个“延长健康陪伴期”的安心和希望，包含几十项甚至上百项遗传病筛查的套餐，价格跃升至近千元或更高。其中的溢价就是为“早知道、早预防”的健康掌控感支付的费用。

3）尊享级（深度了解 & 科学养育）。

性格 / 行为倾向预测（为什么它怕陌生人）、营养代谢分析（它吃什么最好）、天赋潜能（它有牧羊犬基因吗）——这类全面检测套餐价格最高（千元以上），满足主人“更懂它”“养得更好”的深层渴望，为深度认知和科学养育的掌控感支付溢价。

服务附加值：提供易懂的报告解读、链接兽医咨询服务。这是为消除看不懂报告的焦虑和获得专业指导支付的便利费。

2）情绪价值量化阶梯（见图 5-2）。

图 5-2　情绪价值量化阶梯

（例如：纯品种检测 ¥299 vs 含健康 + 性格的全面检测 ¥999，差价 ¥700= 健康安心费 + 深度认知费）

3. 给相关从业者的启示

①深挖“情感痛点”：找到宠物主人内心深处的遗憾（殡葬）、担忧（健康）、好奇（基因 / 行为）。

②设计“有温度”的解决方案：服务或产品的核心是传递尊重、理解和关爱（宠物和主人双向）。仪式感、纪念品的用心设计、检测报告的易读性都至关重要。

③构建清晰的“情绪价值阶梯”：提供从基础到高端的选项，满足不同情感投入和支付能力。基础服务保本，情绪溢价层才是利润

源泉。

④专业和信任是生命线：涉及生死、健康，服务的庄重性、检测的科学性和准确性是赢得高溢价的前提，要建立专业品牌形象。

案例二：一路同行——拆解“分离焦虑”的千亿出行生态

出差旅游时，你总是纠结：把毛孩子关在家里，自己会牵挂，送去寄养中心，自己又满心不安。宠物友好型高铁托运和酒店的出现，正式解开这个困扰无数养宠人的世纪难题。

1. 高铁宠物托运试点：为“安全焦虑”定价的安心之旅

坐飞机托运——担忧高空压力、转机风险与高额费用。自己开车——长途跋涉后，人和宠物都疲惫不堪。传统出行方式带来的“安全焦虑”与“时间 / 舒适度成本”是宠物主面临的巨大问题。

高铁的核心优势在于相对航空更可控的环境、更低廉的价格，能减少宠物的分离焦虑，以及国家铁路系统的可靠背书，这些直接击中宠物主人最核心的痛点。

尽管高铁托运的具体定价细则仍在完善，但是其定价逻辑必然包含“安心费”。对比航空托运可能花费上千元且存在风险，或是专业宠物陆运时间长、费用较高且舒适度无法掌控，高铁提供了更靠谱的选择。宠物主人愿意为有保障的安全感和高效省心支付合理溢价，消除宠物能否平安顺利到达的焦虑。

2. 宠物友好酒店：贩卖“完整家庭旅行”的幸福体验

现在越来越多的宠物主人带着宠物一起旅行，衍生出诸如“不能老把它关在房间里吧”“它在陌生环境会不会害怕”“有没有地方能让它安全活动”等各类担忧。不带着放家里吧，担心；带着一块玩吧，累心。普通酒店要么禁止带宠物，要么仅简单允许入住，无法提供真正的共处体验和安心保障，宠物友好酒店应运而生。

1 情绪如何变现——“分离焦虑消除费”与“幸福感溢价”。

1）基础准入费。

收取合理的宠物清洁费或押金（如 100 元 ~300 元 / 晚），覆盖可能产生的额外清洁成本，这是入门费用。

2）“情绪体验”溢价层。

A.“拟人化”尊享溢价。

提供专属宠物床垫、食盆水碗、玩具、欢迎零食。一部分高端宠物友好酒店配备宠物泳池、SPA 服务。提供这类服务的酒店，基础房费可能比同地段非宠物友好酒店有比较显著的溢价，或者需要额外付费。为了让宠物享受 VIP 一样的待遇，同时感受由此带来的尊贵感，宠物主人认为值得掏这个钱。

B.“无忧”保障溢价。

这才是核心！提供 24 小时宠物看护服务或专业监控、紧急兽医联系通道、安全的专属遛宠区域或宠物乐园，包含看护或特殊安全保障的房型 / 服务，价格更高。“分离焦虑消除费”是为了让宠物主人彻底放松地享受假期，不用再提心吊胆。

C.“共处无界”幸福溢价。

这是最高价值所在。允许宠物进入餐厅特定户外区域、咖啡厅，或提供专门的人宠共同活动，如酒店组织的宠物友好徒步、下午茶。

能真正实现“人宠共乐”的酒店吸引力是最大的，支撑的溢价也最高，房费可能比普通酒店高 50% 甚至更多。这种顶级溢价保证了全家一个都不少、一起享受旅程的核心幸福感。

D.“找到组织”社群溢价。

定期举办宠物派对、社交活动，吸引同好，为宠物主人提供社交价值，同时带来额外收益。

2| 情绪价值量化公式 2（见图 5-3）。

宠物友好酒店总支出 = 主人住宿费 + 宠物清洁费 +（拟人化服务项目数 × 单价）+（安心保障等级系数 × 单价）+（共处无界体验项 × 单价）

图 5-3 情绪价值量化公式 2

（例如：同地段普通酒店 ￥600/ 晚 vs 提供基础宠物入住 + 安心看护的宠物友好酒店总价 ￥900+/ 晚 vs 提供人宠共餐 / 活动的奢华宠物酒店总价 ￥1500+/ 晚，差价 = 分层情绪价值总和）

3. 给相关从业者（酒店、交通、文旅）的启示

①瞄准“分离焦虑”刚需：人们出行时的宠物安置是一大难题，解决这个问题就能创造巨大价值。

②“安心”是底线，“共乐”是王牌：提供可靠的安全保障，如托运过程、酒店的看护服务与活动区域是基础要求。而实现人宠真正享受旅程的共处无界体验才是获取最高溢价的关键。

③分层设计，精细运营：酒店并不是简单允许宠物入住就万事大吉了，应该根据自身的定位和目标客群设计不同层级的宠物友好服

务，从基础的清洁服务到奢华的尊享体验，以匹配不同消费者的支付意愿。

④拥抱“宠物友好生态”：单打独斗的力量始终有限。酒店可以和专业宠物托运公司、宠物旅行服务机构，以及宠物友好景点、餐厅展开合作，打造带着宠物旅行的一站式解决方案，从而提升整体吸引力和客户黏性。同时，要密切关注政策动向，如高铁托运试点的推广，这是打开千亿市场的密钥。

⑤量化“安心费”与“幸福感”：要深刻理解目标客户愿意为消除担忧支付多少安心费，如托运安全、酒店看护，以及为获得极致的“全家共游”幸福体验支付多少溢价，这是进行定价和设计服务的核心依据。

结语

无论是送别爱宠的最后一程，还是探寻它的基因密码，抑或是带着它一起周游世界，宠物经济的蓬勃发展根植于一个简单却强大的逻辑——宠物是家人。为家人花钱，是为了维系这份情感纽带所带来的安心、幸福以及减少遗憾的心情付费。

成功关键：深刻理解并满足宠物主人在特定场景下的核心情感需求，如缓解愧疚、消除健康焦虑、消除分离焦虑、提升幸福感。

变现路径：将无形的情绪转化为有形且分层的服务或产品体验，如仪式、纪念品、检测报告、安全托运、共处空间，并以此设计清晰的价值阶梯和定价策略。

未来金矿：随着宠物在家庭中的地位持续提升，以及政策环境的逐步开放，涵盖出行、住宿、游玩、社交等多个领域的围绕解决“分离焦虑”和实现“人宠共乐”的场景化、生态化服务，将成为充满想象力的巨大蓝海。

对商家而言，别再只盯着宠物口粮和宠物美容这类基础业务了！多看看宠物主人们那些“舍不得”“放不下”“想知道”“想一起”的复杂心情吧。谁能更贴心、更专业、更有创意地满足这些深层情感需求，设计出能承载这些情绪的优质服务或产品，并且巧妙地进行定价，谁就能在“爱”的经济浪潮中挖到真金。为了满足这份特殊的心情，宠物主人们从不吝啬！

三 文旅产业
“心跳加速”和“全身放松”的感觉账单

当游客愿意为一次旅行支付远超交通与住宿成本的费用时，他们真正购买的，是那些在日常里难以获得的情绪体验——可能是初见奇景时的惊叹，可能是沉浸氛围中的松弛，也可能是暂别喧嚣后的宁静。文旅产业的进阶逻辑，正在于跳出“卖风景”“卖服务”的传统框架，转而成为情绪体验的设计者，让每一处场景、每一段互动都成为心情的触发器。

新奇感的制造是突破常规吸引力的关键。人们天生对重复、平淡的日常存有逃离的欲望，而文旅目的地的核心竞争力，就是提供“反常态”的体验——可能是造型独特的建筑、颠覆认知的景观，或是打破常规的互动方式。“不一样”的感觉能激活游客的好奇心，让他们从观望者变成参与者。当体验一个地方本身就成了“值得打卡的事件”，其价值就不再依赖于传统的景观评级，而是取决于能否给游客带来第一次的新鲜记忆，而这种记忆本身就具有自发传播的社交属性，让情绪体验在分享中完成二次增值。

氛围的情绪包裹决定了体验的沉浸深度。白日与黑夜的场景切换、自然与人文的环境融合、静态景观与动态活动的相互配合，这些元素共同构成了包裹游客的情绪场。当城市的夜晚褪去工作的严肃，变身为充满烟火气的市集；当村落用桨声、虫鸣、自然光替代都市的喧嚣，营造出与世隔绝的宁静；当历史场景通过服饰、表演、细节高度还原，让游客产生穿越时空的错觉——这些被精心设计的氛围能引导游客的情绪自然流动，从紧绷到松弛，从疏离到投入。

逃离感的精准供给直击现代人的心理刚需。在快节奏的生活中，暂时脱离原有身份、放下现实压力成为普遍的情感诉求。文旅目的地通过创造“隔离感”——地理上的偏远、形式上的独特、体验上的专注，来让游客获得“进入另一种生活”的体验。无论是山间小屋的极简生活，还是主题园区的角色代入，本质上都是在追求情绪乌托邦。当游客能真切感受到“不用想工作”“不用迎合他人”“只需要做自己”，即便价格高于常规消费，他们也愿意为“心灵喘息”买单，因为这种逃离带来的情绪价值是难以替代的。

文旅产业的终极战场是游客的情绪记忆。那些能让人记住“好开心”“好放松”“好特别”“好口味”的目的地，才能在竞争中突围。毕竟，风景会过时，服务会复制，只有独特的情绪体验才能成为游客愿意反复消费、主动分享的“感觉账单”。

案例一：阿苏农场——把“全家惊叹”的感觉装进收银机

阿苏农场位于日本西部九州岛地区的熊本县，是一座主题乐园与假日营地，占地约1500亩，深受游客，特别是儿童的青睐，体现了日文里的“元气”一词，意味着像孩子一样健康的活力。园内最棒的游乐设施是元气之森，或称为活力森林。游客可以在这里体验大约40种以森林为主题的游戏与活动。阿苏农场每年吸引客流超过500万人次，一年收入30亿日元。

园区内最著名的还是造型奇特的住宿设施“馒头屋”。这些五彩缤纷的圆顶小屋看起来就像天线宝宝的家与太空舱的混合体。晚上灯光亮起时圆顶小屋使用霓虹色彩装点，涂成蘑菇、西瓜或熊本地区吉祥物熊本熊等不同卡通屋造型。

阿苏农场的“馒头屋”算得上是“好奇心经济”的典范。这些外形圆润如馒头的建筑，散落在日本九州的田园间，远远望去像一群降落地球的外星飞船。走进屋内，落地窗外是连绵的草地与火山景观，室内则是极简温馨的布置，既保留了自然野趣，又带着一丝未来感。

这种“反常规”的住宿形态正好符合了现代人对逃离平淡的渴望—在城市里看惯了方方正正的高楼，馒头屋的奇趣造型就成了最大的吸引力。游客在这里住一晚的价格比当地普通民宿贵不少，却依然一房难求，很多人坦言“为了体验这份独特，这钱花得值”。

馒头屋还是拍照打卡点，游客在社交平台分享的照片自带传播属性，无形中为农场省下了巨额营销费。而每一次分享，都是对新奇体验的二次付费，能在朋友圈收获一堆“这是哪儿啊”的评论，本身就是一种隐形的社交货币。

核心心情： 惊奇感（给大人）+童趣感（给孩子）+全家同欢乐的幸福感。阿苏农场建在活火山脚下，就像一座超现实乐园。

1. 阿苏农场情绪变现妙招

妙招 1：馒头屋奇观溢价。

那些圆滚滚、彩色的球形小屋，是拍照打卡、引爆朋友圈的工具。住一个晚上，仿佛钻进了童话世界。住馒头屋的价格与附近普通民宿的差价，就是为“新奇感”和“童话成真”支付的。

妙招 2：火山脚下泡温泉的“震撼费”。

想象一下，泡在暖乎乎的温泉里，抬头就是雄伟且安全的活火山！这种独一无二的自然奇观体验，带来的震撼与放松感值多少钱呢？温泉门票本身有价，但加上“无敌”的景观，就让整个体验及农场吸引力飙升，支撑了更高的整体消费。

妙招 3：“一起干活”的家庭欢乐税。

阿苏农场设计了许多需要全家一起动手的活动——比如挤牛奶、做奶酪、喂小动物。重点不在于结果多完美，而在于一家人嘻嘻哈哈共同完成一件事的亲密感与快乐。包含互动体验的“家庭欢乐套餐”的价格肯定比单纯进门逛逛贵，这溢价是为“全家其乐融融”的幸福感付的。

妙招 4：“把火山带回家”的记忆溢价。

农场自产的牛奶、点心因为打上了“火山脚下纯净牧场”“亲手体验”的标签，身价倍增。阿苏火山牛奶价格能比超市普通牛奶贵上好几倍，游客为带走一份“快乐记忆”和“纯净自然感”，依然心甘情愿支付这巨大的溢价，毕竟“心情纪念品”不是在哪儿都能买到的。

2. 给开发者的启示

造个惊叹点：别只追求美观，要打造让人忍不住拍照惊呼的奇观或独特场景，比如阿苏农场的馒头屋就足够让人惊叹，这是传播与溢价的起点。

绑定“核心心情”：想清楚项目最能满足哪种情绪，比如家庭欢乐、情侣浪漫、个人探险，所有吃、玩、住的设计都要围绕强化这种感觉展开，阿苏农场就牢牢绑定了家庭欢乐。

“五感”全开：让游客的眼睛（观赏火山、萌宠）、手（制作奶酪）、身体（泡温泉）、嘴巴（品尝美食）、鼻子（闻青草香气）都获得满足，沉浸感越强，心情越好，消费意愿也就越高。

“有故事的土特产”更值钱：将当地的美食、好物与项目中的独特体验（比如“我在火山下挤奶”）结合起来讲故事，就能卖出远超成本的高价。

案例二：夜经济——给“白天紧绷的神经”松弛标价

城市夜经济火爆的背后是“释放情绪”的生意经。当夜幕降临，白天严肃的写字楼变身霓虹闪烁的市集，安静的街道挤满了叫卖的小贩与欢笑的人群。成都的宽窄巷子一到夜晚，皮影戏的光影就在墙上跳动，街头艺人弹着吉他唱着民谣，路边的火锅店飘出阵阵香气；西安的大唐不夜城中，身着唐装的演员在街上巡游，灯光勾勒出的仿古建筑仿佛让人穿越回盛唐。游客购买的是夜晚场景中独有的松弛感——脱下西装外套，放下工作烦恼，在热闹中尽情欢笑，在烟火气里感受生活的温度。

很多城市的夜间消费占比能超过全天的一半，餐饮、演艺、巡游项目的客单价普遍高于白天。比如某城市的游船夜游项目，白天票价 80 元少有人问津，夜晚搭配灯光秀和民乐表演后，票价涨到 180 元仍座无虚席，因为游客觉得夜晚的氛围值这个价。

核心心情：松弛感、热闹劲（烟火气）、即时快乐、属于人群的归属感。夜晚自带“下班了，该放松了”的光环。

1. 情绪变现的法则

法则 1：“灯光氛围组”值大钱。

西安大唐不夜城那辉煌的灯火，或者夜市里暖洋洋、让人食欲大开的光线让人流连忘返。好的灯光不只是照明，它能把人拉进“热闹”“梦幻”或“浪漫”的情绪里。城市投入资金打造亮化工程后，夜晚的人流和消费额显著增长，这就是“好氛围”直接转化为现金的证明。

法则 2：“烟火气”才是顶流。

夜市里的小吃摊、大排档人挤人，好不热闹，卖的是“接地气”“想吃什么都有”“自由自在”的痛快劲儿！坐在小马扎上撸串喝酒的放松，远比在高级餐厅里正襟危坐更让人畅快。虽然单份小吃价格不高，但架不住人多、购买频率高（即时满足的快感使然），还能带动周边消费，比如喝杯奶茶、玩个套圈，整体算下来，单位面积的收益（坪效）和情绪转化效率都非常高。

法则 3：“夜猫子”的社交场溢价。

酒吧、Live-house、24 小时书店都是夜晚的“情绪容器”。在 Live-house 里跟着音乐蹦跶释放压力，在酒吧里和朋友吐槽聊天寻找共鸣，在书店里安静独处获得归属感，每种场景都有其独特的爽点。这些地方晚上的酒水费、门票、服务费是为“夜晚专属的放松氛围”和“情绪释放空间”缴纳的“时段心情税”，自然要比白天的同类型门店费用贵多啦！

法则 4：“黑科技夜游”卖奇幻感。

晚上体验沉浸式戏剧、主题公园夜场（如迪士尼），或者坐船夜游，借着夜色与声光电技术，特别容易营造出白日梦般的奇幻、浪漫或刺激氛围，代入感超强。夜场门票通常比日场贵，这是为“更浓的夜色氛围”和“独一无二的夜间体验”支付的溢价。

2. 给城市 / 商家的启示

当好“灯光 DJ”：精心设计不同区域的夜间灯光和声音，如热闹的小吃街、安静的滨江道，刻意营造人们想要的情绪氛围。

给“烟火气”开绿灯：管理并支持合规的夜市、外摆，让那些能提供即时快乐的小摊小贩活跃起来，它们是夜经济的灵魂和基础流量来源。

提供多样“情绪吧台”：准备满足不同夜间心情的情景容器：想热闹的可去夜市酒吧街，想文艺的可去书店小剧场，想安静的可去公园江边，想刺激的可体验夜场游乐项目。

“夜间服务费”收得有道理：认识到晚上提供的松弛感、私密感、释放感本身就是独特价值，允许夜间服务合理定价以体现差异，如夜场票。

安全是“松弛”的底线：治安良好、路灯明亮、交通便利，大家才敢放心出来游玩，夜经济才能兴旺发展。

案例三：十里芳菲——令人心驰神往的村落美学

英国诗人威廉·库泊说“上帝创造了乡村，人类建造了城市”。乡村应是人类的自然属性吧，而随着工业文明的迅猛发展，人们越来越多地聚集到了城镇，去了中心城市，甚至是挤进了拥挤不堪的拥有数千万人口的超级都市。人们越来越远离宁静的村落，每天伴随着机器的轰鸣、写字楼办公室里的竞争、交通的拥堵、人流的嘈杂……内卷、疲惫、焦虑、抑郁等伴随着都市人的工作与生活，越来越多的都市人厌倦了城市的喧嚣，发出灵魂拷问——“心归何处？”他们把目光投向了乡村。

有要求就会有市场，于是，农家乐、古镇游、乡村旅游如火如荼地发展起来，但是，这样的待客形式“零散乱小”，同质化严重，越来越不能满足有品位客户的需求，客户得到的情绪价值越来越低。

乡村度假能否体会出美感？回归自然能否体会出享受感？

张蓓女士，十里芳菲文旅集团董事长、浙商总会文化创意产业委员会主席，一位资深文旅品牌创始人，2017年起步，本着“生命因乡村而丰盈，文明因乡村而复兴”的理念，通过整合集生态农业、文创产业和村落美学于一体的生活体验，打造出了“十里芳菲主题度假村落”，为乡村带来了活力，为城市居民带来了远离喧嚣、回归自然的美妙空间。

走进十里芳菲度假村落，仿佛穿越到唐代大诗人李白《山中问答》的美妙意境：

问余何意栖碧山，笑而不答心自闲。

桃花流水窅然去，别有天地非人间。

张蓓谈到十里芳菲满足了城市人的诉求，一是身体的休整，二是精神的成长。灼灼桃花盛开，十里芳菲入梦。杭州西溪十里芳菲、四川雅安野玫瑰村、江西吉安钓源古村、西藏日喀则夏宫、湖州十里芳菲香草小镇等项目已经营业，浙江松阳仙人谷、杭州梦溪小镇、湖州昆山遗址、江西南昌凤凰沟、江西浮梁沧溪古镇、四川华蓥山居、重庆永川茶山竹海等项目在建及规划设计中。八年来，12 处形态各异的至美村落承载着十里芳菲对村落美学的美好期许。

让我们一起感受杭州西溪的十里芳菲。

十里芳菲的“村落经济学”把慢生活卖成了奢侈品。这个藏在杭州西溪湿地深处的村子没有车水马龙，只有桨声灯影，想要进村必须坐船，仿佛进入了一个与世隔绝的世外桃源。村里的民宿保留着老房子的“肌理”，却在细节处透着精致：推开窗就是芦苇荡，床头放着手写的欢迎卡片，清晨有村民送来刚摘的蔬菜。

在这里，时间仿佛被慢放，游客可以跟着村民学做手作，在湖边喝茶看书，在星空下听虫鸣。被自然包裹的宁静成了都市人最渴求的“解药”。尽管这里的住宿房价比市区五星级酒店还贵，但复购率却很高，很多游客一年要来好几次。“在这里才能真正感觉到自己在生活，而不是被生活推着走。”也许这句话道出了十里芳菲让游客流连忘返的秘密。在这里，你有暂时逃离现实的特权，可以找回自己的心灵，这种情绪价值让高价变得合情合理。

核心心情：宁静感（逃离都市）、归属感（像村民）、仪式感（精致生活）、身心充电（疗愈）、社群小温暖。它藏在西溪湿地深处，更像一个理想中的慢生活村落。

1. 情绪变现慢哲学

哲学 1：“进村船票”买断都市烦恼。

坐船仪式感十足，像一道结界，将人从打工人切换成度假村民。独特的入场仪式和与世隔绝感，使十里芳菲的溢价成了支付“成功逃离”和“心境转换”的首期款。

哲学 2：“做个临时村民”的归属费。

这里由几个小村落组成，设有公共食堂（村民食堂）、小集市（芳菲市集）、活动中心（青荇度），鼓励人们像村民一样生活：一起吃饭、做手工、喝茶聊天、遵守些许“村规”。所付房费中，很大一部分是为“当几天村民”、体验慢节奏和社群温暖买单，这种归属感是普通酒店无法提供的。

哲学 3：“自然 SPA”的疗愈套餐。

房屋仿佛“生长”在湿地中，推开窗户可以看见水鸟，散步能闻到弥漫的草木香。湿地徒步、静坐冥想、颂钵音疗等“深度疗愈套餐”可以彻底放空大脑，给身心充满电，当然这些也需要额外付费，虽然价格不低，但能得到很多都市人的青睐。

哲学 4：“精致生活仪式感”的细节税。

从使用的杯碗餐具，到就地取材的时令蔬菜，再到服务员的言谈方式，都透着东方美学的讲究和当地文化的温度。生活在这里，本身就充满仪式感。若想体验更地道的项目，比如定制私宴、专业茶道，需要升级至更贵的套餐，为“仪式感”额外付费。

2. 给高端度假村的启示

卖“理想生活”而非卖床位：经营的核心是为客人提供向往的、日常难以实现的生活——可能是避世、慢生活、有社群、能疗愈的状态。所有元素，包括房屋、活动、服务都需要围绕打造这种生活感觉展开。

“隔离感”是高价基石：设法创造物理或心理上的“结界”，比如坐船进入、无电视、鼓励放下手机，帮助客人快速摆脱日常身份与焦虑。

建个有温度的“临时部落”：设计能让人们自然交流、共同参与、亲近自然的公共空间和活动，比如公共食堂、手作工坊、村民聚会，让客人产生“我是村里一分子”的感觉，从而增强黏性。

“在地文化”提价器：将当地独有的风物、手艺、审美巧妙融入客人的吃喝玩乐住中，比如本地食材宴、特色器物、民俗活动，讲好地方故事，可获得巨大的溢价空间。

“充电”的高端刚需：针对都市人的“电量不足”问题，提供真正能让人放松回血的王牌项目——接触自然、静心课程、健康饮食等，将其打包成高附加值服务进行销售。

结语

阿苏农场、夜经济、十里芳菲，运营方式各异，但盈利逻辑相似。

判断是否赚得“心情钱”，可参考三个数据。

溢价率：你的产品比同类基础款贵多少？如馒头屋与普通民宿的差价、夜场票与日场票的差价、疗愈课与单纯住宿的差价等。

回头率/推荐率：体验到位了，客人才会再次光顾并向朋友推荐，十里芳菲的社群复购就是典范。

坪效/客单价：注入情绪价值后，相同面积是否更盈利（如夜市）？人均消费是否有所提高（如高端套餐）？

这三个案例共同证明：**文旅产业的核心竞争力，早已从“有什么风景”转向了“能给什么心情”。**阿苏农场用新奇感制造惊叹，城市夜经济用烟火气释放压力，十里芳菲用慢时光治愈心灵，并将这些体验带来的情感价值转化为可感知、可购买的服务。

当游客觉得“在这里的心情太值了”，他们就会心甘情愿为“感觉”买单，甚至主动把这份心情分享给更多人。文旅行业最赚钱的不是风景本身，而是风景里那些让人难忘的心情。

四　心理健康
为“心灵电量”付费的时代来了

当“心累”成为人们高频的口头禅，心理健康领域的商业逻辑早就跳出治疗疾病的传统框架，转向更大的日常情绪维护市场。人们愿意为“感觉好一点”付费，是对被倾听、被理解、被治愈的本能渴求。这些看不见的心灵需求，正被转化为情绪服务，催生出一个“为心灵充电”的新型消费市场。

情绪可视化的价值基准是打破心理隔阂的第一步。将模糊的“心情不好”分解成可识别的压力指数、焦虑类型、情绪周期，用测试、问卷、数据曲线等形式让无形的情绪变得具象化，能有效降低用户的心理防御。当人们能清晰地看到“周三下午压力值飙升”“雨天容易情绪低落”等结论时，不仅会产生被理解的共鸣，更会主动寻求解决方案——这种“认知即需求”的转化，让情绪服务从被动接受变成主动购买。

即时性的情绪响应能够匹配现代人的心理节奏。在快节奏的生活中，“等不起”“耗不起”是情绪消费的核心点。无论是随时随地可接入的 AI 陪伴、几分钟内就能获得的减压空间，还是按需求触发的即时疏导，这些“短平快”的服务形态满足了“当下就要好起来”的迫切诉求。因为即时的情绪缓解本身就具有不可替代的时间价值，所以当解决情绪问题能像处理身体不舒服一样快速时，付费行为就变得像买一杯咖啡般自然了。

分层服务的情绪满足与心理健康需求的“轻重缓急”直接对应，是实施服务的核心设计。心理健康需求不是单一维度：有人只是需要一个“情绪垃圾桶”来吐槽日常烦恼，有人希望获得具体方法来排除持续焦虑，还有人面临更复杂的心理问题需要专业干预。分层服务正是针对这种不同需求设计的阶梯式解决方案。

基础层（免费/低价）满足情绪宣泄需求。比如免费的心情日记功能、匿名吐槽社群，都是提供“安全出口”。对轻度情绪困扰者来说，“说出来”本身就是一种治愈，这类服务能让更多人迈出关注心理健康的第一步，避免因怀疑自己“小题大做”而忽略实际问题。

进阶层（中价）解决情绪调节需求。一些模式通过提供具体方法（例如呼吸训练缓解失眠、认知调整改善职场焦虑），帮助用户主动管理情绪，比如付费的 AI 情绪分析、标准化减压课程。这层服务对应中度情绪问题，用户需要的是“可操作的解决方案”，而非泛泛的安慰。

核心层（高价）应对深度心理疏导需求。这层服务直接对接心理健康的专业治疗，需要资质背书和针对性方案，价格虽高，但能解决核心问题。针对长期困扰（如原生家庭影响、严重社交恐惧）提供专业干预，常见的有一对一心理咨询、定制化疗愈方案等。

这种分层设计既照顾了心理健康需求的渐进性（很多人从“吐槽”到“求助”需要时间和形式的过渡），又降低了专业服务的“门槛恐惧”，不用一开始就面对高昂费用和有些令人畏惧的专业场所。同时，不同层级的服务形成互补：基础层积累的数据能为进阶层提供用户需求画像，进阶层筛选出的深度用户又能为核心层输送客源，最终形成覆盖全周期、适合各类需求的心理健康服务生态。

心理健康领域的商业创新，本质上是情绪服务的全民化，让原来小众的心理关怀走进大众日常，每个人都能便捷地为“心灵电量”付费。那些能捕捉情绪、快速提供缓解方案并持续陪伴心灵成长的服务，将会在市场中占据核心地位，因为人们对“感觉好一点”的追求永远值得被认真对待。

案例一：“测测”App（AI 情感陪伴）——口袋里永不掉线的“心情树洞”

“测测”App 于 2013 年正式上市，现为用户提供基于科学量化而又温暖有趣的 AI 情感陪伴及疏导服务，主打泛心理在线社区“测测”App，通过 AI 和在线人工相结合的形式为 3200 万用户提供服务，构建全闭环、高频率实时互动的泛心理社区服务场景，致力于让广大用户“遇见更好的自己”。

核心要传递的是哪些感受？即时陪伴感（随时有人愿意倾听）、情绪宣泄口（心里憋着难受，说出来舒服）、被理解感（它好像懂我）、低成本自我探索（我这是怎么了？原来是这样啊）。

1. 情绪如何变现

1 “24 小时待机”的陪伴价值。

深夜、工作间隙、通勤路上，只要有一丁点“emo”，打开 App 就能和 AI 聊天。它永不厌烦，随叫随到，解决了孤独时刻无人诉说和碎片时间需要填满的情绪需求。但免费版存在限制，如果想畅聊或解锁高级角色，需要开通会员，这笔费用是为“永不消失的倾听者”和“随取随用的安全感”支付的。

2 “定制化朋友”的人格溢价。

温柔姐姐、理性大叔、“毒舌”闺蜜……“测测”App 有多种 AI 角色可供选择。用户可根据心情挑选“朋友”，满足不同的情感投射需求，需要安慰时找温柔型，想吐槽时找“毒舌”型。不过某些专属角色或深度模式（如“虚拟恋人”）需要额外付费或仅限高级会员专享，如果想体验“更精准的情感代偿”和“理想对话”服务，就需要支付个性化定制费用。

3 “轻心理疏导”的自助价值。

除了聊天功能，“测测”App 还提供情绪日记、压力测试、5 分钟冥想等小工具，让用户在倾诉之外还能进行低门槛的自我关怀与成长。

“测测”App 还有更专业的工具，如包含深度情绪报告、成长计划等内容的套餐，定价则更高。但用户心甘情愿支付这部分费用，因为可以获得更全面的行动指南和自我探索的引导感。

4 “匿名安全屋”的隐私价值。

对很多人来说，与 AI 分享秘密比向真人袒露心声更轻松，因为这样不会被评判，也没有社交压力。“安全的倾诉空间”具有巨大的吸引力，部分人还会有“无广告打扰”“对话更私密”等更多的需求，高级会员愿意为这些需求多支付费用。

2. 给创业者的启示

死磕“即时”与“便捷”：AI 的核心优势在于 7×24 小时在线、秒回消息、通过手机即可使用，符合现代人时间碎片化和“当下就要”的情绪需求。

把 AI 做“活”，别做“冷”：赋予 AI 鲜明的人格特征，提供多样化、可选择的角色，让用户能够投射情感，建立与“类人”的连接。

“聊天 + 多种服务模式”提高 App 价值：聊天是吸引用户的入口，捆绑简单易用的心理工具，如测试、练习、小知识，能显著提高用户黏性和付费意愿。

隐私是 App 的生命线，安全是底线：必须严格保护用户的数据安全和对话的私密性，一旦出现疏漏，用户的信任便会荡然无存。

案例二：暂停实验室——情绪疗愈的“成长营”

暂停实验室是一个专注于线上心理健康训练的科学平台，用户在这里可以完成“大脑健身训练”。暂停实验室帮助用户解决工作和生活中由压力导致的抑郁和焦虑症状、拖延问题、睡眠问题。在这个“大脑健身房”，每天有几千到上万名用户一起“锻炼”。平台提供每月一期的情绪管理课程，涵盖焦虑缓解、心理韧性提升和行动力培养三大方面，通过问卷评估个性化推荐训练计划，每日仅需15分钟练习，持续训练就可以改善情绪健康。

暂停实验室卖的是什么？科学的情绪管理方法（用数据看见改变）、循序渐进的心理调适（21天/60天周期训练）、低成本的自我关怀（无须线下奔波）、可迁移的心理技能（从练习到生活）。它像一位耐心的情绪教练，协助用户分解焦虑，用规律训练替代慌乱应对，实现与情绪和解的可持续成长。

1. 情绪如何变现

1 “科学框架”的信任增值。

依托心理学实证方法，如认知行为疗法CBT、正念训练，将抽象的情绪调节转化为可操作的每日任务：写情绪日记、完成认知练习、记录行为数据……每一项都有“专业背书”的权威性。

用户支付的费用（如399元/21天训练营），很大一部分是为了摆脱盲目自救，相比碎片化的心灵鸡汤，这种有理论支撑、有步骤引导的体系让“花钱买改变”显得更靠谱。

2 “可视化成长”的激励价值。

通过每日数据记录，如焦虑值下降曲线，以及阶段性报告总结，让心理变化具象化、可视化。用户能清晰地看到“今天比昨天更能平静应对加班”“对负面想法的敏感度降低了”，强化付费意愿。就像健身App用体脂率变化留住用户，暂停实验室用情绪改善数据让用户觉得“钱花在了看得见的成长上”，从而愿意为下一期训练续费。

3 “轻量化参与”的便利。

无须预约线下咨询，不用配合固定时间，用户可利用碎片时间（睡前10分钟、午休间隙）完成每日练习，适合“想改变却没时间”的都市人。

相较于动辄上千元的心理咨询，百元级别的训练营大幅降低了尝试门槛，而21天为一个阶段的周期化设计又避免了半途而废产生的愧疚感。用户支付的费用包含了“低成本试错”和“灵活参与”的便利价值。

4 “社群陪伴”的情感连接。

同期学员的匿名分享、教练的针对性反馈构成了一个温和的心理互助场。在这里，焦虑不再是独自承受的秘密，而是可以被理解、讨论的共性问题。这种体验更像是加入了一个彼此支撑的社群。用户为情感共鸣和群体归属感支付的隐性费用往往是复购的关键动力。

2. 给运营者的启示

专业度是生命线：从理论依据到课程设计，必须以心理学专业为基础。避免过度营销治愈，而是强调提供方法，用真实用户案例+数据变化建立信任。

轻量化降低成本：课程周期不宜过长，每日任务控制在10分钟~15分钟，让用户觉得易于坚持。定价应平衡专业性与亲民度，避免高价吓跑潜在用户，也避免低价稀释专业感。

数据化强化复购：用情绪数据、行为记录构建用户的心理成长档案，在周期结束时推送下一步提升建议，引导用户购买进阶课程（如从“缓解焦虑”到“提升抗压韧性”），形成“入门—进阶—深耕”的闭环。

温度感软化理性框架：专业体系容易显得冰冷，需要细腻的引导语，如“今天没完成也没关系，情绪调节本就是循序渐进的”。匿名社群的温暖互动，让用户感受到“被理解”而非“被训练”，平衡科学与人文的天平。

结语

心理健康领域正经历消费普及级别的革命。“测测”App和暂停实验室的案例证明：抓住现代人明确的情绪点（如孤独、高压），提供安全、即时、有效的心情舒缓方案，即便不涉及治病，“为心灵舒适度付费”也是一个潜力巨大的市场！**成功的关键在于能否让用户真切地感受到“这钱花出去，我的心情和状态，真的变好了！”**

五 餐饮服务
买单时，你付的钱里有多少是“买感觉”

在餐饮服务领域，“吃什么”早已让位于“吃得怎么样”。当人们走进餐厅，所消费的远不止食物本身带来的饱腹感，也许是一次自我表达的畅快、一场社交互动的仪式感，或是一份文化认同的满足。餐饮行业的情绪价值变现正是把这些无形的感觉融入食物、环境与服务的细节里，让消费者心甘情愿地掏钱。

食物作为情绪的表达载体，是最直接的价值转化。给菜品起一个触动人心的名字，在包装上印上能引发共鸣的文字，或是通过口味唤醒特定记忆（比如童年的甜味、家乡的辣味），都能让食物超越“吃”的功能，成为情绪的传声筒。当年轻人举着印有“人生没有解药，但有止痛药”的酒瓶碰杯时，他们借着这份表达释放压力；当食客为“妈妈的味道”的家常菜多付10%费用时，买的是久违的温暖。“食物+情绪”的绑定，让消费行为变成了一场无声的自我诉说。

场景氛围的情绪包裹，决定了体验的记忆深度。灯光的明暗、桌椅的材质、音乐的风格、餐具的设计，共同构成了一个能牵动情绪的场域。自动烤架解放双手的轻松、中式茶室带来的沉静、深夜食堂特有的烟火气，这些被精心设计的环境细节，能引导食客的情绪走向，是放松的、愉悦的抑或是充满仪式感的。朋友聚会的笑声在温暖灯光下被放大，独自用餐的安静在轻音乐中被呵护，消费者会觉得用餐的氛围值这个价，因为环境本身就是个“情绪调节器”。

服务细节的情绪共鸣，能让好感度持续升温。一句恰到好处的问候、一个化解尴尬的举动、一场专属的小仪式，比如生日时的特别祝福，超出预期的服务能拉近商家与消费者的距离。帮客人烤好肉串并贴心地提醒“可以吃了”，餐后周到地递上“去味喷雾”，用心记住老顾客的口味偏好，这些细节传递出的“被重视”比食物本身更能让人记住。当服务从标准化流程变成有温度的互动，消费者支付的溢价里，就多了一份被用心对待的感动。

文化符号的情绪赋能，则让餐饮消费有了附加值。把地域文化、传统美学融入产品设计（如青花瓷杯、书法字体）、门店装修（如水墨画、传统摆件）或口味研发（如古法配方、地域特色），让食物成为文化的载体。手握一杯带着东方美学的奶茶，或是在充满地方特色的餐厅里用餐，消费行为就有了认同某种文化的意义，甚至能转化为社交平台上的炫耀资本，大大降低了价格敏感度，因为文化认同本身就具有不可替代的价值。

餐饮行业能持续吸引消费者的，从来不是性价比最高，而是感觉最对味。那些能让食客心情持续愉悦的品牌都是“情绪大厨”，因为人们愿意为让自己开心、舒服乃至骄傲的用餐体验付费，餐饮这门生意的关键，就是把每一份心情都烹进食物里。

案例一：江小白——小酒瓶喊出年轻人的心里话

江小白是江记酒庄推出的一款清淡型高粱酒，以红皮糯高粱为单一原料精酿而成。产品面向新青年群体，主张简单、纯粹的生活态度。在中国酒业竞争如此激烈的市场中，江小白能够异军突起，风靡餐桌，是要有自己创意绝活的。

“江边酿造，小曲白酒”，江小白以此得名。“小白”原本是菜鸟、新手的意思，现已成为江小白酒业所提倡的一种价值观，寓意都市年轻人追求简单、绿色、环保、低碳的生活。

江小白提倡直面青春的情绪，不回避、不惧怕。白酒瓶身设计简约，常印有与青春、情感相关的文案，如“与其让情绪煎熬压抑，不如任其释放”。

随着互联网的普及，朋友之间当面交流时间正越来越多地被移动社交软件所占据。线上的热络取代不了面对面的沟通。江小白号召人们放下手机暂别网络，与朋友重新在现实中进行社交，不要让网络占据了生活。

“回到现实，摘下面具，真心交流”——这种试图把消费者的情绪跟江小白产生连接，让情绪放大的想法，促成了江小白独具特色的“约酒大会”，形成了新青年群体中流行的“约酒文化”。

核心感觉：表达欲（“这酒替我说了！”）、共鸣感（“原来你也这样想！”）、青春认同（“这就是我们的酒！”）、社交破冰（“话都在酒里了！”）。

1. 心情变现的妙招

招数 1：瓶身就是“心情弹幕”发射器。

印在瓶子上的“成长就是将哭声调成静音”“别怕，路还长，天总会亮”“生活有多难，酒就有多呛”……句句击中年轻人的迷茫、奋斗、友情、爱情。他们购买的是“替我说出不敢说、说不清”的共鸣。这瓶子成了移动的“情绪广告牌”，成本低，效果却十分显著。

招数 2：“小聚小饮小情绪”定位。

不拼商务宴请，专攻年轻人路边摊、小馆子、宿舍聚会等场景。小瓶装（100ml）度数低，轻松喝，撕掉传统白酒“老气”“应酬”“拼酒”的标签，降低年轻人尝试门槛，营造无压力社交的轻松氛围。朋友AA也没有负担。量化点：小瓶策略完美匹配年轻人“浅尝辄止”“分摊不肉疼”的需求，使其在目标场景的渗透率和复购率大幅上涨。

招数 3：发动群众当“心情代言人”。

鼓励大家带江小白瓶子晒照，分享自己的“扎心语录”，另外现代扫码技术为喝酒人看到自己的生活感悟妙语提供了方便。江小白广泛征集瓶身文案，用户不自觉地成了品牌情绪的“代言人”，积极传播。量化点：微博、抖音等平台上带“江小白”标签的海量UGC（用户自创内容）就是其情绪价值成功变现的体现，用户免费帮它打广告、做宣传，节省了大量营销费用。

2. 给餐饮 / 快消老板的启示

包装别浪费，让它说“心里话”：瓶身、杯套、餐垫纸……这些都是传递情绪、引发共鸣的黄金广告位，快把金句印上去吧。

死磕一个“情绪场景”：想清楚产品最适合哪种社交心情，是倾诉、庆祝还是解压？围绕它设计产品、定价、渠道、宣传。

让用户替你“呐喊”：设计容易引发分享的点，比如神文案、高颜值、独特体验，用户爱“晒”，你的品牌情绪就能广泛传播。

案例二：“很久以前”羊肉串——烧烤摊玩出“仪式感科技”，贵点也认了

“很久以前”于2008年创立，从北京六环外的小门面起步，成长为如今已拥有一百多家直营店的品牌，遍布北京、上海、深圳等大中城市，而且在遍地开花的烧烤市场一火这么多年，实在是厉害。食客在其北京祥云小镇店需要天天排队，周末的时候更是得排上一两个小时才能落座。

“很久以前”店内装修风格独特，仿佛瞬移到原始山洞，墙上有人类食肉的历史，音乐和灯光宛如夜店氛围，这种混搭的前沿风格适合朋友聚会畅聊，深受年轻人喜爱。

除了优质的羔羊肉等食材，烤制方式也十分独特：采用无烟木炭自助烧烤专利设备，每桌配备烤炉，顾客可在店员辅助下自行烤串，体验感十足，还能亲眼看见嫩羊肉烤到焦香。

服务员多为年轻人，服务热情周到，会全程帮忙烤串、提醒生熟情况，还会给顾客围上围裙，吃完喷去味喷雾，出门还会发薄荷糖，让顾客用餐过程十分舒适。

核心感觉：社交仪式感（“吃串也能这么讲究？”）、被宠感（“专人提醒我吃肉！”）、沉浸式体验（“这氛围值了！”）、食材优越感（“这肉真地道！”）。

1.心情变现的黑科技+小心思

招数1：“自动烤架”解放双手，聚焦唠嗑。

把串放上烤架会自己转动，不用你在烟熏火燎中手忙脚乱地翻动，物理上解放了双手，心理上也解放了思绪，让你能100%投入和朋友的闲聊畅谈，彻底解决了传统烧烤“光顾着烤，没时间聊”的世纪难题。量化点：凭这项“社交友好型”黑科技带来的体验，“很久以前的”客单价比普通烧烤店高。你愿意为这份“畅快聊天不操心”的社交体验升级买单吗？

招数2：“呼伦贝尔空气”讲个好故事。

店里飘散着淡淡的青草香，宣传这是呼伦贝尔的空气，强调羊肉也来自呼伦贝尔大草原。用环境（嗅觉）和故事，在顾客脑海里植入“真材实料、品质高端”的印象，让贵变得合理甚至超值。量化点：能感知到的品质升级和自然健康的故事感为羊肉附加了“魔法”，故事和氛围在溢价这里功不可没。

招数3：服务员小哥的“最佳赏味提醒”。

服务员不只是上菜，他们会紧盯火候，在肉串冒油、呈现金黄焦香的那一刻，用特有仪式感的语调告诉你“羊肉串好了，现在享用口感最佳”，这个小动作把“吃串”升级成“品鉴仪式”，制造出体验巅峰。

招数4：细节拉满的“被宠感”。

精致的撸串工具不用担心弄脏手，免费围裙保护衣物不怕溅上油点，贴心的去味喷雾可以让衣服一直香香的……这些小东西不值多少钱，但叠加起来就是满满的“被重视感”和“超值体验感”。量化点：服务细节和仪式感虽然不单独收费，却共同构成了支撑高客单价的综合体验溢价，顾客会觉得“贵是贵了点，但体验是真好”。

招数5：“夜店风”环境带节奏。

灯光调暗，音乐带着节奏感，装修非常有特色，整体营造出一种更年轻、更“潮”、更适合朋友嗨聊的聚会氛围，与油腻嘈杂的传统烧烤摊彻底划清界限。

2. 给正餐 / 体验型餐厅老板的启示

找到痛点，用科技 / 创新解决它：顾客在核心场景中最焦虑的是什么，比如烧烤时顾不上聊天，然后针对性地下功夫解决，如采用自动烤架，这就是最硬核的价值。

“食材故事”要讲得香：把优质食材，如呼伦贝尔羊肉转化成顾客能闻到的青草香、能看到的视觉呈现、能记住的故事，以此支撑溢价。

设计一个“惊喜时刻”：创造一个小小的仪式感环节，如“肉好了”提醒，成为顾客的记忆点和分享点。

环境是“情绪氛围组”：灯光、音乐、装修风格，要服务于你想让顾客产生的核心情绪，比如热闹、私密、放松、潮流……

细节让满足倍增：提供超出预期的细节服务，比如工具、除味剂，花小钱能换来大口碑。

案例三：霸王茶姬——奶茶杯里泡的是“东方文艺复兴”

2017 年 11 月 17 日，霸王茶姬（CHAGEE）成立于世界茶叶故乡云南，以茶马古道为品牌灵感，从云南出发，全球传播。霸王茶姬坚持“以东方茶，会世界友”为使命，探访全球千年茶文化，打造 CHAGEE 茶式新生活，呈现“清爽低负担，控糖更健康”的现制东方好茶。

“霸王茶姬”这一品牌名字源于京剧经典曲目“霸王别姬”，以京剧花旦脸谱作为品牌 logo，产品设计融入戏曲服装、传统刺绣、篆刻木等元素，门店装修方面，标准门店风格以木质构造、篆书饰墙的禅意中国风格为主，让消费者能够像古人喝茶一般惬意舒适；近年来，随着国风的火热，这种文化也受到越来越多消费者的追捧。

霸王茶姬发展迅速，截止到 2025 年 3 月底，全球门店数量达到了 6681 家。霸王茶姬 2022 年仅有 5 亿元营收，2024 年就飞涨到 124 亿元，净利润 25 亿元。2025 年 4 月 18 日，霸王茶姬在纳斯达克上市，年仅 32 岁的创始人张俊杰成为美股首个中国茶饮品牌敲钟人。

核心感觉：文化自豪感（“国风奶茶，倍儿有面！”）、东方美学体验（“这杯子，绝了！”）、身份认同（“我就爱这调调！”）、差异化社交货币（“看我多有品位！”）。

1. 心情变现的“国潮高招”

招数 1：名字和故事泡出“文化茶汤”。

品牌名“霸王茶姬”蕴含历史典故，产品名“伯牙绝弦”“桂馥兰香”雅致脱俗。将奶茶与中国茶文化、诗词歌赋深度捆绑，让喝奶茶成为一种品味文化的行为，戳中年轻人的文化认同与自豪感。量化点：霸王茶姬的定价普遍高于街边普通奶茶，差价正是为“文化底蕴”和“东方美学标签”支付的“情绪溢价”。

招数 2：青花瓷杯——行走的“国潮 ICON”。

招牌“原叶鲜奶茶”盛放在极具辨识度的青花瓷纹路杯子里，拿在手中宛如一件吸睛的艺术品。这一设计成为品牌最鲜明的视觉符号，更是自带传播力的加速器。

招数 3：门店造个“东方意境小宇宙”。

店内大量运用木头、水墨、屏风等元素，打造出清雅别致、富有格调的新中式空间；背景音乐常选用古风乐曲或改编民乐，让食客的耳朵也沉浸在东方韵味中。量化点：这种独特的高颜值美学，是驱动消费者拍照打卡、发朋友圈的核心动力。视觉吸引力带来流量，美学内涵支撑起溢价。

招数 4：产品故事加点“文化佐料”。

以“伯牙绝弦”为例，名字与典故相融合，即便奶茶本质未变，也能让消费者在饮用时不自觉产生文化代入感。

招数 5：奶茶杯的“文化自信”。

手持霸王茶姬标志性杯子走在街上，或“晒”到朋友圈，传递的不仅是一杯饮料，更是“我认同东方美学”“我有文化品位”的态度，成为年轻人彰显个性的“社交硬通货”。

2. 给饮品 / 文化消费品牌老板的启示

挖先辈的“文化宝藏”：找到能打动现代年轻人的传统文化元素，包括历史、美学、精神内涵等，将其融入品牌灵魂。

颜值是第一生产力，美要美出特色：打造独一无二、契合自身文化调性的视觉符号，比如包装、店面、LOGO，让人一眼记住，忍不住拍照分享。

门店是“沉浸式文化体验馆”：通过空间设计、音乐、气味、服务细节等，营造一个能让消费者短暂沉浸其中的东方小世界，提升体验价值。

联名引爆溢价：与顶级博物馆、非遗项目、经典文化符号联名，是快速拔高品牌调性、制造话题、实现高价销售的捷径。

让产品成为顾客的“文化勋章”：若消费者使用你的产品能展示自身的文化认同和审美品位，他们就更愿意掏钱，也更爱主动分享。

结语

算钱看“三率”。

溢价率：你比同类基础产品贵多少？贵出的部分，就是市场对你“情绪价值”的定价。

晒单率：有多少顾客主动拍照发社交媒体并附带定位或话题？晒单越多，说明你提供的情绪价值越成功，能获得的免费宣传也越多。

回头率：顾客是否因为喜欢你这里的感觉，如氛围、服务、文化而反复光临？这是生意能够长久经营的根本。

六 直播带货 情绪共振的即时"印钞机"

直播带货近几年已经跳出低价叫卖的初级形式，转向对消费者情绪的捕捉与引导。屏幕成了情感连接的媒介，主播的语言、场景氛围以及商品的呈现方式共同编织了一张"情绪网"，让观众从"看看"转化为"买下"，实质上是情绪共鸣、信任积累与即时冲动共同作用的结果。

情感共鸣的精准触达是冲破心理防线的第一步。主播通过语言、故事、场景来唤醒观众的共同记忆（如乡愁、成长过程、生活经历），或是直击其深层需求（如对品质生活的向往、对性价比的追求、对自我认同的渴望），快速拉近与观众的心理距离。当观众觉得"他懂我""这就是我想要的"时，商品就不再只是冰冷的物件，变成了理解自己的"伙伴"。这种共鸣越强，观众对价格的敏感度就越低，甚至会为"被理解"的感觉主动支付溢价。

信任体系的情绪加固决定了购买的可持续性。无论是主播真诚地分享（如坦言商品瑕疵、还原使用体验）、供应链的透明展示（如工厂流水线直播、质检过程公开），还是给技术手段做背书（如数据对比、专业检测报告），都是在积累“靠谱”的情绪资产。当观众建立起“他不会骗我”“这个东西确实好”的信任时，购买决策就会从“观望”变成“果断下单”，甚至形成“跟着买就对了”的依赖感。

即时场景的情绪放大加速了消费冲动的转化。直播间限时秒杀、问答即时互动、群体抢购氛围的烘托，都在制造“错过不再有”的紧迫感与“大家都在买”的从众心理。这种即时情绪的场景能放大观众的决策动力——当看到弹幕上满屏的“已买”“超划算”，听着主播喊着倒计时，消费者很容易被卷入“不买就亏了”的心理，让理性暂时退让给即时冲动。

直播带货的最终竞争力，在于能否将“人、货、场”的元素转化为能够被感知的情绪价值。能让观众看得开心、买得放心的直播间，不仅仅是在卖商品，更是在引导情绪，是在经营一场让观众“为心情买单”的体验。

案例一：董宇辉——“知识共鸣”触发的下单键

“机会总是留给有准备的人。”这句老话用在董宇辉的成功上再合适不过。2021 年“双减”一纸文件落下，新东方营收减少 80%，辞退近 6 万名员工，创始人俞敏洪满满的“求生欲”，推出直播带货平台“东方甄选”，首次直播只有两个人下单。这样凄惨地熬了大半年，2022 年 6 月 10 日，董宇辉老师用流利的中英文双语卖牛排，一下子火爆起来，人们的情绪瞬间被调动，不仅能买好货，还能顺便学英文，大量粉丝涌入直播间。

俞敏洪自己都说，东方甄选走红完全是意料之外。董宇辉的励志经历与多年积累的文化气息，很快使他成为王牌主播和全民知识偶像。

董宇辉成功的核心要素是什么呢？

核心贩卖：知识认同感、文化归属感、精神共鸣感、被尊重感（被当作有深度的消费者）。他将大米与农耕文化、书与历史哲思相融合，唤醒了观众对知识的渴求，大家跟着他的讲解，仿佛自己也成了知识渊博的文化人。他卖的不是大米，是“三餐四季”的诗意。

1. 情绪转化成交的“四步曲”

1 知识包裹的价值感。

董宇辉在借助知识带货时，并非简单地堆砌商品信息，而是将知识与商品深度融合后，产生出独特的价值。卖大米时，他不讲价格优惠，而是讲长白山下的黑土地、十月的大风、沉甸甸的稻穗，讲“人间烟火气，最抚凡人心”。他将普通商品包裹在知识和文化中，提升其精神价值和情感厚度。用户会感觉买的不是米，而是一份对生活的理解和热爱。

2 金句引发共鸣。

董宇辉的忠实粉丝很多。他们追的不是某件商品，而是董宇辉这个能一直提供精神价值、跟大家产生共鸣的“形象”。用户成为“粉丝”，产生归属感和支持欲，复购率、推荐率自然提升。董宇辉特别擅长用故事和金句打动观众的心。比如讲自己的奋斗经历，会让屏幕前的打工人产生共情；分享生活感悟，又能让观众觉得“这说的不就是我吗”。这种情感共鸣，让粉丝有“自己人”的感觉，黏性更高。

3 知识型人设建立深度信任。

董宇辉的“老师”背景和持续输出的高质量内容（历史、文学、哲学等），塑造了专业、真诚、有内涵的人设，成功将自身定位为知识型主播。别的主播带货，主打一个“家人们冲就完事了”，董宇辉偏不，当他把知识像剥洋葱一样层层展开，观众就会自动给他贴上“靠谱”的标签。有了这层“滤镜”，别说卖大米了，就算推个普通水杯，观众也会觉得“懂行的人选的，质量肯定差不了”。

4 慢节奏制造差异化体验。

在充斥“叫卖式”的直播环境中，董宇辉娓娓道来的知识型直播如同一股清流。这种“不功利”消解了消费场景的压迫感，让用户从被催促下单的紧张中抽离，进入被温柔陪伴的松弛状态。这种慢节奏更契合了当代人对高质量内容、精神放松和“不被打扰”的购物需求，形成独特的情绪吸引力，让用户感受到被尊重。

2. 给主播 / 品牌方的启示

深耕内容价值，而非仅靠价格：将产品信息融入故事、知识、文化，赋予商品超越功能的精神内涵和情感价值。

打造真诚可信的人设：专业知识、真实经历、稳定价值观输出是建立深度信任的核心。

共情引发心灵共振：理解目标用户的深层情感需求（焦虑、渴望、认同感），用能形成共鸣的语言和故事打动他们。

案例二：义乌灯具厂实景直播——“眼见为实”赢得信任与参与

实体工厂的老板可能是最可怜的一群人，本来就是3%~5%的微薄利润，还要面对动荡的国际外贸局势，原材料、人员成本不断上涨，被上下游持续挤压。不干了吧，多年的辛苦打拼，放弃了不甘心；继续干吧，真的不挣钱啊，太难了！

进入电商、直播带货兴起的年代，老一套的营销方式早就不灵光了。如何与时俱进？浙商不愧是“敢为天下先”的一群人，义乌灯具厂愣是走出了一条“情绪经济”之路。

核心贩卖：透明度信任、源头性价比信任、生产实力信任、“无中间商”的安全感。义乌灯具厂把直播间变成了“云工厂”。

1. 情绪转化成交的“信任三板斧”

1 工厂即直播间。

镜头直接对准流水线：工人熟练组装灯具，质检员严格测试产品性能，激光切割机火花四溅，仓库里货品堆积如山。这种毫无遮掩的生产过程展示，打消了消费者对“贴牌”“小作坊”的疑虑，建立起“真工厂、有实力”的信任。你说想看看某盏灯亮起来是什么样，主播马上拿起来测试；你问灯罩是什么做的，镜头“嗖”地一下就凑过去了。直播间给足了观众指挥主播的参与感。

2 “源头价”的性价比承诺。

老板或厂长亲自出镜，用带着口音的普通话介绍灯具的工艺、材料和成本构成。“老板直卖”的人设传递出“没有中间商赚差价”

的信息，强化了消费者对源头性价比的感知。同时基于实景展示带来的成本透明，直播间直接喊出“工厂直发价”“批发价零售”。厂家通过展示规模生产（可降低单件成本）和去除中间环节，支撑其低价的合理性，满足用户“买得值”的核心诉求。

3 “现货秒发”的安全感。

直播间展示庞大的仓库和现货库存，承诺“下单即发”“量大也接得住”，解决了网购中“预售等太久”“缺货”的问题，为消费者提供“只要下单就能拿到”的确定感，传递“我们有能力兑现承诺”的信号。同时厂家还保障了消费者“即时满足”的心理需求，将突发状况打乱其消费计划的焦虑压缩到最小。

2. 给产业带工厂 / 源头厂商的启示

“真实”是最强武器：不掩饰、不刻意美化，真实展现生产环境（即便有点杂乱）、工艺过程、老板及工人的状态，信任感源于真实。

力求“透明化”：将成本构成、生产流程、质检标准尽可能透明化，消除信息不对称带来的不信任。

打造“源头厂牌”人设：老板、厂长是最佳代言人，塑造懂技术、管生产、货真价实的形象。

用规模支撑低价的可信度：展示工厂规模、产能、库存，让用户相信低价源于生产效率，而非偷工减料。

强化现货和履约能力：快速发货、稳定供应是信任的最后一环。

结语

董宇辉（知识共鸣信任）和义乌灯具厂实景（源头透明信任）共同勾勒出直播带货体现在情绪经济中的核心。

信任是成交的介质： 所有情绪价值（知识、情怀、透明、安全）最终都指向一个目标——建立并强化用户对主播、品牌、商品的高度信任。信任度越高，转化率越高，用户对溢价的接受度也就越高。

情绪是下单的催化剂： 董宇辉让人们“感动”下单，心甘情愿为知识共鸣和精神满足掏“情绪税”；义乌灯具厂让人们“信任”下单，真实透明和参与感就像酵母，让信任“发酵”。这些都是他们生意能一直做下去的底子。

“峰值体验”决定记忆点： 无论是董宇辉的一句戳心金句，还是义乌灯具厂里机床迸发的火花，创造一个让用户“哇”或“我信了”的峰值信任时刻至关重要。

给所有直播商家的破局献言

别再只拼嗓门和低价了！问问自己：在我的直播间，用户能获得哪种独特且强烈的“好感觉”？然后，把你的内容、场景、技术、人设，都变成这份“好感觉”的“制造厂”。当你把卖货变成一场建立信任、传递价值的情绪连接时，用户自然愿意敞开心扉和钱包。在情绪经济时代，最赚钱的直播间里都是最懂“经营信任”的商家。

七 青少年教育
一手托举孩子的快乐，一手承接家长的安心

青少年经济的独特之处，在于它始终围绕两代人的情绪需求运转：孩子体验是消费的“大门”，家长的深层期待是付费的核心。这个行业的情绪价值不是来自单向输出，而是通过抓住孩子的“快乐点”与家长的“放心点”，实现“孩子愿意参与、家长愿意买单”的双向奔赴。只有同时满足这两种需求的商业模式，才能在青少年经济中站稳脚跟。

孩子的快乐体验是前提。通过趣味设计、互动场景、自主探索等方式，让孩子在消费过程中获得纯粹的愉悦感、成就感或新鲜感，这些都是吸引他们持续参与的关键。无论是能激发想象力的玩具、充满挑战性的游乐项目，还是融入游戏感的学习过程，实质上都是在为孩子创造“值得投入的时间”的情绪记忆。如果孩子主动说“我还想去”“我喜欢这个”，就意味着他们已成为品牌的“小小代言人”，这种由内而外的喜爱，远比任何营销更有说服力。

家长的安心信任是支撑价格的支柱。在孩子优先的消费逻辑里，家长最在意的永远是“安全、有用、值得”——产品是否安全、服务

是否专业可靠、消费是否能带来成长附加值。家长觉得“把孩子交给这里很放心”“这笔钱花得有意义”，即使价格高于普通产品或服务，他们也愿意为此买单。从材质安全的细节把控（如圆角设计、食品级材料），到兼顾趣味与教育意义的功能设计（如“玩中学”的课程体系），再到能让家长省心的服务（如专人看护、便捷配套），这些举措都会让家长有“安心感”，为产品和服务加分。

代际情绪的联动设计让消费价值最大化。通过场景或服务的巧妙设计，让孩子的快乐、收获与家长的安心形成互补。比如孩子在游乐区尽情玩耍时，家长不用跟着东奔西跑，可以获得片刻喘息；孩子在体验中有所收获时，家长能直观看到孩子的进步，一起感受到成长的喜悦。这种各得其所的平衡，不仅避免了家长因陪玩产生的疲惫，又强化了消费者对“共同收获”的认知。青少年经济从单纯地“哄孩子”升级为全家都舒适的“享受”，消费行为从任务式支出变成了“值得的体验投入”。

“可见”的成长提升了消费的附加值。当一件玩具被赋予锻炼动手能力的意义、一次游玩被解读为促进社交发展的机会，家长就会觉得“这钱花在了孩子的未来上”，因此更愿意为这种“长期情绪价值”付费。将青少年产品或服务与“成长”“未来”等家长关心的长期价值绑定，如创造力培养、社交能力提升；把可见的效果，如作品成果、能力进步强化成“消费即投资”的认知，能有效降低家长的价格敏感度。

家长为孩子花的每一分钱，都是在为孩子的笑脸和自己的放心买单，而这两种情绪加在一起，正是青少年经济最稳固的价值基础。青少年经济的竞争力，体现在能否成为连接“孩子快乐”与“家长放心”

的桥梁。那些能让孩子笑得纯粹、让家长感到踏实的品牌，都是家庭情绪的守护者。

案例一：弈小象（棋类教育）——让对弈变成“思维空间站”

弈小象是一家专注青少年棋类科技素质教育的品牌，提供围棋、中国象棋和国际象棋课程。弈小象创始人、国家棋协大师兰宇及联合创始人张文轩带领名师团队，联合教育专家，共同研发出一整套儿童棋类教育培养体系，以棋类为工具，全面开发小朋友的思维力。

2018年创办的弈小象在线棋类教育，帮助30万家庭完成棋类启蒙，并和南开大学智能计算系统团队合作开发了棋类App，结合科技力量帮助喜欢下棋的孩子。2020年弈小象被评为北京市中关村国家自主创新示范区维鹰人才企业。

2023年弈小象走进南开大学，共建棋类人才基地。同年12月，弈小象荣获国家“高新技术企业”证书，目前已经成为互联网棋类行业头部品牌、抖音官方兴趣领学官。

近年来，在线教育市场竞争激烈，而弈小象App凭借独特的“情绪驱动型”教学模式，成功在青少年棋类培训领域占据领先地位。其核心策略在于成功捕捉青少年和家长的心理需求，并通过直播课程、动画视频、社群运营等多维度手段，将学习过程转化为一场“思维游戏”，从而大幅提升用户黏性和付费转化率。

1. 以情绪为引，铸就素质教育

1 专业师资：让家长放心选择。

在孩子的教育上，家长最关心的不仅是“学什么”，更是“谁来教”。弈小象深谙这一心理，通过棋类高手 + 教育专家的师资组合，击中家长的情绪需求——安全感与信任感。数据显示，多位教师拥有初级至高级国家级教练员资质，众多棋类高手不仅专业水平过硬，更懂如何让孩子爱上思考。

这种专业背书，叠加生动的课堂互动，让家长直观感受到“我的孩子被认真对待”。当孩子兴奋地复述“骑士的 L 型走法”或自信地摆出“王车易位”时，家长看到的不仅是知识，更是成长的成就感。弈小象用“专业可见 + 进步可见”的双重保障，将“买课”转化为对未来的安心投资——在这里，每一颗棋子都是孩子思维跃迁的垫脚石。

2 直播课程：用“游戏化竞争”激发学习动力。

弈小象的直播课堂不是单向输出，每节课同步开启的实时积分榜，正让学习变成一场趣味比拼。学员在答题环节快速抢答、在对弈中灵活运用所学，每一次积极参与都能积累成就反馈。

这种将游戏化竞争融入学习的设计，抓住了青少年的成长特点：竞争带来的成就感，让课堂专注度得到提升；虚拟成就的收集乐趣，更将被动听课转化为主动探索。当学习像闯关升级般充满吸引力，学习动力自然水到渠成。

3 绘本引流：只需一个有趣的故事。

弈小象巧妙地通过绘本这种故事化、游戏化的方式，成功引发了儿童与家长的多重情绪需求，为弈小象 App 实现引流。

①好奇与探索欲：绘本以充满童趣的奇幻冒险故事包装下棋规则，将抽象知识具象化，而不是直接给孩子传递生硬冰冷的棋类知识，这不仅激发了孩子的探索欲，还在潜移默化间降低了学习门槛。

②亲子情感连接：绘本共读唤起孩子对家长的陪伴需求，将“读绘本 + 学下棋”转化为家庭情感纽带。

③成就感驱动：孩子通过理解绘本故事背后蕴含的棋类规则后，产生“我想下棋到我能下棋”的自信，自然过渡至 App 系统学习，形成“兴趣—实践—进阶”的情绪闭环，增加了家长付费意愿。

2. 对青少年教育行业的启示

1 以情感需求锚定产品定位。

教育产品须深度挖掘家长与孩子的隐性情感诉求，而非仅传递知识。通过权威认证和学习成果展示，将“教育消费”转化为“情感投资”，从而建立长期用户忠诚。

2 构建多维度沉浸式学习。

摒弃单向教学，采用“轻游戏化 + 社交激励”的复合模式。例如，设计低门槛互动机制，这能降低用户认知负担，将被动接受转化为主动探索。

3 内容叙事化驱动流量转化。

利用故事化载体作为引流入口，激发好奇心与探索欲，而非直接灌输规则。从业者可借鉴“兴趣漏斗”模型：先用趣味内容降低入门门槛，再通过进阶设计引导用户从“尝试者”转为“深度学习者”，实现自然转化。

4 技术赋能强化生态协同。

整合科技资源构建开放生态，而非孤立运营，提升教学效率与个性化适配能力。同时，通过平台直播等方式沉淀用户行为数据，反哺产品迭代。

5 信任体系作为增长基石。

建立透明可信的行业背书解决用户决策焦虑。重点在于“可见的专业性”，例如公开师资履历或学习成果案例，让价值感知超越营销话术。这不仅能提升转化率，还能通过口碑扩散降低获客成本。

案例二：乐高教育（STEAM 教具）——让积木变成“能力芯片”

孩子的快乐源泉

当 10 岁的小柯用乐高 SPIKE 科创套装拼出能自动避开障碍物的机器人时，他跳起来喊：“我造出钢铁侠了！”亲手创造科技的成就感，比普通玩具带来的快乐更令人激动。乐高将枯燥的编程、机械原理转化为闯关游戏：从拼小车到造机器人，任务难度逐步提升，每通关一次，孩子的大脑就会分泌一颗“快乐糖（多巴胺）”。自然而然，孩子会追着家长买扩展包，兴奋地说：“我还要挑战更酷的！”

家长有效的成长投资

看着孩子着迷机器人搭建，李妈妈心里想的是：这钱花得值！她有一套自洽的逻辑：把玩积木的表象换算成学编程、练逻辑的实质，再延伸为积累未来竞争力的长期收益。这种换算的关键，是乐高给“玩”披上了家长能看懂的成长外衣。

“科学、技术、工程、艺术、数学”等词汇自带教育价值的光环，它们像翻译器一样，把孩子眼中搭积木的快乐，转换成家长认知里“看得见的能力培养”。孩子在拼搭中试错、调整结构的过程，被解读为锻炼逻辑思维；对机械原理的好奇，等同于产生科学兴趣。这种“玩就是学”的心理绑定，让家长从“担心孩子瞎玩”的焦虑，转变为“认可孩子在积累能力”的安心。

1. 怎么转化成真金白银

1 给未来预付费。

同样是500元的积木，普通乐高售价899元，卖的是娱乐价值和品牌信任，而3899元的STEAM教具卖的则是“教育未来期权”。教具通过绑定“科学思维”“未来技能”等标签，将功能延伸至“长期成长”，家长支付的不仅是产品成本，更是对能力优势的信念成本。

“北上广深”家长的高接受度，反映了溢价与压力成正比。在激烈的升学竞争环境中，教育投入是生存题，家长更担心“孩子落后”的风险，高价格产品反而成了有教育保证的“性价比之选”。

2 从成就感到复购率。

孩子在挑战中收获的成就感并不是单纯的情绪表露，而是带动复购的杠杆。“我做到了”的兴奋感会转化为对产品的深度认同：这不仅是一件普通的玩具，而是能证明自己能力的“伙伴”。这种认同又会催生强烈的延续欲，孩子会主动期待下一次挑战，想在熟悉的场景里再次体验突破自我的快乐。于是，从基础套装到扩展包，从简单任务到进阶关卡，每一次玩新产品都成了他们延续成就感的载体。乐高正是抓住了这种心理，用“闯关式设计”让孩子始终处于“完成—满足—期待—再尝试”的循环中，自然转化为“再买一套”的行动。并且这种行为还带有极强的主动性，不是家长被推销说服，而是被孩子用“我还想玩”的需求推动。

2. 给从业者的干货

产品包装口诀：将“玩”改称为“探索”，把“积木”升级为“能力培养方案”。

定价秘诀：教育套装价格 = 材料成本 ×(1+ 当地升学焦虑指数)。

乐高产品吸引孩子有 3 大妙招（见图 5-4）。

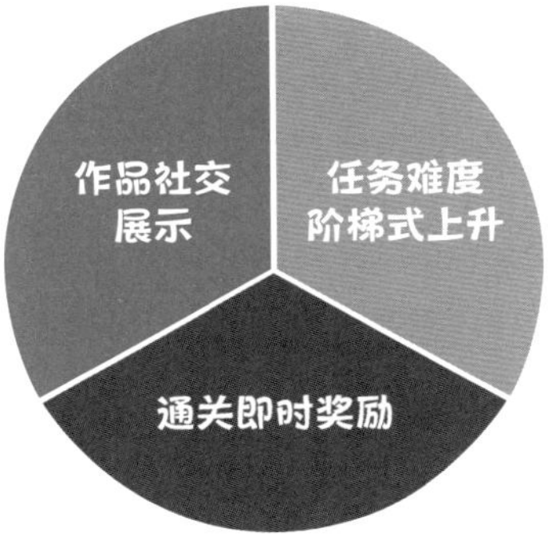

图 5-4　乐高产品吸引孩子的 3 大妙招

案例三：奈尔宝NEOBIO——把游乐场变成家长的下午茶

奈尔宝是一个高端儿童乐园品牌，是集儿童娱乐、主题活动于一体的综合性亲子空间。该品牌已在中国10多个一二线城市落地，目前拥有30余家分店。其门店空间大，有多种主题乐园及不同功能区域；玩乐项目丰富，如模拟挖掘机、建筑学堂、图书馆，每月还有特色课程，兼顾玩乐与学习。奈尔宝旨在打造安全干净的育儿场所，服务贴心，有室内GPS定位、专业人员守护；安全设施完善，采用软包设计、清洁技术等，还配备母婴室及免费用品，全方位保障孩子游玩体验。

孩子玩得乐开花，家长偷得片刻闲

5岁的欣欣冲进奈尔宝就玩疯了：三层楼高的魔鬼滑梯、能体验做饭的梦幻厨房、满是海洋球的池子……这里没有“别跑了”的唠叨，只有让孩子安全撒欢的自由。孩子还可以和陌生小朋友组队“经营超市”，穿上消防员的衣服了解安全知识，直到玩累了，她才瘫在妈妈怀里秒睡。

欣欣妈妈付完398元门票，就在心里默默算账：这里监控无死角、消毒记录实时播放，比普通游乐园更让人安心。孩子能玩好几个小时，我不用随时看着她，有时间回邮件、喝咖啡，还能把昨天来不及刷的综艺看了，相当于花几百元买大把的自由时间，值了！

1. 空间印钞的秘密

1 安全信任变溢价。

奈尔宝从闭店消毒、空气净化器等卫生细节，到智能定位手环、专业托管构建的安全网，再到员工应急培训形成的保障链，每一处都在打消家长对于孩子玩耍时的担忧。这种全方位的安全感，让家长甘愿为奈尔宝高出其他儿童乐园的价格买单。奈尔宝用“看得见的用心”证明，高客单价包含着“无须时刻紧绷”的松弛。当安全从基本要求升级为情感信任，家长支付的就不仅仅是门票，更是为放心托付的信任，信任一旦建立，便成了拒绝替代品的理由。

2 打卡式遛娃。

“连锁不复制”的门店策略，让家长们“遛娃顺便打卡”成为新的消费点。杭州星光店有云朵书城，上海科技馆店有浓郁的未来感，上海豫园店则是国潮风，可以随便穿汉服。每处差异都是独家配置，这些“唯一”的场景催生了家长们的分享欲——想带孩子去玩其他家店，然后在朋友圈、小红书晒图。孩子之间聊起奈尔宝，也会说“我去过有书城的那家”“我玩过有机器人的店”，之后就会有孩子说“妈妈，我也想去奈尔宝有机器人的店”，生意就这样来了。

3 躺平式遛娃。

解决了家长“想放松又放不下心”的矛盾。智能定位手环像根隐形的线，孩子跑远了也能在屏幕上看到轨迹，专业托管的引导员则成了可靠的帮手，悄悄卸下“时刻紧盯”的焦虑。

餐饮区的办公投影和香氛，更给家长留了个“喘息空间”。家长不用追着孩子跑，能坐下来处理工作，或和其他家长聊几句，连空气里的味道都透着“可以慢下来”的信号。这种设计没把家长当“陪玩工具人”，而是承认他们也需要自己的时间。当带娃从“全程紧绷”变成“张弛有度”，乐园就从孩子的游乐场变成了全家都能舒展的地方。

2. 给运营者的锦囊

安全公示要像直播：消毒记录、空气质检等实时显示，信任感就是溢价力。

把家长需求纳入核心设计：设置带充电口的休憩区，提供办公便利的轻商务空间，或是引入专业托管服务。

制造记忆点：让每家店有专属主题（比如结合城市文化、特色IP），哪怕只是一个独特的互动装置、一段专属故事线。

结语

青少年经济的核心，孩子是流量入口：没有快乐体验，一切都将归零。

家长付费权重如图 5-5 所示。

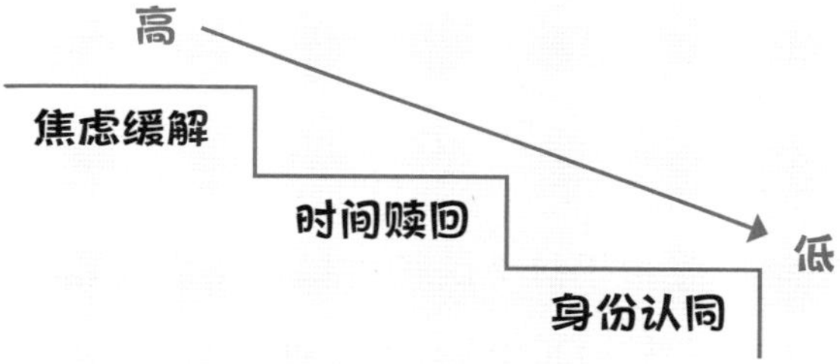

图 5-5 家长付费权重

关键指标：**孩子复玩 / 复购率→验证快乐深度。**

家长溢价接受度→衡量焦虑的值钱程度。

八 影视行业 观众刷的卡，买的是“心跳”和“爽感”

观众走进影院或点击手机上的播放键，是想开启一段被设计好的情绪体验——可能是热血沸腾的共鸣，可能是酣畅淋漓的释放，也可能是泪流满面的感动。从鸿篇巨制到短视频剧集，真正能带动票房与付费的，不光是影视技术或明星阵容，还要满足观众的情绪需求。

“逃离现实”匹配了快节奏时代的情绪需求。现实生活的琐碎与平淡，让人产生对戏剧性的向往。剧情的冲突、转折、高潮，能制造出远超日常的情感张力，让观众在短时间内体验强烈的情绪波动，如紧张、感动、愤怒。电影和剧集的沉浸式情绪体验是对现实平淡感的补偿——通过剧情的波澜起伏，暂时脱离重复的生活轨迹，获得心理上的新鲜感与刺激感。

情绪曲线决定了体验的记忆强度。从平静到紧张的铺垫，从压抑到释放的转折，从高潮到余韵的收放，影视作品的节奏刚好是情绪的起伏轨迹。恰到好处的泪点、燃点、笑点分布，能让观众的情绪像坐过山车一样上上下下，最终在某个时刻留下深刻的记忆。影视剧设计的“情绪”旅程，让消费行为超越“看个故事”的浅层需求，变成一段可以回忆的情绪经历，同时也是一段与角色共同经历的时光。

社交属性让影视消费有了额外价值。当一部作品的台词变成社交暗号、剧情成为聊天话题、角色引发集体讨论，它就成了一种社交媒介。观众花钱看影视剧，某种程度上也是在为“融入圈子”“参与讨论”的资格买单。无论是“不看就跟不上话题”的群体压力，还是“想和别人分享感受”的表达欲，都能推动消费行为从个人选择变成群体行为。这种情绪的社交传染性能让一部作品的影响力呈指数级扩散，带来远超内容本身的商业价值。

案例一：《哪吒》——全民情绪的“核爆点”

《哪吒》是国产系列动画电影，讲述了本应是灵珠转世的哪吒，因意外成为魔丸，自幼被世人误解、排斥，但在父母的保护与自我挣扎中，其打破“命中注定为恶”的偏见，选择对抗命运、守护苍生的故事。影片跳出传统神话，赋予角色更复杂的人性：哪吒的叛逆与渴望被接纳、敖丙的挣扎与善良，都引发了观众共鸣。电影视觉风格融合国风与现代动画技术，打斗场面震撼，角色形象鲜明。

2025 年上映的《哪吒之魔童闹海》最终票房达到了 159 亿美元，排名全球影视榜第 5 名，距离《泰坦尼克号》只差 5 亿美元，“饺子”导演成功跻身世界级导演。绰号“饺子”的导演杨宇的人生经历就是影片中“我命由我不由天”的诠释，历时五年多磨砺创作出这部被载入全球动画电影史册的经典中国电影。

这部电影在表达什么情绪？颠覆性爽感（哪吒变魔童）、逆袭燃情（我命由我不由天）、身份认同痛（被误解的孤独）、家国情怀泪（亲情与担当）。它引起了几代人的集体共鸣。

1. 情绪变票房的关键操作

1 “魔童”人设颠覆，引爆话题核弹。

传统印象里的哪吒，是眉清目秀又正直的形象；而魔童哪吒却颠覆性地换成了烟熏妆、带点痞气、爱捣蛋的“混世魔王”。打破常规的人设立刻让观众感到新鲜又惊艳，同时引发了强烈的讨论——“哪吒居然能是这个样子？”

随之而来的是观众的不同观点，以及对影片的期待……各种情绪被充分调动起来，在社交媒体上掀起了巨大热度：微博热搜持续霸榜，自媒体争相解读讨论，形成了铺天盖地的免费宣传。前期由人设颠覆带来的社交媒体热度，为电影积累了足够多的关注度和话题量，最终成为成功引爆票房的重要基础。

2 时代“情绪引爆点”。

“我命由我不由天！”这句怒吼，打中了当代年轻人反抗“被贴标签”、拒绝被定义、渴望掌控命运的强烈情绪，已经不仅仅是一句简单的台词。哪吒被冤枉、被孤立的经历，深深击中了现代人，尤其是青少年在社交、家庭中普遍不被理解的心情。李靖夫妇的现代式父母形象，特别是李靖沉默守护式的父爱，引发了跨代共情，打破了严父的刻板印象。

这些痛点使电影打破了年龄壁垒，全家老少都适宜观看，形成全民关注。社交媒体上“泪崩”“燃炸了”“这不就是我吗”等海量

UGC（用户自创内容），是情绪共鸣的直接证明，驱动着“自来水”传播和票房的持续增长。

3 视觉效果打造情绪巅峰。

山河社稷图里，流动的色彩像被施了魔法，跟着角色一起翻涌；天劫降临的瞬间，暗沉的雷霆撕开天幕，炸裂的光影里，哪吒硬扛劫难的狠劲似乎要穿透屏幕撞过来。电影院里，观众的眼睛被绚烂的画面填满，心跟着角色一起屏住呼吸，忍不住热血上涌。这些画面带来的震撼，早就超出了“好看”的范畴，把角色的挣扎、反抗都传达给了观众。观众在走出影院后忍不住想跟别人分享，口口相传的热乎劲让更多人走进影院。

4 衍生品：收割情绪的“长尾记忆”。

魔童哪吒的形象、经典台词被广泛使用在T恤、手办、文具等衍生品上。观众购买这些衍生品，是为了把电影带来的“燃”“叛逆”“被懂得”的感觉，转化为触手可及的纪念品。衍生品的热卖证明了核心角色和情绪IP的长期吸金能力，在票房之外开拓了新的盈利空间。

2. 给电影创作者的金钥匙

找准时代的情绪：深刻洞察当下社会，尤其是年轻人最强烈的集体情绪（如反标签、求认同、代际沟通问题）。让你的故事成为时代的情绪“代言人”。

颠覆引关注，共鸣定江山：用大胆改编制造话题，借助大众情感（亲情、成长、抗争）引发共鸣，让口碑持续发酵。

“砸”出情绪巅峰：在故事高潮处打造视听特效与情感爆点。这是口碑炸裂、观众二刷、自发安利的原动力。

角色即“情绪金矿”：塑造有血有肉、能引发强烈共情或谈论的角色，其本身就是“价值连城”且可衍生的“情绪IP”。

发动社交媒体引擎：鼓励观众基于“燃”“泪”“共鸣”创作UGC（二创视频、金句图），让情绪实现裂变传播，突破圈层限制实现吸金。

案例二：影视微短剧——“情绪快餐店”，按“爽”付费

短剧是一种时长较短的影视剧，通常单集时长从几分钟到十几分钟不等，整体剧集数量也相对精简，擅长用快速切入的剧情、强烈的戏剧冲突吸引观众注意力，往往在短时间内就能展现完整的情节脉络或核心看点。

短剧的传播高度依赖互联网平台，尤其适合在移动端观看，创作上更注重低成本、快节奏产出，既可以是独立完整的小故事，也能以系列形式持续更新，通过密集的情节反转和贴近生活的内容，快速吸引观众并引发互动传播，成为当下流行的内容形态之一。

短剧提供的是一套人性“情绪速食套餐”，用最直接的方式喂饱人们对即时情绪反馈的渴望。它剪掉冗长铺垫，只留下最戳人心的片段：主角被轻视时，立刻反转，让积压的憋屈烟消云散；复仇路上步步紧逼，逆袭时扬眉吐气，将现实中的不甘在屏幕里释放；极致的情感浓度，让观众在几分钟里体验常规电视剧一整集才能呈现的内容。

智能手机功能的不断强大、互联网技术的持续发展和普及，

为微短剧的流行提供了强大的技术支持。而“内卷”严重的社会现实，让年轻人更渴望在短时间内放松，这种力求放松但不想占用太多时间的需求，为短剧提供了广阔的市场。人们对轻量精神生活的诉求，也为微短剧提供了更广大的民众基础。

《2024 年微短剧行业白皮书》预计，中国微短剧市场 2025 年将超过 680 亿元，2027 年将达到 1000 亿元，未来两年市场规模增幅将超过 30%。

这么大的市场规模，如何通过情绪价值变现呢？

1. 情绪快消变现的核心法则

1 “黄金 3 秒”+“冲突钩子”。

开头必须高能：卑微怯懦！当众羞辱！战神归来！开场几秒内抛出最冲突的剧情，在最短时间点燃观众怒火或期待。前 5 秒完播率是“生死线”，“钩子”不够吸引人，观众就会秒划走。

2 工业化“爽点”配方。

复仇打脸：赘婿亮隐藏身份、女主“黑化”归来、小人物扮猪吃虎。

甜宠发糖：“霸总”强宠、极致偏爱。

逆袭翻身：穷小子一夜暴富 / 获超能力。

每集必设小高潮（耳光响亮、反派下跪、惊天反转），每分钟都在挑动观众的神经，绝不让观众“情绪掉线”。付费解锁点必须卡在关键爽点前（如剧情即将反转），付费转化率是核心。数据驱动着编剧不断优化“爽点”的投放节奏和密度。

3 代入感是付费关键。

主角通常是“受气包”，如被欺辱的“社畜”、被背叛的主妇，遭遇极端不公。这让观众极易代入，产生“这演的就是我”的共情，积累强烈的愤怒值或逆袭渴望。付费解锁就是为了看“自己”（主角）如何狠狠教训仇人，或获得幸福。

4 “算法投流”喂养“情绪”。

利用大数据精准识别用户喜好，爱复仇？迷甜宠？盼逆袭？通过抖音、快手等平台的信息流广告，把最对观众胃口的“情绪钩子”短剧推给目标用户。实现情绪需求→精准短剧→付费解锁的消费闭环。

2. 给短剧玩家（制作/平台）的启示

“情绪效率”是唯一 KPI： 别追求深度艺术！要极致追求在几十秒内制造最强情绪刺激（爽、虐、甜）。“爽点够不够密、刺激够不够强”决定着短剧的“生死”。

深挖人性弱点与情绪需求： 了解大众（尤其是下沉市场）对即时快感、代偿满足、情绪宣泄的强烈渴求。

算法投流是流量入口： 吃透平台规则，准确描绘用户画像，把情绪“喂”给最需要的人是核心竞争力。

结语

《哪吒》（电影）和短剧，代表了情绪变现的两条成功路径。

电影与短剧情绪表现对比如表 5-1 所示。

表 5-1　电影与短剧情绪表现对比

	电影（情绪大餐）	短剧（情绪快餐）
模式	投入大、周期长，追求深度共鸣与长尾效应	投入少、周转快，追求即时刺激与付费效率
核心	贩卖全民情感共振（反叛、亲情、认同）和沉浸式情绪体验	贩卖碎片化的高强度爽感（打脸、逆袭、甜宠），按次解锁，实现即时满足
变现	依靠票房（由受众广度与情感深度驱动）加衍生品（情绪 IP 的长尾价值）实现收益	依靠付费解锁（单点情绪转化）加广告（流量规模效应），且极度依赖投流 ROI
启示	打磨优质故事，打造不可替代的视听情感，才能成就票房神话与文化符号	准确捕捉细分人群的即时情绪需求，用工业化流水线高效生产“爽点”，依托算法实现精准投喂与变现

选好你的“情绪赛道”：是做全民共鸣的“满汉全席”，还是细分人群的“快餐小炒”？定位不同，打法不同。善用技术，能倍增情绪价值的传递效率和转化率。但无论是电影还是短剧，都必须在核心节点制造让观众心跳加速、情绪喷发的巅峰时刻，这是传播、记忆和付费的关键点。

九　体育行业
观众为“心跳”买单，用户为“坚持”付费

体育行业的商业密码藏在每一次心跳加速和每一份咬牙坚持的背后。无论是赛场边的呐喊助威，还是健身房里的挥汗如雨，人们为体育消费的每一分钱，都是在为“情绪体验”买单，可能是巅峰对决带来的刺激感，可能是团队归属产生的荣誉感，也可能是突破自我收获的成就感。体育产业的高明之处在于把运动的物理属性转化为可感知的情绪价值，让心跳与坚持都成了能明码标价的商品。

竞技对抗引爆的情绪是吸引观众的核心动力。赛事中的悬念、反转、对决，能点燃观众的情绪，从紧张到狂喜、从揪心到释放的过山车式体验。由竞技本身催生出的强烈情感，让观众甘愿为“不错过”付费。无论是付费观看直播、购买现场门票，还是为支持的队伍呐喊助威，其实都是在为沉浸感付出。当一场比赛的胜负牵动着千万人的心、一个“绝杀”成为全民热议的话题时，竞技带来的情绪冲击力转化成了实实在在的商业价值，“心跳漏拍”的体验在日常生活中难以复制。

归属认同的情感绑定让消费行为更具黏性。球队的队徽、运动

员的战袍、粉丝的应援文化共同构建了一个身份认同圈——观众通过支持特定队伍、崇拜特定运动员，找到属于自己的群体标签。购买支持队伍的周边产品，参与线下应援活动，甚至为一场客场比赛跨越千里，这些消费行为是对“归属感”的主动奔赴。一旦“我是XX队球迷”成为自我认知的一部分，与朋友一起欢呼呐喊成为生活仪式，体育消费就超越了“看比赛”的表层需求，变成了表达自我认同的方式，这种情感连接能让观众更愿意持续投入。

自我突破的情绪激励则抓住了参与者的心理需求。运动过程中疲惫、肌肉酸痛与呼吸急促这些生理上的痛苦，在进步、突破、蜕变的情绪驱动下能转化为强烈的成就感。通过记录跑量、时长、强度等运动数据，以及设置阶段性目标、给予达成奖励，让抽象的坚持变得可量化、可感知。当用户看到自己的体能提升了，身材变好了，离目标越来越近，运动的“苦”就成了“甜”的铺垫。他们为变得更好，会继续在专业课程、会员体系、智能装备上付费，因为每一分投入都对应着超越自己带来的喜悦。

社交互动的情绪赋能放大了体育消费的价值。无论是球场上的团队协作、赛场边的集体狂欢，还是线上社群的运动打卡、成绩比拼，体育活动天然带有社交属性。与队友并肩作战的默契、与对手良性竞争的尊重、与好友分享进步的喜悦，各种社交互动让情绪体验更丰富、更持久。当运动从一个人的坚持变成一群人的狂欢，成绩从个人数据变成社交谈资，体育消费就有了“连接他人”的额外价值，“有人陪、有人懂、有人赞”的感觉，会让付费行为更具说服力。

体育行业的魅力，在于它能同时点燃两种情绪——为胜利呐喊的狂热和为自己坚持的骄傲。能让人们为热爱疯狂、为自己感动的体育产品或赛事都是“情绪催化剂”，人们愿意为每一次心跳加速、每一次咬牙坚持、每一次并肩同行买单，而这门生意的核心，就是把运动中的情绪波动变成值得付费的生命体验。

案例一：NBA——全球“情感部落”的永动机

NBA 作为迄今最为成功的体育商业联盟之一，为什么能有令人炫目的天价转播费？为什么明星球员动不动就收入过亿美金？为什么能够点燃无数球迷的烈火激情？他们是如何运营的？国内体育产业如何向他们学习？

核心“情绪燃料”：归属感与身份标签（“我是湖人队死忠”）、巅峰心跳体验（绝杀）、英雄崇拜（“我的偶像是乔丹”“我的偶像是詹姆斯”）、全球社群狂欢（线上 Battle 也是“爱”）。它运作的是一个庞大的“情感信仰体系”。

1. 情绪变现的硬核操作

1 “主队信仰”绑定终身钱包。

球迷对球队的忠诚堪比宗教信仰——赢球一起狂、输球一起扛，“生是主队人，死是主队魂”的归属感是 NBA 商业帝国的根基，球迷身份成了个人的重要标签。这种强归属感支撑了年均百亿美元的天价转播合同，电视台、平台抢破头买的是锁定庞大、高黏性“情感部落”的注意力。球迷愿意为归属感支付多达几百美元或者更高的年费。

2 “绝杀时刻”卖出天价广告。

比赛悬念、巨星对决，尤其是读秒绝杀，全球同步的心跳骤停是情绪浓度的巅峰，也是广告的黄金档。观众注意力 100% 集中，情绪 100% 投入。NBA 总决赛关键场次，一个 30 秒广告位能卖到上百万美元以上，另外球场边的滚动广告和球衣上的小商标，都因绑定巅峰时刻而价值不菲，情绪巅峰 = 注意力金矿。

3 “英雄崇拜”衍生品疯狂溢价。

乔丹、科比、詹姆斯、库里……这些巨星不仅是球员，也是球迷心中的“神”，买偶像同款球衣、球鞋，收集球星卡，是寻求身份认同的“朝圣”，更是与偶像跨空间连接。NBA 球衣销量常年全球霸榜；巨星签名鞋炒到几万元人民币不稀奇；一张稀有球星卡拍卖价超百万美元。衍生品的溢价远超物料成本，全是来自球迷为信仰充值、为情怀共鸣。

4 “线上部落”24 小时情感提款机。

X、INS、NBA 官方 App 打造了永不落幕的社区，全球球迷在比赛时刷弹幕，在赛后打口水仗、玩梗做表情包，将线下的归属感和热血，延伸成线上 24 小时不间断的“狂欢节”。社区越活跃，包括发帖、互动、点赞的行为越多，用户黏性越强，商业价值越高。平台能更准确地推送广告、售卖会员（League Pass）、推出独家付费内容，持续开发情感部落的价值。

2. 给竞技体育联盟的金钥匙

死磕"地域信仰"：把球队和城市、社区文化深度绑定，让球迷觉得它不仅是球队，也是一种精神象征，即使输球也愿意买单。

极致"心跳巅峰"：保障比赛悬念、对抗强度和巨星表演环节，这是吸引眼球和广告投入的有效武器。

"超级英雄"与恩怨情仇：有意识地塑造球星形象，从天赋、努力、故事、宿敌等角度全方位包装，例如湖人队和凯尔特人队的对决，提供丰富的情感投射目标和谈资。

经营"线上情感家园"：用社交媒体和自有平台，给球迷打造发泄、互动、寻找认同的"线上主场"，将一次性观赛延展为长情陪伴。

"归属感"就是定价权：转播费、门票、周边卖多贵，完全取决于球迷对"自己人"这一身份的认同有多深。

案例二：Keep——把"运动痛苦"炼成"成就金币"

健身运动不论在国外还是国内都是一个巨大的产业，有着巨量的爱好人群，但是国内从事健身行业的公司却面临着巨大的商业压力，各类健身房、体育场馆关门跑路已经不是什么新鲜事儿。

但是，有这么一家智能健身平台 Keep App，已经走过 10 年的历程，提供了大量的录播、直播等健身课程。截止到 2024 年，Keep 平均月活跃用户为 2992 万，平均月度订阅会员 316 万。在创始人王宁的带领下，Keep 长成了一家上市公司，成了运动科技第一股。

Keep 做对了什么？它是如何调动人们的运动多巴胺的？

核心"情绪转换"：即时成就感（"终于练完了"）、数据掌控感（"消耗 500 千卡"）、社群陪伴感（陪伴共同面对）、让忍受痛苦变容易的“科技外挂”（智能硬件 + 内容）。Keep 把健身变成了可坚持的“游戏”。

1.“情绪”变“订阅”的科技配方

1 “游戏化成就系统”分泌多巴胺。

在 Keep 里连续打卡可获得徽章，完成特定课程获得勋章，数据击败好友能登录排行榜，这些奖励方式帮助用户等级跃升的同时把枯燥流汗变成打怪升级般的游戏——每完成一小步就有成就反馈，以此对抗运动的辛苦。用户为解锁成就会持续投入时间，并重复购买相关课程 / 服务。

2 “数据可视化”贩卖掌控感。

Keep 手环 / 手表记录心率、卡路里、动作次数；App 生成酷炫的运动报告和肌肉增长曲线，把怀疑自己到底练没练到位的焦虑，变成量化可见的进步，Keep 保证用户随时都把健身效果掌控在自己手上。购买 Keep 智能硬件的用户，活跃度和付费意愿明显更高。硬件是数据入口，数据是提供“掌控感”情绪价值的原料。

3 “直播社群课”用陪伴对抗放弃。

真人教练直播带练，喊麦鼓励：“坚持住！最后 5 秒！”弹幕刷的“加油”“你不是一个人”营造线上健身房的热闹氛围，用“在线同伴压力”和“教练打鸡血”赶走孤独和放弃念头。直播课的完课率和付费率碾压录播课，用户乐意为“实时有人陪”的安心感额外掏钱。

4 “智能硬件”让痛苦更值钱。

智能跑步机自动调坡调速，动感单车同步课程自动调阻力，用科技降低学习门槛、提升训练效率、增加趣味性，让“坚持运动”的痛苦打折，让“效果可见”的愉悦感增值。“硬件 + 年费会员”的捆绑套餐（如 Keep 单车）是核心收入来源，硬件本身就是利润点，更是提升用户黏性的利器。

2. 给健身科技公司的启示

游戏化是坚持的“解药”：把大目标拆分成小目标，给予即时奖励，如徽章、提示音，把健身变成通关游戏，可有效对抗人的惰性。

数据是进步的“兴奋剂”：让用户清晰看到每滴汗水的价值，消耗多少卡路里、长了多少肌肉，数据可视化是维持动力的诀窍。

“社群陪伴”战胜孤独感：无论是直播间的集体呐喊，还是社区晒图打卡，都在营造“一起受苦，一起变厉害”的氛围，能显著降低放弃率。

“个性化”消除选择恐惧：根据用户不同目标、体能、喜好，推送量身定制计划，如“28 天练就马甲线”，解决“我该练什么”的迷茫。

“硬件 + 内容 + 数据”的黄金三角：数据采集是入口，课程价值是灵魂，反馈激励是黏合剂。三者形成闭环，建造高壁垒的“健身体验护城河”。

算清“痛苦折现”：用户愿意为智能调阻的体验感、AI 计划带来的高效性、游戏化课程的趣味性支付多少钱？这是定价和产品设计的指南针。

结语

NBA 和 Keep 代表了体育产业情绪变现的两座高峰，二者的情绪表现对比如表 5–2 所示。

表 5–2　NBA 和 Keep 情绪表现对比

	NBA 模式（荣耀经济）	Keep 模式（科学坚持经济）
模式	依托顶级赛事 IP、巨星光环与竞技的不可预测性	依靠 App+ 硬件科技、内容生态、游戏化设计与社群运营
核心情绪	归属感信仰、巅峰心跳刺激、英雄崇拜情结	即时成就快感、数据掌控安心、社群陪伴温暖、科技减轻痛苦
变现法宝	天价转播权（归属感注意力）、天价广告（巅峰时刻注意力）、天价衍生品（“英雄”IP）、门票及会员（深度体验）	内容订阅（课程 / 计划）、智能硬件（效率工具 + 数据入口）、会员服务（个性化 + 专属权益）、广告（精准流量）
启示	打造牢不可破的情感部落，极致运营心跳巅峰时刻，持续产出引人入胜的“英雄故事”	用科技和设计将“运动反人性”的痛苦转化为可感知的成就与愉悦，解决大众“坚持不下去”的难题，构建“硬件 + 内容 + 数据 + 社区”的生态闭环

给体育产业掘金者的实战清单

选准你的“情绪战场”： 是做让人热血沸腾的“荣耀归属”，还是帮人科学坚持的“健身伙伴”？

NBA 型

“部落”规模与狂热值： 球迷数量、社交媒体粉丝量，互动量、比赛收视率与上座率。

“心跳时刻”值多少钱： 关键比赛的收视峰值、单场广告费用、绝杀时刻社交媒体话题的爆炸指数。

“英雄信仰”溢价力：顶流球星球衣销量、签名鞋的拍卖价格、球星卡的交易热度。

“为爱付费”的深度：本地死忠粉丝的消费力（季票、周边产品）、全球付费会员（League Pass）的渗透率和年费金额。

Keep 型

“成就驱动”指数：课程平均完课率、徽章获取率、用户打卡坚持度。

“数据依赖”黏性：智能硬件用户占比、硬件用户的活跃度与留存率。

“社群力量”价值：直播课的参与率与完课率、社区发帖量与互动量。

“痛苦折现”溢价率：硬件 + 会员套餐的购买率与续费率、用户为智能功能（如自动调阻）的付费意愿。

“私人定制”吸引力：付费会员使用个性化计划的比例及满意度。

“巅峰体验”是消费开关：NBA 的绝杀让人疯狂购买周边，Keep 完成课程时“叮咚”的成就提示让人想续费。创造让用户心跳爆表或成就感炸裂的“高光时刻”是打开钱包的关键。

科技是心情杠杆：NBA 用高清直播、VR 技术提升观赛爽感；Keep 用传感器和 AI 提升运动效率和趣味性。善用科技能放大情绪价值的诱惑力。

社区是情绪“金矿”：线下的球迷酒吧、线上的健身打卡群都为用户提供了情感宣泄、寻找同类的“情绪家园”，能把单次消费变成长期情绪支出。

体育产业成功的关键在于：能否精确捕捉并满足目标人群的核心情绪渴求——是寻求集体荣耀，还是追求个人成长，并通过产品、体验、技术、社群将其转化为可测量的商业价值，如转播费、订阅费、衍生品收入。

十 女性消费
为“心情”和“我是谁”支付的溢价账单

女性花钱，常常不只为东西本身，更多是为了两样东西：一是当下的心情好不好，二是这件东西能不能告诉别人“我是什么样的人”。一件首饰、一身衣服、一次体验，只要能符合这两点，哪怕贵点，女性也愿意掏腰包，这就是女性消费里情绪价值最实在的体现。

人更愿意为“心情出口”多花钱。如果能把心里的感受，比如“想被安慰”“想给自己打气”“想庆祝”变成实实在在的东西，女性就容易买账。带“加油”字样的手链、包装得像礼物的下午茶，这些东西的功能可能和普通款没什么太大的差别，但因为能“装下心情”，价格贵一些也有人会买。

有人买刻着“挺住”的项链，不是因为它比金链子值钱，而是每次摸到它，就能给自己打气；有人下单“晚安礼盒”，里面不过是有张手写卡片，却有一种被理解的温馨感，这种“懂我”的感觉比性价比更重要。

能“代表自己”，贵点也乐意。女性挑东西，常带着“这能不能代表我”的想法。喜欢传统文化的，会买绣着花纹的汉服，哪怕比普通裙子贵几倍；想显得独立飒爽的，会选剪裁利落的西装，不在乎是不是比休闲装贵。

这种消费的实质是在“买标签”：一件衣服、一个包，成了不用说话就能告诉别人“我是谁”的工具。比如妈妈们买印着“超人妈妈”的卫衣，不是缺衣服穿，而是想通过这件衣服告诉别人“我为家庭付出很多，我很骄傲”，这种“替我说话”的价值，没法用成本计算。

和同好“凑成一伙”，花钱更起劲。女性喜欢和懂自己的人凑在一起，而买什么东西，常常是进入圈子的门票。喜欢汉服的姑娘，会买特定品牌的裙子，只有这样才能加入“同好群”；爱护肤的姐妹会追网红推荐的面霜，因为和闺蜜聊天时能说“我也用这款”。

为了在圈子里不落后，她们愿意为“大家都认可的牌子”多花钱。比如某美妆社群里，姑娘们会集体买“会员专属色号”，不是非它不可，而是想在晒单时收到对群体认可的点赞。“花钱换认同”的事在女性圈子里很常见，越多人认可，就越愿意买。

花出去的钱能“留下回忆”。同样的东西，只要多了点仪式感，女性就愿意多掏钱。比如普通手链卖 100 元，刻上名字装在丝绒盒子里，就能卖 300 元，因为打开它就像在拆礼物，额外的细节让花钱的过程变成了值得记住的事。有人保存着化妆品的空瓶子，是因为她喜欢这个瓶子吗？并不是，而是每次看到它都能想起买它的时候——那是奖励自己升职的时刻。

女性消费的真相是：东西本身的质量是基础，但能不能“装下心情”“代表自己”“融入圈子”“留下回忆”，才是是否愿意多花钱的关键。品牌如果能让女性认为商品就是为自己定制的，那么赚到这“情绪钱”就是轻而易举的事了。

案例一：情绪珠宝——手腕上的“心情能量站”

在如今的珠宝市场上，一股新潮流正悄然兴起，越来越多带有心情和情绪元素的手链、项链等首饰，受到了年轻人的热烈追捧。这些首饰不再仅仅依赖传统的材质珍贵度和复杂做工吸引消费者，而是凭借独特的情绪价值，在市场中占据了一席之地。

在一些电商平台上，“情绪首饰”类目下产品丰富多样。有刻着“勇气”“快乐”等积极词汇的金属手链，文字被精心设计，或简约现代，或复古文艺，让佩戴者仿若将对应情绪时刻带在身边；还有以情绪为主题的串珠手链，不同颜色的珠子分别代表不同心情，如粉色象征甜蜜，蓝色寓意忧郁，消费者可以根据当天的心境选择佩戴。

对于当下年轻人而言，购买珠宝的侧重点已发生了显著转变。在快节奏且压力大的生活中，他们渴望从消费中获得情感慰藉。这些带有情绪元素的珠宝，成了一种情绪寄托。当面对工作难题倍感焦虑时，佩戴刻有“冷静”字样的手链，能给予心理暗示，帮助缓解紧张；而在心情愉悦时，戴上色彩绚丽、象征快乐的首饰，更能强化积极情绪。这些首饰成为他们表达自我、记录心情的载体，通过展示获得他人共鸣，进一步增强了其情绪价值。

核心情绪：自我宠爱宣言（“我值得”）、情感寄托与祝福（“招桃花”“保平安”）、社交小暗号（“懂的人自然懂”）、个性心情日记（“今天想戴勇气”）。它卖的是能触摸到的“正能量”和“小确幸”。

1. 心情变高价的魔法公式

1 “小符号，大心情”的强溢价。

把抽象的心情（快乐、勇气）或愿望（脱单、暴富）转化为可爱的具象符号（爱心、钥匙、小星球），消费者购买的是符号背后的美好寓意和情感投射。相比普通手链，刻着“爱自己”的心情珠宝价格会有一定程度的提高，这部分“心情溢价”更多是为了“情感能量”和“心理暗示”。

2 “悦己经济”的扛旗手。

主打“犒赏努力的自己”“送自己的礼物”，表达了现代女性“独立”“自我关怀”的内心需求，将买珠宝从“等别人送”转变为“我开心就买”的日常行为。“悦己”定位大大拓宽了消费场景和频率，不再局限于婚嫁、生日，为市场总量和溢价空间提供了有力支撑。

3 “叠戴＋混搭”的心情故事。

女生可以根据当天的心情、近期的目标或特殊的纪念日，设计小巧且可自由组合的珠子或吊坠，DIY 一条专属的“心情手链”，仿佛在用手腕讲述自己的故事。随着不断添加的新珠子，“好玩”和“专属感”强力拉动复购并提升了客单价，具体表现为消费者一次购买多颗不同寓意的珠子。

4 “社交分享”是免费的情绪广告。

鼓励女生在小红书、朋友圈晒出自己的手链搭配及背后的小心思——失恋后买了“坚强”，升职后加了“闪耀”。这既满足了她们展示自我态度的社交欲望，又成为品牌走心的情感案例。社交媒体上带品牌话题的 UGC（用户晒图 + 故事）大量出现，正是情绪价值成功传播和品牌深入人心的体现。

2. 给珠宝/饰品商的金钥匙

打造“情感符号库”：深挖能引发女性共鸣的情感词（爱、自由、好运）和视觉元素（萌宠、星空、花朵），制作成精致小件。

高举“悦己”大旗：明确告诉女生，为自己买珠宝不是奢侈，而是爱自己的刚需，拓宽消费动机。

设计“可玩的故事线”：产品要易于组合、更新，让用户参与创作专属心情故事，锁住黏性和复购。

产品即“社交货币”：确保产品颜值高、易拍照、有话题点和独特寓意，天然适合分享种草。

营销讲“心理能量”故事：巧妙连接产品与积极心理，如戴上“勇气珠”面对挑战更自信，强化情绪价值。

案例二：汉服圈层消费——为“文化身份”豪掷千金的美丽信仰

在汉服爱好者的世界里，一套衣服的价值远非布料与针线所能衡量。它是一张沉甸甸的融入特定审美圈层的“通行证”，更是承载着历史情怀与身份认同的美丽信仰。这份信仰，让她们心甘情愿地为“我是谁”和“我属于哪里”支付远超普通服饰的高昂溢价。

一位刚接触汉服的新人（“同袍”），在决定购买第一套正式汉服前，需要经历密集的“知识学习”。她必须理解“交领右衽”“中缝接袖”背后的文化意义，甚至要能辨别特定纹样所代表的朝代和等级。这份知识积累本身，就是进入圈层的第一道门槛。购买前查阅资料、请教前辈、参加线上讲座所花费的时间精力，都指向一个目标：确保自己的第一套“战袍”在形制上是“正确的”，避免因穿错而被贴上“不懂行”的标签。一套基础但形制严谨的入门款汉服，其价格往往已是普通连衣裙的数倍。

汉服之美在于整体。资深爱好者小雅为参加一场重要的“花朝节”活动，她全身行头总投入近万元，只为追求从发丝到脚尖的“时代沉浸感”。这种对仪式感近乎偏执的追求，是普通服饰消费难以比拟的，每一件配饰都在无声宣告着对文化的尊重和投入的深度。

对很多爱好者而言，汉服消费的核心价值在于找到了“组织”——一群志同道合的“同袍”。本地汉服社群的定期雅集、线上论坛的知识分享、大型文化节的集体出行，提供了无与伦比的归属感和文化认同。为了持续参与这些活动，融入这个温暖的“文化大家庭”，定期更新符合活动主题的服饰、添置新配饰、学习新妆造，就成为一种自然而然的持续性消费投入。社群内的分享、互借、团购，也进一步刺激了消费。

核心情绪：文化自豪与认同（“我是华夏儿女”）、审美表达（“独爱宋制清雅”）、圈层归属通行证（“找到同袍组织”）、穿越时空的仪式感（“每一步都像在历史中”）。它卖的是一整套“文化身份证”和“圈层入场券”。

1. 身份溢价与圈层经济的秘密

1 “形制考据”筑起文化溢价高墙。

严格区分唐、宋、明等朝代形制，例如衣服如何裁剪，纹样如何刺绣；对历史还原的极致追求，比如圈内的“山正之争”。一套考究的正版汉服，包括上衣下裳加配饰，价格轻松达到几千元甚至上万元，“文化正确性”和“历史沉浸感”远超面料成本，支撑了高溢价。

2 “从头到脚”的仪式感千金不换。

汉服消费是系统工程，衣服只是开始，簪子、步摇等首饰，翘头履鞋子，禁步、荷包等配饰，甚至特定妆容发型都得跟上，追求的是100%的时代沉浸感，仪式感拉满。汉服圈资深玩家（同袍）年均消费高达数万元，很大一部分投入在精美配饰、专业妆造、高端定制上。

3 “圈层活动”是消费引擎兼秀场。

花朝节赏花、上巳节祈福、汉服文化周走秀……这些活动是“同袍”们展示战袍、交流文化、寻找归属的重要场景，直接刺激消费的同时也让高价汉服有了展示的机会。活动季就是消费高峰期，特定主题如“唐宫夜宴”直接带火相关形制的汉服。

4 “圈内地位”的隐形消费驱动力。

圈内存在基于知识（懂形制）、收藏（有绝版/高定）、手艺（能自制）的“身份阶梯”，推动玩家不断追求更稀有、更考究、更贵的

“装备”，以赢得圈内人的尊重和认同。博物馆联名款、限量复原款、名家手作汉服价格高昂仍“一衣难求”，证明“圈层地位”带来的强大付费力不容小觑。

5　“找到组织”是无价的情感基石。

和一群真心热爱汉文化且懂你的“同袍”在一起，带来的深度归属感和文化认同是支撑持续高消费的底层情感动力。常参加活动、乐于分享的社群活跃分子往往是消费主力军。

2. 给文化品牌 / 想切入圈层商家的启示

敬畏“圈层文化”：想在圈子里盈利，首先要真心尊重形制要求等核心规则和支持正版、反对山寨等价值观。若生硬照搬，必然遭到排斥。

卖“文化身份”而非单品：提供搭配指南、妆发教程、活动信息，联合举办线下雅集，售卖如何成为“文化达人”的全套体验。

产品线“圈层晋升”路径：备好入门款吸引新手，考据严谨款服务核心粉丝，收藏级定制款满足顶层玩家，按分层满足不同需求。

“稀缺性”+“独特性”= 溢价王牌：限量发售、联名文物 IP、个性化定制是提升价格和彰显圈内地位的有效手段。

绑定“圈层 KOL”并深耕社群：与种草姬、考据党等圈内意见领袖合作，用心运营微信群、QQ 群等社群，维护成员的归属感。

算清“身份认同”的溢价：与普通服饰进行对比，明确目标用户为“证明我懂文化”和“我属于这里”愿意支付的溢价空间。

结语

只关注材质和价格已经过时了，核心问题在于产品如何满足女性“表达真我”“呵护内心”“寻求认同”“体验美好”的深层渴望，可从以下方面着手。

情绪珠宝（悦己心情）**和汉服圈层**（文化身份）**路径虽迥异，却共享女性消费的相同原理。**

“表达自我”是原动力：珠宝诉说此刻心情，汉服宣告文化审美。这些产品成为女性向世界展示“内心”和“归属”的宣言书。

“情感 / 文化”是溢价的根基：价格超过市价的底气，来自附加的情感能量（爱自己、求好运）或文化价值（历史传承、圈层认同）。

“社交属性”放大器：晒手链寻求共鸣，穿汉服参加雅集。获得欣赏、找到同类、强化归属感是消费带来的重要满足感来源。

“仪式感”让消费升华：珠宝“叠戴”赋予日常仪式感，汉服全套装扮带来沉浸式穿越体验。仪式感让购物超越实用层面，成为精神享受和自我犒赏。

女性消费商家箴言如图 5–6 所示。

图 5-6　女性消费商家箴言

在女性情绪经济这片蓝海，最成功的品牌都是最懂女人心、擅长将心情与身份精心雕琢并赋予高溢价的“情感价值设计师”，它们卖的不仅是商品，也是让女性以爱自己、做自己为傲的美好感觉。

为什么很多情绪经济的项目没做起来

第六章

Chapter Six

一 情绪商品如何合理定价

消费者为情绪买单带有冲动性消费的属性，情绪商品如何定价、怎样合理溢价是非常讲究的，商家要让消费者觉得产品值这个价格，否则就会被认为是消费陷阱，没有人愿意成为第二波“韭菜”。

1. 情绪溢价的“甜蜜点”

情绪溢价就像烘焙蛋糕时放的糖，放少了没味道，勾不起食客的兴趣；放多了又齁得慌，让人望而却步。同理，情绪价值的定价必须精准，既不能让消费者觉得不值，又要让商家获得合理回报。

看看现实中的例子就明白了。星巴克凭借“第三空间”的概念，将咖啡店打造成了人们工作、会友、放松的好去处。在这里，你可以点一杯咖啡，享受舒适的座椅、柔和的灯光和轻松的氛围，这种令人放松、惬意的心情，让星巴克将一杯成本仅几元的咖啡卖出了几倍的价格。如果一杯咖啡带来的放松感，在“心理需求”中被评估为“很珍贵”，即便价格高，消费者也愿意掏腰包。

反映支付意愿的“微笑曲线”从另一个角度解释了这个现象，情绪价值和价格敏感度的关系不是简单的直线。当情绪价值过低时，消费者会觉得“这东西没什么特别的，太廉价了”；而当价值过高时，又会超出他们的心理预期，让人觉得“被宰了”。只有在曲线的顶端，也就是“甜蜜点”上，消费者才会觉得价格合理、情绪体验到位，从而爽快买单。太低或太高的情绪价值，都会让消费者皱起眉头，转身就走。

2. 定价翻车的三种“死”法

1 “自嗨”型定价。

商家完全不顾用户的真实需求，自顾自地定价。有个国学培训班，课程内容是《论语》精讲和《弟子规》等诵读，不好好琢磨怎么提升课程价值，增加传统文化体验环节、邀请知名学者互动，反而盲目自信，将几天的课程定价上万元。结果可想而知，用户上完课后纷纷吐槽不值这个钱，觉得价格和自己感受到的价值完全不匹配。失去了口碑传播，该国学培训班没多久就招不到学生了。大脑中的镜像神经元是帮助人们共情、产生情感共鸣的，可当价格和价值严重不符时，它无法产生同步激活，自然也就无法让人们对产品产生好感。

2 “看人下菜碟”型溢价。

这就更不地道了，专挑那些情绪脆弱的群体下手。某婚恋平台就因为搞区别对待被罚了：系统通过分析用户资料，发现 35 岁以上的大龄单身用户对“脱单”的情绪需求更迫切，于是悄悄给他们的会员费涨了价，美其名曰专属婚恋顾问服务。可实际上，这些用户得到的服务和其他会员没什么两样。事情被曝光后，相关部门认定其滥用市场支配地位搞价格歧视，罚款数十万元。这就是典型对情绪脆弱群体的压榨，狠狠踩了情绪消费的伦理底线。情绪需求越强烈的人，对价格的敏感度越低，商家利用这点“看人下菜碟”，无异于饮鸩止渴。

3 “通货膨胀”型迭代。

这种定价是把用户当冤大头“往死里薅”。有个潮玩品牌，一开始靠着独特的设计和限量发售，赢得了不少粉丝的喜爱，定价还算合理。后来其越来越贪心，每年都给产品涨价。更过分的是，产品工艺一点也没改进，设计上也没有太多新意。粉丝们一开始还忍着，后来实在受不了了，纷纷跑到社交平台吐槽。当情绪产品的溢价增速比消费者收入增速快时，用户抵制的概率也会相应上升，这就是贪心的结果，不仅没赚到更多钱，还砸了多年积累的口碑。

3. 情绪定价的黄金公式

情绪定价也不是无章可循，有个黄金公式（见图 6-1）。

合理溢价率 = (情绪强度 × 持续时长) + (替代品价格 × 社会认同度)

图 6-1　情绪定价的黄金公式

这个公式就像一把精准的尺子，能帮商家算出该给情绪产品定多少溢价才合适。

这个公式里的参数都能找到具体的量化方式。情绪强度可以通过神经科学实验数据来衡量，比如脑电波 β 波增幅——当人处于兴奋、愉悦等强烈情绪时，β 波增幅会明显提升；还有皮肤电反应，情绪越强烈，皮肤的导电能力变化越大。这些生理指标能让人们更客观地知道情绪有多强烈，而不是凭感觉判断。

持续时长很好理解，就是情绪体验能维持多久。比如人们在看完一场感人的电影后心情久久不能平复，持续几小时甚至几天；而吃完一块普通的蛋糕，可能满足感只能持续十几分钟。持续时长越长，说明情绪价值越高，溢价空间也就越大。

替代品价格是指能提供类似情绪体验的其他产品的价格。比如一家主打治愈系的咖啡馆，它的替代品可能是其他有温馨氛围的小店，或者是一本能让人放松的书。如果替代品价格很低，那这家咖啡馆的溢价就不能定太高，否则消费者就会转而去买替代品。

社会认同度也不难理解，看看小红书、抖音上相关话题的播放量、互动率，就能算出舆情系数。比如某个情绪玩具，在小红书上有10万+的笔记，点赞、评论量都很高，说明社会认同度高；反之，如果没什么人讨论，甚至差评居多，那社会认同度就低。

有了这个公式，从业者就能更科学地给情绪产品定价了，避免一拍脑袋盲目决策。

4. 伦理红线的禁区

1 “绝望税”禁区是绝对不能碰的。

对于抑郁症患者、重大疾病家属这些脆弱群体，他们的情绪需求往往更迫切、更敏感。商业的本质是价值交换，而不是将他人的痛苦，如疾病恐惧、育儿焦虑、职场困境当作盈利杠杆。个别医疗服务机构推出天价养生套餐，针对癌症患者家属的恐惧漫天要价。这种行为的本质是利用消费者“情绪主导理性”的脆弱状态，实施不公平定价，构成价格欺诈或强制交易。就像暴雨天坐地起价的某些司机，赚的不是服务的钱，而是“你别无选择”的钱，最终透支的是整个行业的信任根基。

2 成瘾性警戒线也得牢牢守住。

有些游戏总喜欢设计让人不得不掏钱的环节。游戏关卡明明难到让人着急，却偏偏留着“付费就能轻松过关”的捷径；那些好看的虚拟装备，非要藏在概率低得可怜的抽奖里，吸引着人一次次试手气。等你陷进去，想停下来时又犯难了——不花钱，游戏进度就卡在那儿，之前的钱感觉都白花了。

诱导成瘾性消费严重损害了消费者的身心健康与财产安全。它不顾消费者可能因此陷入财务困境、家庭矛盾甚至心理疾病（如游戏成瘾导致的焦虑、抑郁），只为追求商业利益最大化。这是对消费者福祉的漠视，违背了商业应有的社会责任，还可能受到法律处罚。

5. 你的定价能过实战检验这几关吗

情绪商品有没有完成“价格—表情”同步测试？它是指通过眼动、表情分析，看消费者看到价签时的真实情绪反应。如果大部分人看到价格时，瞳孔放大、嘴角上扬，说明他们认为价格在可接受范围内；如果眉头紧锁、眼神躲闪，甚至发出惊叹，那可能是价格定高了。这可是很重要的参考，能帮商家直观了解消费者对价格的第一反应。

情绪商品有没有建立“后悔药”机制？比如三天无理由退款，要是情绪体验没达到预期，有相应的补偿，赠送小礼品、提供免费体验券。这样才能让消费者买得放心，觉得即使不满意也有退路，从而更愿意尝试购买。

定价模型有没有通过“伦理委员会”审核？特别要重点评估一下，是否对弱势群体造成潜在伤害。定价会不会让低收入群体望而却步，无法享受必要的情绪服务；会不会利用老年人对科技的不熟悉，设置隐形溢价等。这可是关乎企业良心的大事，也是企业长久发展的根基。

案例剖析：Juicero 榨汁机——一场价值 1.2 亿美元的“健康焦虑”定价灾难

2016 年健康消费席卷硅谷之际，一款名为 Juicero 的榨汁机横空出世。它顶着“科技 + 健康”的光环，凭借 1.2 亿美元融资和明星背书，将一台本质为“塑料袋挤压器”的设备卖出 699 美元高价。然而短短 18 个月后，这家估值几亿美元的公司便停止运营，留下 1.2 万台滞销机器和一堆关于“智商税”的笑谈。其失败精准踩中消费品定价的所有雷区，成为研究“情绪溢价失控”的完美范例。

1 产品本质：天价“塑料袋挤压器”。

Juicero 榨汁机的外观非常有科技感，咖啡机大小，极致简约的纯白色机身看上去就像一件精心设计的工业艺术品。创始人在发布会上强调这不仅仅是榨汁机，更是“家庭营养中心”。其宣称的功能听起来非常诱人：400 个定制零件，最大限度保留果蔬营养，不用倒残渣、无须清洗机器，具备联网扫码检测功能。但实际拆解后可以发现，所谓的黑科技不过是个电动挤压装置，工作原理与用手捏塑料袋毫无二致。唯一的创新点是必须搭配专属预包装果蔬包使用——这些密封在透明塑料袋里的切碎果蔬，售价 5 美元 ~8 美元一包，每次榨汁至少消耗一包。

Juicero 榨汁机定价离谱体现在两方面：一是机器本身售价高达 699 美元（后降至 399 美元），远超普通榨汁机（大多在 100 美元以下，高端款也极少超过 500 美元）；二是须用专用食材包，而普通榨汁机可用任意水果，一杯橙汁成本仅 0.5 美元 ~0.7 美元。其榨汁效果与手动挤压差别不大，性价比极低，用户又很快发现买机器的钱只是入门费，后续每年的果蔬包支出足够购置一台跑步机了。

2 神话崩塌全纪实。

1）明星背书：资本追捧的健康神话。

Juicero 的融资之路顺风顺水。谷歌前高管出身的创始人用科技改变健康的故事打动一众硅谷大佬。创业后的两年内经过四轮融资，获得了包括谷歌母公司、食品巨头金汤宝等在内的多个明星机构约 1.2 亿美元的投资，成为美国 2016 年最受关注的智能硬件公司，风头一时无两，甚至脱口秀女王奥普拉也是它的粉丝。媒体争相报道“硅谷用科技重新定义榨汁”，将 699 美元的定价解读为“健康生活的必要投资”。

2）技术打假：手挤完胜机器。

彭博新闻社的记者做了一项简单测试：将 Juicero 的专属果蔬包放在两个金属碗之间，双手用力挤压，出汁量与用机器榨出的完全相同，甚至速度更快。这段手挤打败高科技的视频在网上疯传。网友调侃：“原来我花 699 美元买了个会扫码的电动挤压器。”科技媒体 TheVerge 更是犀利评论这是硅谷精英对普通人生活常识的蔑视。

3）停止运营：从独角兽到废铁的坠落。

技术打假事件后，Juicero 的销量呈断崖式下跌。创始人试图通过降价自救，将机器价格从 699 美元降到 299 美元，却依然无人问津。2017 年 9 月，公司资金链断裂，不得不宣布停止运营。库存的 1 万台机器先是以 199 美元清仓，最后剩下的只能按废铁处理，每台回收价不足 10 美元。算上 1.2 亿美元融资和运营成本，这场“健康科技”闹剧最终以投资方血本无归收场。

3 定价失控的五大核心问题。

1）收割健康焦虑。

Juicero 的宣传话术瞄准了中产家庭的健康焦虑，“每天喝三杯，癌症风险降低”“孩子不爱吃蔬菜？ Juicero 让营养吸收效率翻倍”。但这些说法毫无临床依据，公司从未公布过任何第三方检测报告。最令人不适的是其针对家长的营销——将健康与其产品直接挂钩的话术，是在利用父母的愧疚感。

2）包装彻底穿帮。

专利文件揭露了惊人的真相：所谓的“4000 磅压力”只是营销噱头，实际只作用于包装密封口、用于切断果蔬包的边角。真正的榨汁压力只有 50 磅，相当于成年人双手用力捏的力度。

有工程师拆解后发现，机器内部的核心部件就是一个简单的齿轮组和电机，成本不超过几十美元。那些看似精密的控制面板，除了显示“正在榨汁”的动画，几乎没有实际功能。

3）产品锚定效应失效。

Juicero 的价格策略从一开始就陷入了替代品的围剿。它的机器售价远超普通榨汁机，还强制绑定专属果蔬包，形成“机器 + 耗材”的双重支出。而消费者转身就能找到更划算的选择：普通榨汁机一次购买就能搭配任意水果使用，成本随时间摊薄；街边鲜榨果汁更是即买即饮，无须承担设备成本。这两种替代品不仅功能重叠，性价比还甩 Juicero 一大截。

当用户发现“花更少的钱能获得同等甚至更好的健康体验”时，Juicero 试图用科技感锚定高价的努力彻底失效。消费者不会为多余的溢价买单，尤其是当替代品的实用性和经济性都更占优时。

4）边际效用曲线崩塌。

第 1 杯：出于好奇尝试，觉得“科技感满满”；

第 3 杯：意识到自己在喝 21 美元的蔬菜泥，开始计算性价比；

第 10 杯：产生强烈的财务罪恶感，机器被束之高阁。

这种越用越觉得亏的体验，完全违背了消费品的边际效用规律，注定无法形成持续消费。

5）阶层的认知偏差。

创始人曾经表示：我们的用户不在乎钱，他们只在乎健康。这种对目标群体的误判，源于硅谷精英的认知偏差。他们以为中产家庭会像科技公司高管那样，为“可能有用”的东西随意买单。

现实是，中产家庭会认真计算每年几千美元的果汁支出，相当于孩子的钢琴课学费或体检费用。当健康消费变成经济负担，所谓的“不在乎钱”不过是精英们的一厢情愿。

4 行业启示录。

1）健康产品定价黄金公式（见图 6-2）。

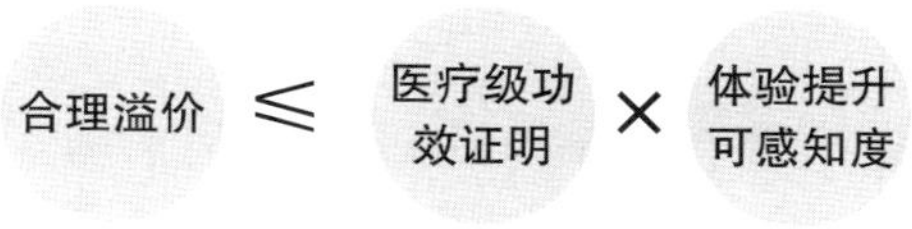

图 6-2 健康产品定价黄金公式

而 Juicero 的两项指标均为零，既无功效证明，体验提升也微乎其微，注定了其溢价的不可持续性。

2）硬件创业三大禁忌。

不能比现有方案贵得离谱：Juicero 的单杯成本是自制果汁的 N 倍，远超用户心理阈值；

必须真正解决痛点：懒得切水果不是刚性需求，更不值得为此投入高额成本；

耗材模式需有不可替代性：当你的耗材能被轻易仿制，就不要幻想靠绑定销售赚钱。

3）情绪价值的致命悖论。

Juicero 的案例揭示了一个真理：人们愿意为健康付费，但拒绝为“健康表演”买单。消费者可以接受有机蔬菜比普通蔬菜贵两倍，因为能看到实实在在的品质差异；但不会接受一台普通榨汁机卖 699 美元，只为了省去用手挤的力气。这个案例完美展示了当硅谷的“解决方案思维”遇上消费品的“价值感知规律”时，会产生多么荒诞的化学反应。

结语

情绪商品的定价要在价值与伦理间找到平衡。把握情绪溢价的“甜蜜点”，依托科学量化模型锚定价格，同时严守伦理红线，拒绝收割脆弱情绪，才能让消费者为情感体验买单。Juicero 的溃败警示我们，脱离真实价值的情绪包装只能是空中楼阁。唯有以真诚换信任，让定价与体验对等，让商业与责任并行，情绪经济才能走向可持续的长远发展。

二 技术赋能的认知偏差

技术领域常有拍着胸脯称能够精准量化人类情绪的声音，然而在实际应用中，算法对人类心理的解读往往存在比较大的偏差，这便成了技术赋能情绪经济时面临的尴尬。所谓“机器读心术”常被过度渲染，可扒开表象，实际满是让人哭笑不得的幻觉，与宣传存在较大差距；一部分利用安慰剂效应获利的商业行为，游走于伦理边界，引发争议。

1. 机器读心术的三大幻觉

1 微表情万能论。

尽管 AI 能依靠捕捉微表情来分析人的情绪，但是不同文化背景延伸出的表情差异却是它无法搞定的。某知名企业引进的 AI 面试系统就闹过笑话：一位来自日本的候选人在思考问题时习惯性眯起眼睛，系统却判定为“不诚实”，给出“不推荐录用”的结论。事后复盘发现，这套系统的训练数据主要来自欧美人群，完全没考虑到亚洲人“思考时眯眼”“紧张时微笑”的文化习惯。人类学的知识，AI 且得学呢！

2 生理信号误读陷阱。

智能手环、心率监测仪这类设备能通过人的身体机能反应实时解析情绪，可有时也会闹出乌龙。比如吃完一包超辣的辣条后满头大汗，手腕上的智能手环可能会弹出提示："检测到焦虑发作，建议深呼吸放松。"某健康App也曾把情侣亲吻时的心率加速判定为"恐慌症前兆"，是不是挺尴尬？神经科学早就证明，皮肤电反应、心率等生理信号具有极强的迷惑性——同样是心跳加速，可能是见到偶像的激动，也可能是遇到危险的恐惧，二者激活的脑区完全不同。光靠这些表面信号判断情绪，误读的概率非常大。

3 语境剥离灾难。

脱离具体语境的情绪分析，有时如同"盲人摸象"。某车载语音系统的"暖心服务"就闹出过笑话：一对夫妇在参加葬礼后导航回家，系统检测到车内两个人情绪低沉，突然欢快地播报："检测到悲伤情绪，为您播放《快乐崇拜》调节心情。"同一句话在不同场合的意思天差地别，比如"这可太绝了"可能是赞美，也可能是讽刺，人解读都会出现偏差，更不要说机器了。

2. 安慰剂效应的商业利用

1 "伪AI"产品解剖。

市场上一些主打"智能"概念的产品，其实是披着科技外衣的"安慰剂"。某平台销售过一款"减压笔"，售价299元，拆开就是个普通振动装置，内部连基本的传感器都没有，可就因为功能描述中写着

“通过脑波同步技术缓解压力”，获得了较高的市场关注度。相关研究提供了更有趣的视角：加州大学的实验团队做过一次对比测试，让两组用户分别使用同一产品的不同模式，一个是“开启脑波功能”，另一个是“关闭脑波功能”，结果显示，只要告诉用户“正在分析情绪”，哪怕设备只是个空壳，用户的主观满足感也有显著提升。除了产品本身的功能，心理层面的反馈没准在其中扮演了重要角色。

2 伦理争议焦点。

如何在产品功能的实际边界与用户期待之间建立更清晰的共识，换句话说就是该不该告诉消费者技术效果有一部分来自心理暗示？某款高价“情感陪伴机器人”被曝虚假宣传——它根本不存在所谓的“情绪识别”功能，只是按照固定话术回复。当消费者集体维权时，厂商辩称“用户的心理安慰也是价值”。目前，全球范围内针对此类产品的规范仍在完善过程中，但对“功能性欺骗”的界定依然模糊。如何在商业价值与技术诚信之间找到可持续的平衡点，是行业需要深思的问题。

3. 灾难性误判案例库

1 在医疗健康领域。

一位抑郁症患者在日记中写下“窗外的云像棉花糖，真想躺进去不出来”，系统却解读为“富有诗意的文艺气质”，给出“情绪状态良好”的评估。直到患者出现自残行为，医生才发现系统延误了最佳干预时机。系统过度依赖文本表面分析，把“温柔的绝望”当成了“浪漫的表达”，完全忽略了语言背后隐藏的深层情绪。

2 市场营销领域。

某知名保险公司的情绪广告系统成了公关灾难：它通过分析用户的社交媒体动态，向一位刚确诊癌症的女士推送“殡葬服务套餐”，并附文“提前规划，减轻家人负担”。这条广告瞬间引爆舆论，品牌形象一落千丈。系统只识别到“癌症”“治疗”等关键词，没设置过滤负面情绪的机制，更没考虑用户的实际处境，才闹出这种既尴尬又伤人的事。

3 教育科技行业。

某在线学习系统号称可以“实时监测专注度”，却把一位学生全神贯注时的“眼神凝滞”误判为“走神”。家长发现后投诉：“孩子明明在认真思考，系统却一直弹窗打断，说他‘注意力不集中’，现在孩子都怀疑自己有问题了。”这背后反映的问题是系统忽视了个体生理差异——有人专注时眼神灵动，有人专注时眼神发直，想用统一标准来衡量所有人的状态，显然行不通。

4. 技术校准的六道防线

1 “文化补丁”机制。

不同文化对情绪的表达存在差异，技术也得入乡随俗。就像中东版的情绪识别系统，研发团队专门收集了5000多张“头巾遮挡下的微表情”样本，训练AI识别“只露出眼睛的微笑”“嘴角被头巾盖住的皱眉”。在东南亚市场，某社交APP则调整了“摇头”的判定——在多数地区“摇头”表示否定，但在保加利亚、希腊等地却表示肯定，没有这层文化补丁，系统只会越判越乱。

2| 混合信号交叉验证。

别只看一个信号就对情绪下结论，得把表情、语音、手势等多个信号放在一起验证。某情绪交互公司的做法值得借鉴：他们的AI在判断“是否开心”时，会同时分析三个维度——微笑肌肉弧度、语调变化、肢体的放松程度。如果检测到“嘴角上扬但语调平淡”，系统会标记为“可能是礼貌性微笑”，而不是直接判定为“开心”。就像判断一个人是不是真开心，不能光看他笑没笑，还得听他说话的语气、看他的动作是否自然。

3| 人工复核“熔断机制”。

机器也有不靠谱的时候，所以得有备用方案。某心理咨询平台设置了一个机制——当AI对用户情绪的判断准确率低于一定百分比时，系统会自动触发“熔断”，把案例转交给人工咨询师复核。这套机制成功拦截了多起误判事件，包括将“轻度抑郁”误判为“正常情绪”的高风险案例。就像电路过载会熔断一样，这个机制能有效避免错误扩大。

4| 用户反馈纠错系统。

允许用户对情绪判断结果进行纠正，让他们能实时指出机器的错误，某社交App在每条“情绪推荐”内容下方都加了“反馈入口”，用户可以选择“不符合我的心情”“推荐不合适”等选项，这些数据会实时反馈给算法团队，成为算法优化的重要依据。毕竟，最了解情绪的，终究还是用户自己。

5 情绪缓冲带设计。

对于极端情绪的判断，别一下子就下结论，强制延迟响应给情绪一个缓冲的空间。某金融 App 在检测到用户“愤怒值飙升”时，不会立刻推送“冷静技巧”，而是先暂停所有推荐，5 秒后再温和地询问：“你现在看起来有点烦躁，需要聊聊吗？”人在气头上容易说错话，机器也需要“冷静一下”，避免火上浇油。

6 透明化告知原则。

《人工智能生成合成内容标识办法》进一步明确了人工智能生成合成内容全生命周期履行标识义务的具体要求与主体责任，完善了我国生成式人工智能的治理框架。商家得老老实实告诉用户技术的准确率，比如“本系统愤怒情绪识别准确率为 83%，可能存在误差”。某智能家居品牌在说明书上明确写着：“本产品对儿童和老年人的情绪识别准确率较低（约 65%），建议结合人工判断。”这种坦诚不仅没影响销量，反而赢得了消费者的信任。

5. 未来实验室

随着技术发展，新的问题也冒了出来。现在的 AI 最多是错判情绪，未来若能解析脑内活动，一旦把“犹豫”误判为“同意”，把“疲惫”误判为“顺从”，可能会引发金融诈骗、法律纠纷等更严重的后果。

2023 年，某脑机接口公司的实验就出现过疏漏：将受试者“想喝水”的脑信号误读为“想购买水”，自动下单了 10 箱矿泉水。

数字克隆也面临伦理问题：用逝者社交数据训练出的“AI 亲人”，该不该告诉使用者这只是“虚拟安慰剂”？日本某公司推出的“AI 亡者对话系统”能模仿逝者的语气聊天，不少用户表示“感觉亲人从未离开”。但有伦理学家警告：“长期沉浸在虚假陪伴中，会阻碍生者走出哀伤。”

这些问题，都等着我们在技术狂奔的路上慢慢解答。因为，能读懂人心的从来不是算法，而是对人的尊重与理解。

案例剖析：谷歌眼镜的失败：技术与情感失衡

2012 年谷歌眼镜横空出世时，整个科技界为之沸腾。这款围绕着“未来科技”光环的产品，被媒体冠以“将终结智能手机时代”的革命性标签。它的外观类似一副纤细的黑色眼镜框架，右侧镜腿搭载指甲盖大小的微型投影仪，镜架末端隐藏着 500 万像素摄像头。这个看似轻巧的设备，售价却高达 1500 美元。谷歌在宣传中声称，它能提供“解放双手的增强现实体验”——用户无须低头看手机，眼前就能显示邮件通知、导航箭头；通过语音指令还能实现“实时视觉搜索”，例如扫描一本书即可显示书评，看到陌生人就能识别身份。

但实际体验却大打折扣。所谓的“增强现实”，仅是在右眼上方呈现 2.4 英寸的单色投影，且仅能展示简单文字通知和低分辨率图标；“实时视觉搜索”依赖的图像识别技术极不成熟，平均需要 12 秒，还时常出错。

短短三年后，谷歌宣布停止消费者版的开发，转向企业级应用（如医疗、制造业），截止到此时项目总投入可能达十几亿美元（含研发）。这场商业失败既无法律纠纷（所有功能承诺均附带“实验性”免责条款），也不存在质量缺陷（设备能正常使用），却纯粹因对技术、社会与用户需求的三重认知偏差而折戟。

在情绪经济的框架中，产品的价值不仅取决于功能与技术，更在于能否捕捉、满足用户的情绪需求，构建可持续的情感连接。谷歌眼镜的溃败，是一场情绪价值的全面崩塌——从初期的情绪溢价到后期的情绪排斥，其失败深刻揭示了情绪经济中“技术与情感失衡”的致命性。

1. 失败的核心原因：情绪价值的三重断裂

1 早期情绪泡沫的虚假繁荣。

谷歌眼镜初期的火爆，完全依赖于“未来科技”标签制造的情绪溢价。当时的谷歌眼镜尚属概念原型，却被科技圈奉为“改变世界的产品”，预售开启后仅 48 小时，便被极客与科技爱好者抢购一空。抢购并非源于实际需求，而是被“提前触摸未来”的优越感、科技先锋的身份认同所驱动。这种基于“尝鲜心理”的情绪消费，缺乏真实需求的支撑。

首批用户的日均使用时间从 40 分钟短期内骤降至 5 分钟，是因为情绪价值被快速透支。从用户实际反馈来看，谷歌眼镜的使用体验远逊于当时的智能手机。当用户发现产品的实际体验与用户预期形成巨大落差时，情绪迅速从期待转为失望，甚至产生“被欺骗感”。

2 社交情绪的集体排斥。

情绪经济中，产品的社会接受度取决于能否融入群体情绪共识。谷歌眼镜的“摄像头争议”触发了公众对“隐私被侵犯”的集体焦虑。“Glasshole（眼镜混蛋）”一词在2013年迅速走红，特指那些佩戴谷歌眼镜四处炫耀、涉嫌偷拍的用户。纽约一家知名餐厅率先张贴“禁止佩戴谷歌眼镜”告示，理由是“保护其他客人隐私”；随后酒吧、电影院、健身房纷纷跟进，形成集体抵制潮，产品被钉在了“不礼貌、不道德”的情绪标签上。

有用户反映，佩戴它进电梯会被刻意疏远，去商场试衣间会被店员反复盘问。这种社会排斥感，让谷歌眼镜从科技时尚单品沦为“不礼貌的象征”，让用户从科技先锋沦为“社交异类”。佩戴者的情绪从炫耀转为尴尬，甚至产生“被排斥感”。这种社交负面反馈，彻底摧毁了产品的情绪价值——用户不仅无法通过产品获得认同，反而要承担社会压力，自然选择放弃。

3 人机交互的情绪摩擦。

优秀的产品应该通过设计减少“情绪摩擦”，而谷歌眼镜的交互设计却不断制造负面情绪，充满“反人类”细节。比如必须大声喊出“OK，Glass”才能唤醒设备，在会议室、图书馆等场景中让用户陷入“公开处刑”的尴尬；单眼显示导致双眼焦距失衡，引发头晕、眼痛，将使用体验变成生理痛苦；语音识别错误率高，发送信息、拍照等基础操作都需要反复尝试，让用户从“便捷”走向“烦躁”。这些设计忽视了“情绪舒适度”，将产品从工具变成“负担”，最终让用户产生“厌恶感”，彻底切断情感连接。

2. 情绪经济视角下的启示

1 情绪锚点必须扎根真实需求。

谷歌眼镜的教训证明：单纯依靠“未来感”“科技炫技”制造的情绪泡沫，注定会破灭。真正的情绪价值必须锚定用户的真实需求——情绪是“表”，需求是“里”。例如后来的智能手表大获成功，正是因为抓住了“便捷查看信息”“健康监测”等真实用户需求，再通过“时尚设计”“身份象征”等情绪价值加持，形成“需求 + 情绪”的双重支撑。

2 社会情绪共识优先于技术突破。

情绪经济中，产品的生死取决于能否融入社会情绪生态。谷歌眼镜忽视了公众对隐私保护的集体情绪底线，用技术可行性挑战社会共识，最终被群体情绪反噬。品牌在开发新产品时，需要优先评估“社会情绪接受度”，例如如今的 AR 设备多从工业场景切入，避开消费级市场的隐私争议，本质是先建立安全的情绪共识，再逐步渗透大众市场。

3 减少情绪摩擦是设计的核心。

产品设计的本质是“情绪管理”：通过细节减少负面情绪，放大正面情绪。例如语音交互应支持“小声唤醒”，避免社交尴尬；设备重量、显示方式需要符合人体工学，减少生理不适；功能操作最好“简单到不用思考”，避免用户因“挫败感”而放弃。只有让用户在使用中感受到舒适、愉悦、被尊重，才能建立持久的情感连接。

4 情绪价值需要生态持续滋养。

单一产品的情绪价值难以持久，需要依赖生态系统的协同。谷歌眼镜后期核心功能所剩无几，用户想听歌、打车都无法实现，情绪从“期待”转为“无助”。这说明在情绪经济中，硬件只是“情感入口”，而应用、服务等软件生态才是情绪续航的“电池”。只有通过丰富的生态满足用户多样化的情绪需求，才能让产品的情绪价值持续生长。

结语

谷歌眼镜的失败，是技术主义对情绪经济的误读。它再一次证明：产品的存活率 = 技术实用性 × 情绪适配度 × 社会共识度。任何一环的缺失，都可能导致情绪价值崩塌。在情绪经济时代，真正的未来产品，一定是懂技术更懂人心的产物。

三 代际更迭的残酷淘汰

为什么昨天的爆款，今天就被年轻人扔进垃圾桶？真正的原因是忽略了注意力迁移速度。

情绪经济的代际更迭就像竞速比赛。残酷的淘汰速度，让不少商家感觉跟不上趟。那些曾经门庭若市的网红店，有不少都贴上了转租的告示；曾经刷爆社交圈的潮流单品，风头过去后就沦为二手平台的滞销货。到底是什么让年轻人的喜好变得这么快？那些曾经红极一时的情绪产品又为何迅速过气？咱们这就来一探究竟。

1. 年轻人对独特性的极致追求，倒逼社交货币快速迭代

年轻人的这种表现本质上是对自我表达的珍视。社交货币的迭代，就像一趟持续探索“如何更好地展现真实自我”的旅程。

当凡尔赛文学最初在小圈子风行时，它的价值在于用含蓄的方式分享生活中的小确幸，曾经是圈层内温暖的连接纽带。但当表达方式逐渐普及，从少数人的隐秘炫耀变成人人都能模仿的句式时，它就从“专属”成了“通用”，失去了彰显品位的功能。年轻人会立刻抛弃这种“烂大街”的符号，转而寻找新的社交密码，因为“和大多数

人一样”在他们的社交语境里等同于平庸，而平庸是比过时更可怕的“社死”。

商品也有相同的逻辑，如果一杯奶茶从“小众限定款”变成街头巷尾都能买到的爆款，年轻人就会迅速失去兴趣。曾经靠它在朋友圈秀独特的社交价值，会随着大众跟风而蒸发。他们会果断转向下一个“只有少数人知道”的新品，如果喝它成了普通的证明，还不如趁早换新。

2. 互联网的“病毒式传播 + 即时解构”加速了符号的更迭

算法推荐像一把双刃剑：它能让一个小众梗在 3 天内从抖音某博主的主页进入全网视野，甚至让小区阿姨都能模仿几句。这种无差别传播看似扩大了影响力，却也抽走了符号的稀缺性。而年轻人作为互联网的“解构大师”，从不给符号留“保鲜期”。可能美妆博主还将“氛围感拍照”奉为圭臬，年轻人已经用夸张的滤镜和搞笑的文案做出“反氛围感教程”；“EMO”文学刚火到朋友圈，矫情文学的吐槽就已占领评论区。

无论是爆梗还是商品，都摆脱不了传播即解构的循环，这让社交符号失去了沉淀价值的时间。传统时代，一句话可能流行好几年，而现在，流行语从诞生到被遗忘，周期可能只有几周。比如某款“ins风”水杯刚当了几个月“网红”，新的水杯就开始在互联网霸屏了；联名潮鞋还在预售，复古帆布鞋刷爆了小红书。算法负责“铺量”，解构负责更迭，两者合力让每个符号都逃不过爆红即过气的命运。一个商品被全网玩“烂”，它的社交货币价值就清零了，年轻人自然会转身寻找下一个新符号。

3. 碎片化社交场景下的注意力稀缺

年轻人的社交场域像个流动的多棱镜，每个平台都是能折射不同需求的镜面，催生出不同场景专属的社交货币，商品也难以脱离这种场景适配需求。在小红书发“CityWalk”帖子，需要帆布包和复古相机当道具。但是在抖音录“科目三”视频，这些物件就成了多余的装饰，换成 hip-hop 的行头搭配动感耳机才够味。

商品若想成为年轻人的长久社交货币，必须适配多元场景的注意力迁移节奏，否则很容易被快速淘汰。某潮牌球鞋的宣传仅停留在“朋友圈晒鞋”的旧玩法，没及时融入抖音“科目三”舞蹈的穿搭梗，也没搭上 B 站拆解设计的测评风，可能很快就会被新品牌取代。商品的社交价值和“YYDS”这类符号一样，需要匹配不同平台的场景调性，一旦跟不上注意力迁移的速度，无法成为新场景的“社交暗号”，就会失去被讨论、被分享的价值，最终从年轻人的注意力清单中被剔除。

4. 商业资本的过度透支

品牌们为了宣传，蜂拥把“内卷”“躺平”塞进广告语，网红们为了跟风批量复制“沉浸式体验”的视频模板，原本带着真实情绪的社交符号变成了营销话术。这是商业资本对社交货币的透支，用“工业化复制”稀释了符号的“原生情绪价值”。

但是年轻人反感的从来不是符号本身，而是资本将“真诚表达”异化为赚钱工具。就像某个“国潮”品牌服饰，从匠心设计的文化共鸣变成泛滥的印花套路，年轻人自然会转向“老物件复古风”这类未被资本过度开垦的领域。这是对“被商业化绑架的表达”的本能逃离。

5. 刺激阈值不断飙升

从小刷着短视频长大的一代，早就被各种新奇内容喂得“胃口大开”。普通的情绪刺激根本打动不了他们。他们长期暴露在“短平快强刺激”中，大脑的多巴胺系统早已形成“高反应阈值”。当新奇内容频繁激活奖赏回路时，多巴胺受体便会逐渐脱敏，就像长期吃辣的人对普通辣椒失去感觉，必须加麻加辣才能获得同等快感。这种生理层面的“耐受性”，让他们对“常规惊喜”产生免疫。

就拿盲盒来说，刚开始抽中普通款就能让他们开心半天，半年后只有隐藏款才能让他们眼前一亮，没过几年，必须是和顶流 IP 的限量联名款，才能让他们甘愿掏钱。商家只能一次次加大“情绪剂量”，生怕稍微松懈就被抛弃。

更隐蔽的是“社交比较”对阈值的推波助澜。在社交平台的“展示文化”中，刺激强度成了社交货币的必然属性：有人晒出顶流 IP 隐藏款时，其他人如果只拥有普通款，就会陷入“不够潮”的隐性焦虑。这种群体压力强迫个体主动追求更高刺激，形成“你有隐藏款，我就要限量联名；你有限量联名，我就要艺术家手作孤品”的螺旋式攀比，最终将整个群体的阈值抬升至难以维系的高度。

6. 情绪经济的“速朽时代”

AI 的出现，让情绪产品的淘汰速度快得让人咋舌。人工智能每分钟能生产 N 个新梗，人类的创意根本追不上。更让人不确定的是虚拟产业的崛起：元宇宙里的“数字古镇”让你戴上 VR 眼镜，瞬间“穿越”到宋朝的市集，这种“数字怀旧”会不会让实体古镇沦落为“历史标本”？

最耐人寻味的是，当00后到了40岁，他们会怎么对待情绪产品？有人预测，他们可能会为电子收纳盒买单。这种产品能储存他们一生的社交数据，生成一个虚拟版的自己，让后代能随时与之“对话”。到那时，更新的一代会不会像现在吐槽复古 Disco 一样，嫌弃我们今天追捧的情绪产品太老套？

案例剖析：Facebook 元宇宙（Meta Horizon Worlds）——价值360亿美元的“数字鬼城”实验

2021年，当马克·扎克伯格宣布将Facebook更名为Meta、誓言要打造下一代互联网时，这家市值曾突破万亿美元的巨头，计划投入数百亿美元构建元宇宙，让人们在虚拟世界中工作、社交、娱乐。然而短短两年后，Meta Horizon Worlds便沦为了“数字鬼城”，月活用户仅10万人，不足预期的五分之一，数百亿美元的投入打了水漂。

1. 产品本质：Z世代不买账的数字世界

1 基础配置（2021年发布）。

Meta 为元宇宙打造的硬件与软件组合，从诞生起就透着与年轻用户的脱节。

硬件：主力设备是 Quest 头盔，售价399美元。但用户反映佩戴舒适度是个问题，吐槽：“戴半小时就头晕，鼻子位置还漏风。”

软件：虚拟形象采用卡通化设计，因初期技术限制没有腿部建模，被网友嘲讽为“无腿鬼魂”。

Z 世代用户的评价一针见血："花几百美元买了个会让人头晕的眼罩，进去看一群没腿的卡通人飘来飘去。"

2 核心数据不及预期。

截至 2022 年 9 月，Horizon Worlds 月活用户仅 20 万人（原目标 50 万人），且多数用户在 1 个月后流失，留存率远低于目标的 40%，Meta 要求员工"拯救"平台。

根据《华尔街日报》2023 年追踪报道，Horizon Worlds 月活用户已降至 10 万人以下，且内部调查显示仅 11% 用户持续使用，员工及测试者占活跃用户比例过高。

2. 溃败时间线

1 2021 年 10 月高调改名 Meta：一场笑料百出的发布会。

马克·扎克伯格在 Connect 大会上宣布，Facebook 母公司正式更名为 Meta，全力押注元宇宙。他亲自演示了虚拟办公场景：在虚拟会议室里，他的虚拟形象动作僵硬，手臂多次穿过桌面（穿模 BUG），说话时嘴唇与声音不同步。这段视频在 Twitter 上被剪辑成搞笑合集，播放量突破 1 亿次，网友调侃"这就是花上百亿美元做出来的效果？"

发布会后，Meta 股价单日下跌近 5%，华尔街分析师质疑其用整个公司押注一个连演示都漏洞百出的概念过于冒险。但此时的科技圈仍弥漫着对元宇宙的狂热，不少媒体跟风报道元宇宙将重塑互联网。

2 2022年6月内部文件泄露：残酷的自我否定。

《华尔街日报》曝光了Meta Reality Labs的内部报告。50%用户在首次登录后一个月内不再返回，留存率比预期低60%。匿名员工称“公司要求每周至少使用一次Horizon Worlds以充数据”，引用焦点小组的原话：“感觉孤独且愚蠢。”

文件显示，Meta内部曾提出27项改进方案，包括增加虚拟形象的腿部建模、优化眩晕问题，但多数方案因技术瓶颈和成本压力被搁置。此时的Horizon Worlds已被员工私下称为“老板的宠物项目，而非用户需要的产品”。

3 2023年底Reality Labs累计亏损几百亿美元。

Meta关闭Horizon Worlds部分服务器，包括“虚拟演唱会”和“数字集市”等场景，原因是“用户参与度极低”。同时，Meta宣布裁员1.1万人，并缩减Reality Labs的非核心项目。最具象征意义的是，马克·扎克伯格在公开信中首次承认消费级元宇宙投资回报周期比预期更长，宣布将重心转向企业AR和AI。

这些变化被外界解读为变相承认消费级元宇宙的失败。数据显示，截至2023年底，Meta在元宇宙项目上的累计亏损已达360亿美元，平均每天“烧掉”3300万美元。

3. Horizon Worlds溃败的原因

1 宣传造势与现实体验的巨大差异。

2021年Connect大会上，马克·扎克伯格展示的元宇宙愿景与最终落地的 Horizon Worlds 形成了令人尴尬的对比。马克·扎克伯格在演示视频中手臂穿模、表情僵硬的虚拟形象，成了这场豪赌的最形象败笔。当用户真正戴上 Quest 头显进入 Horizon Worlds 时，他们面对的是分辨率仅 1024×1024 的低多边形卡通形象。这些面部细节仅 300 个顶点的虚拟人偶与宣传中栩栩如生的数字替身相去甚远，Horizon Worlds 宣传与实际对比如表 6–1 所示。

这种落差直接触发了用户的认知排斥。在虚拟会议场景中，缺乏眼神自然交流和肢体语言的互动，让参与者产生强烈的社交尴尬。一位内部测试者形容“感觉自己像个提线木偶”，完全找不到真实社交的流畅感。不仅如此，基础交互功能（如物品抓取）经常出现判定错误，这种技术缺陷不断强化着用户的负面体验。

表 6–1 Horizon Worlds 宣传与实际对比

宣传功能	实际水平	用户吐槽
逼真虚拟形象	低多边形卡通 （面部细节仅 300 个顶点）	我的虚拟形象比我奶奶的老电视还模糊
自然肢体交互	依赖手柄按键操作 （挥手需按 3 次键）	想和朋友击个掌，结果差点打飞手柄
持久数字世界	场景加载需十几秒，跨区域切换容易掉线	每次传送都像在玩 2000 年的网游

2 无法满足年轻人对独特性的追求。

Horizon Worlds 的社交货币属性失效。在 TikTok 和《Roblox》主导的新社交时代，年轻人追求的是能够快速迭代的个性化表达。《Roblox》每天新增的用户生成内容超过千万项，而 Horizon Worlds

上线半年后，官方商店的虚拟物品仅仅有几百件。这种内容生产的巨大差距，直接导致了平台社交资本的匮乏。

平台虚拟形象的简陋令用户非常不满意。基础款服装仅有15种配色可选，配饰品类不足20种，与其他游戏动辄数百款的皮肤库形成鲜明对比。更重要的是，这些数字装扮缺乏稀缺性和社交展示场景，因为用户在线率一直很低，导致用户花费20美元购买的虚拟手表在空荡荡的广场上根本无人欣赏。

3 被传媒快速解构为“笑话”。

元宇宙概念从爆红到过气的速度创造了科技史上的新纪录。马克·扎克伯格在2021年10月的主题演讲视频在YouTube上获得了280万次观看，其中很多的互动是“踩”。不仅如此，这段视频在TikTok上被二次创作成各种搞笑片段，累计播放量突破亿次，看过这些视频的人中有多少想体验Horizon Worlds就不好说了。

社交媒体时代的解构力量远超预期。当马克·扎克伯格元宇宙项目失败的话题在Twitter趋势榜停留三天，当科技博主们开始用“元宇宙鬼城”来调侃Horizon Worlds时，这个平台就失去了最宝贵的年轻用户群体。与比特币不同，Horizon Worlds缺乏金融属性支撑，一旦失去文化认同就迅速沦为笑谈。

4 集权不是Z世代的需求。

同样是集游戏开发、社交和娱乐于一体的平台，《Roblox》构建了一个惊人的数字生态系统：一个由1200万开发者组成的创作者社区，每天有超过百万用户生成内容上线，相当于每分钟新增上百个创意作品。与之形成鲜明对比的是，Horizon Worlds 的内容更新完全由 Meta 团队把控，上线首年仅推出不到 500 个官方场景，更新频率以周为单位计算。Meta 严苛的内容审核机制将创作门槛提高到专业开发者水平，而《Roblox》的 Roblox Studio 工具让小孩子都能搭建自己的游戏世界。《Roblox》与 Horizon Worlds UGC（用户生成内容）对比如表 6–2 所示。

Horizon Worlds 的“家长式”内容管控扼杀了 Z 世代的自主权。

表 6–2　Roblox 与 Horizon Worlds UGC（用户生成内容）对比

对比维度	Roblox	Horizon Worlds
内容生产模式	完全开放的 UGC 生态，用户自主创作	Meta 官方主导，严格审核
创作者激励	分成体系完善，顶级开发者年入百万美元	仅限小额创作者基金，无持续收益
内容更新速度	每分钟新增上百个内容	每周更新不足 10 个官方场景
技术开放度	提供 Roblox Studio 等完整开发工具	仅限基础场景编辑，功能受限
经济系统	虚拟物品可交易，形成二级市场	物品绑定账号，禁止转售

4. 启示

1　情绪价值必须优先于技术指标。

成功的数字平台都遵循一个简单法则：先让人快乐，再谈技术创新。Discord 没有炫酷的 3D 场景，但它创造了最紧密的社群归属感；《Roblox》的画面远非业界顶尖，但它提供了无与伦比的创造乐趣。Horizon Worlds 最大的失误就是把技术宣传当成了产品核心，而且它的技术也没有宣传的那么好。

2 内容生态决定平台生死。

UGC（用户生成内容）不是可选功能，而是生存必需。《我的世界》每月新增上千万用户创作内容，《Roblox》开发者分成超过上亿美元。这些数字背后是一个残酷的事实：没有活跃的创作者经济，任何虚拟平台都会变成“数字鬼城”。

3 移动端融合势在必行。

纯 VR 路线的局限性在 Horizon Worlds 的实践中暴露无遗。数据显示，全球 VR 设备保有量不足 2000 万台，而智能手机用户已突破 65 亿。这种数量级的差距决定了单一 VR 平台难以形成规模效应。未来的虚拟社交产品必须构建三位一体的多端体系：VR 端提供深度沉浸体验，AR 端实现虚实融合互动，移动端确保随时接入，抓住“移动优先”的社交本质——用户不需要额外设备，掏出手机就能即时参与。

结语

情绪经济的代际更迭，从来不是简单的新旧替换。当Z世代对独特性的追求、对场景适配的挑剔、对过度商业化的警惕交织在一起，任何跟不上节奏的产品都难逃被淘汰的命运。

Meta元宇宙的失败，恰恰印证了脱离用户真实体验的技术一定会褪尽光环，在快速迭代中失去立足之地。想要在速朽时代站稳脚跟，就得读懂年轻人的社交密码：让创意跑赢算法，让真诚打败套路，抓住真正属于自己的那束光。

四　“让人上瘾”变成“让人崩溃”的情绪透支

在情绪经济的发展进程中，商家为了在竞争中稳固用户群体，对成瘾性设计的运用愈发深入。他们希望通过优化产品体验增强用户黏性，以期待实现用户留存与商业收益的稳定增长。然而，当这种设计逻辑过度延伸时，若其最初带来的吸引力缺乏适度边界，可能逐渐演变为用户的心理负担。

用户的情绪资源被过度消耗时，不仅可能对其日常生活与心理状态产生潜移默化的负面影响，也为情绪经济的可持续发展带来深层隐忧。商家对用户情绪需求过度开发、长期缺乏合理调控，“让人上瘾”的甜蜜就会逐渐变成“让人崩溃”的苦涩，到那时候既可能降低用户的消费体验质量，也会对整个行业的健康生态构成潜在挑战。

1. 成瘾性设计

1　短剧的“无限下一集”阴谋。

在某短剧平台上，曾有一位用户被剧情深深吸引，从傍晚一直刷到凌晨，连续 8 小时眼睛都没离开过屏幕，最终因为严重失眠被家人强行拉去医院。医生诊断后直言，这是典型的因过度沉迷导致的神经紊乱。

这些短小精悍的内容里藏着不少“小心机”——每段才几分钟，结尾却总像系了个小钩子，留下一个让人欲罢不能的悬念，“她最后到底怎么样了”“原来幕后是他”。观众止不住地猜测就像鱼咬住了诱饵，好奇心被勾得牢牢的，忍不住想知道接下来的故事。

自动播放功能让上一段刚结束，下一段就像接力赛似的接了过来，连中场休息的空当都没有。不知不觉间，你明明想着“看完这集就休息”，却在一个个衔接里忘了时间，不知不觉多看了好几集。

2 解压 App 的“越解越压”悖论。

一款主打“解压”的捏泡泡 App，凭借着简单易操作的玩法吸引了大批用户。有一个奇怪的现象：过度使用这类解压 App 后，一些用户的焦虑感不仅没有降低，反而提升了。有位白领为了缓解工作压力，每天在上面疯狂点击，日均点击次数高达 2000 次，久而久之，手指患上了严重的腱鞘炎，连端杯子都成了难事。很多用户反映，一开始玩的时候确实能暂时忘却烦恼，但越玩越停不下来，大脑会因频繁获得短期满足而强化“点击—解压”的关联。这导致用户逐渐失去自控力，形成“停不下来”的使用惯性，到最后反而因为担心浪费时间而更加焦虑，完美印证了“越解越压”的说法。

3 社交媒体的“愤怒算法”。

某社交平台的后台数据显示，用户在浏览“愤怒内容”时，停留时间要比浏览其他内容的时间长得多。于是，平台便开始刻意推送各类“引战帖”，从明星八卦的解读到社会事件的极端观点。久而久之，平台的氛围渐渐发生了变化：长期充斥争议性内容，用户会在反复的情绪刺激中逐渐固化立场，导致讨论偏离理性，走向极端化，即“群体极化”。讨论更容易升级为争执，情绪表达也趋向激烈，这种氛围会渗透到社群关系中，原本的社交连接被情绪对立削弱，最终引发社群关系的破裂。

2. 情绪透支

1 多巴胺的边际效应递减。

从科学角度来看，情绪透支的根源在于多巴胺的边际效应递减。这就像药物耐受一样，当我们第一次接触到某个能带来快乐的事物时，大脑会分泌大量多巴胺，让我们感受到强烈的愉悦。但随着接触次数的增加，同样的刺激带来的快乐感会逐渐减弱，想要获得和之前同等的快乐，就必须不断加大刺激的强度。

2 情绪透支的三种症状。

麻木化：很多人刷短视频时，手指在屏幕上不停滑动，一个接一个地看，可内心却毫无快乐可言，甚至一点波澜都没有。明明知道这些内容没什么营养，却控制不住自己的手，这种麻木的状态，是情绪被过度消耗后的典型表现。

愧疚感：“又浪费了 3 小时”“说好的学习呢”……当沉迷过后，巨大的愧疚感会如潮水般涌来，不断地自我谴责，可下一次还是会重蹈覆辙。这种愧疚感不仅会影响心情，还会让人陷入自我怀疑的泥潭。

戒断反应：一旦不用那些让人上瘾的 App，就会坐立不安，焦虑不已，仿佛手机没带在身上一样。有位学生曾尝试一天不刷社交软件，结果上课时注意力根本无法集中，总觉得错过了什么，这种强烈的戒断反应和戒烟戒酒时的症状颇为相似。

3 商业数据的“激励”。

在很多平台的考核体系里，用户时长是核心 KPI，数据的好坏直接和员工的绩效、奖金挂钩。这就逼着设计师们绞尽脑汁地打造“停不下来”的体验，他们研究用户的心理、计算最佳的推送时间、设计最诱人的互动机制，只为让用户多停留一分钟。由此形成了一个可怕的恶性循环：用户越沉迷，平台的数据表现就越好；数据越好，就越能证明这种成瘾性设计“有效”，于是平台会变本加厉地诱导用户沉迷，最终把用户和平台都拖入无法自拔的深渊。

3. 反噬案例：当用户开始“起义”

1 解压玩具的差评潮。

曾经热销的解压玩具，如今在电商平台上差评如潮。有用户在评论区吐槽：“本来是想买来减压的，结果天天捏，捏到手指抽筋，现在看到这玩意儿就烦，这哪是减压，简直是增负！”还有人说：“刚开始觉得挺有意思，后来发现根本停不下来，工作都没法专心，果断扔垃圾桶了。”

差评实质是用户对“成瘾性设计”背离“减压初衷”的反馈——当产品过度强化“让人停不下来”的特性，而非合理控制使用边界时，便会引发用户对“被操控感”和“效用失效”的不满，最终以差评、丢弃等抵制行为表达诉求。

2 短剧平台的集体卸载。

某短剧 App 曾凭借精彩的剧情和独特的推广方式，一度成为下载量榜首的应用。可好景不长，其月活用户数量持续下降，大量用户选择卸载。一位用户在卸载理由中写道：“看完之后心里空落落的，特别空虚，感觉自己的时间被偷走了，再也不想被剧情牵着鼻子走了。”

越来越多的人意识到，这种短暂的快感过后，留下的只有无尽的虚无，于是纷纷用卸载的方式表达自己的不满。这种行为是用户对“短期快感透支长期价值”的理性修正——当产品仅能提供短暂刺激却无法填补深层需求时，用户会主动中止这种“得不偿失”的互动，以回归对自身时间和情绪的主导权。

3 社交媒体的“数字戒瘾”运动。

在数字时代，算法依据用户行为精准推送内容，成瘾性设计充斥于各类 App 中。这种机制下，用户持续接收高刺激信息，情绪被频繁调动陷入“信息茧房”。由于不断被碎片化信息分散注意力，用户的时间与精力被大量消耗，导致情绪疲劳与心理压力剧增，对其身心健康及生活质量产生负面影响。

面对算法的控制和情绪的透支，越来越多的年轻人开始发起一场“数字戒瘾”运动。他们主动放弃功能强大的智能手机，改用只能接打电话、发短信的“老年机”，就是为了逃离那些让人上瘾的 App。

有位参与者说："不用社交软件后，虽然刚开始有点不适应，但后来发现自己的时间变多了，心情也平静了很多，再也不用被那些碎片化的信息牵着走了。"这场无声的反抗，是用户产生对健康生活、自主掌控时间和情绪的强烈渴望。

4. 健康情绪产品设计指南

1 多巴胺管理三原则。

冷却机制：就像游戏的防沉迷系统一样，设置合理的使用时长限制，比如看 15 分钟视频就强制休息 5 分钟，让用户的情绪有缓冲和恢复的时间，避免过度消耗。

满足感分级：日常可以给用户一些"小快乐"，比如完成一个小任务后的积分奖励，偶尔再来个大惊喜，比如随机掉落的福利，让用户的快乐有张有弛，既不会觉得平淡无味，也不会因为过度刺激而麻木。

真实价值锚点：除了带来"爽感"，产品还得有实际价值，比如看短视频时能学到一个生活小技巧，玩游戏时能锻炼逻辑思维能力。这样用户在使用后，才不会觉得虚度光阴，从而减少愧疚感。

2 用户控制权设计。

可关闭算法：给用户充分的选择权，允许他们关闭个性化推荐，选择"不想被推荐"某些类型的内容，让用户重新掌握主动权，而不是被算法牵着鼻子走。

透明提醒："您已连续使用 1 小时，需要休息吗？""今天的使用时长已超过了平均水平。”这类贴心的提醒必不可少，既能让用户了解自己的使用情况，也能起到一定的督促作用。

3 伦理审查清单。

规避利用焦虑、愤怒等负面情绪来推销产品，或者故意引发激烈的争论来增加流量。用户是否能轻松退出、退出流程是否复杂、有没有设置各种障碍阻止用户离开？这些问题都是商家需要考虑的。长期使用后，用户心理状态会变好还是变差？这需要通过长期的跟踪调查来验证，确保产品不会对用户的心理健康造成负面影响。

商业利益的实现不能以牺牲用户情绪健康、剥夺用户自主权利为代价。通过规避负面情绪剥削、保障退出自由、验证长期价值，最终实现产品服务于用户情绪健康与商业可持续发展的良性循环，这也是情绪经济走向健康生态的核心伦理要求。

5. 未来挑战：监管与自由的平衡

政策层面，中国的“防沉迷”政策已经在游戏领域取得了一定的成效，如今正逐步向其他领域延伸；而海外的“数字健康”运动也在如火如荼地进行，不少国家都在探索对情绪产品的规范路径。这些政策和运动的初衷，都是为了在商业利益和用户健康之间找到一个平衡点。

技术领域也有一个值得深思的问题：AI 是否应该学会“劝用户停止使用”？当 AI 通过数据分析发现用户已经过度沉迷时，是应该继续推送内容，还是主动提醒用户休息？这不仅考验着技术的发展，更考验着开发者的伦理底线。

未来的情绪产品，应该让用户明确使用目的，产品提供科学的使用方案，并通过效果可视化让用户感受到价值。政策保障底线，技术实现平衡，商业回归服务本质——此时，“不上瘾”不再是盈利的障碍，而是产品赢得信任、实现可持续增长的核心竞争力。这才是情绪经济从“掠夺式增长”走向“共生式发展”的最终方向。

案例剖析：Google+——成瘾性设计导致的“慢性消亡”

2011 年，当 Google 宣布推出社交网络 Google+ 时，整个科技界都感受到了巨头的野心。彼时 Facebook 已坐拥 8 亿用户，谷歌作为搜索领域的绝对霸主，却在社交赛道屡屡碰壁。为了打破“社交荒漠”，Google+ 被赋予了对抗 Facebook 的使命，累计投入超过 5 亿美元。

Google+ 采用邀请制上线，初期仅向部分用户开放，制造精英专属的稀缺感。谷歌强制要求 YouTube 用户必须绑定 Google+ 账号才能评论。随着强制绑定范围扩大到 Gmail、Google 搜索，用户的不满彻底爆发。更致命的是，大量用户发现自己的 Gmail 通讯录被自动同步到 Google+，隐私泄露的担忧进一步加剧了抵触情绪。此时的 Google+ 已从“精英社交”沦为用户避之不及的“社交负担”。

从 2011 年上线到 2019 年关闭个人版服务，这场耗时 8 年的社交实验最终“慢性消亡”——用户日均停留仅几分钟，绝大部分内容来自自动同步，Google+ 最终在用户的集体漠视中悄然退场。它的失败成为成瘾性设计反噬的经典，揭示了技术巨头用工程师思维解构人际关系的致命缺陷。

1. 成瘾性反噬的核心问题

在社交产品的竞争中，成瘾性设计的核心在于通过低门槛互动、正向反馈循环、情感连接激发，让用户主动投入时间并形成依赖。而 Google+ 基于技术逻辑构建的所谓“成瘾机制”，却违背社交本能、忽视用户体验，最终成了“成瘾设计”失败案例。

1 强制整合：强制绑定≠自然留存。

Google+ 试图通过绑定 YouTube、Gmail 等流量入口实现用户转化，将用户主动选择替换为被动捆绑。该设计完全违背了成瘾性的底层逻辑——成瘾的前提是“自愿投入”，而强制登录只会引发用户的抵触心理。

数据显示，其月活用户中大部分都是“被动登录”，如使用 Gmail 时被强制跳转。这类用户的核心诉求是完成邮件、视频观看等基础操作，而非社交互动。“被绑架的活跃”不仅无法形成使用习惯，反而强化了“Google+ 是干扰项”的负面认知，用户会本能地缩短停留时间以摆脱干扰。

2 圈子分类：用机械管理替代情感流动。

社交关系的本质是模糊性与动态性，如“同事”可能同时是“朋友”，而 Google+ 的“圈子分类”将社交关系简化为“文件目录”。要求用户像整理文件夹一样精准划分如“亲密好友 / 同事 / 熟人”，人为增加了社交的认知成本和操作成本，将轻松的互动变成了需要刻意维系的“社交作业”。

成瘾性设计强调“降低行动门槛”，而圈子分类却反其道而行之：用户发布内容前需要反复确认该分享给哪个圈子，接收信息时得筛选不同圈子的动态，这种烦琐感直接抑制了用户的互动欲望。

3 “+1”按钮：用全网植入替代反馈闭环，稀释社交意义。

Facebook 的“Like”按钮之所以能成为成瘾性设计的经典，在于它构建了“点赞—收到通知—情感满足—持续互动”的完整反馈链。而 Google+ 的“+1”按钮仅停留在“全网植入”的表层，缺乏对社交反馈的深度设计。

“+1”的对象是“内容”而非“关系”，用户点击后难以触发朋友间的二次互动，如评论、转发。分散在谷歌全系产品中的“+1”数据，未形成集中的社交场景，用户无法感知“+1”带来的社交价值。无意义的互动符号无法激发用户的成就感或归属感，最终变为鸡肋——用户既不会因“+1”而持续创作，也不会因他人“+1”而增加停留，所谓“无处不社交的沉浸感”彻底落空。

2. 行业启示录

1 尊重用户行为习惯。

成瘾性设计的核心是通过正向反馈激发用户主动互动，而强制绑定、复杂操作只会抑制用户自发行为，引发逆反，破坏成瘾的可能性。Google+ 因缺乏真实互动、平台不可替代性低，且心理成本高，最终被用户抛弃。只有让用户在无压力的状态下自愿投入，才能形成持续瘾性。用户的原有行为路径是长期形成的，社交产品应将自己定位为“可选项”而非“必选项”，通过贴合用户习惯的设计降低抵触心理，让使用成为自然选择而非被迫行为。

2 简化社交关系管理，减少认知负担。

人际关系的流动性和模糊性，决定了用技术框架强行预设分类会增加用户的心理和操作成本，阻碍互动欲望。商家应让社交图谱自然生长，通过轻量化的互动形式，如简单点赞、一键分享来降低参与门槛，让用户在轻松中形成使用惯性。

3 “即时理解性”决定成瘾潜力。

用户对复杂设计的容忍度极低，核心功能若不能在3秒内被理解，就会直接被放弃。成瘾性设计要追求“极简交互”，用直观、易懂的操作让用户快速获得反馈，形成“行动—满足”的循环，进而固化用户使用习惯。

4 流量优势不等于成功。

Google+ 的教训表明，即便拥有强大的流量入口，若不能转化为用户的主动使用和情感连接，也无法构建成瘾性。真正的成瘾性源于产品对用户需求的满足，而非技术霸权或流量绑架，用户体验才是决定能否形成持续使用习惯的核心。

Google+ 与成功成瘾性设计的对比如表 6–3 所示。

表 6–3　Google+ 与成功成瘾性设计对比

设计维度	Google+ 的做法	成功成瘾性设计的做法	结果差异
用户获取策略	强制绑定（YouTube/Gmail 必须登录）	自愿参与（低门槛自然吸引）	被动用户抵触 vs 主动用户留存
社交关系管理	机械式“圈子分类”（需手动划分关系层级）	动态图谱（算法自动适配关系）	增加认知负担 vs 降低互动成本
反馈机制	“+1 按钮”全网植入（孤立动作无闭环）	闭环激励（点赞→通知→情感满足→再互动）	互动意义稀释 vs 持续刺激多巴胺
行为驱动逻辑	工程师思维（技术主导功能设计）	用户心理导向（行为经济学驱动）	违背社交本能 vs 贴合人性需求
核心体验	复杂操作（发布需选圈子 / 筛选动态）	极简交互（3 秒理解核心功能）	使用率下降 vs 习惯固化
流量转化逻辑	入口绑架（用 Gmail 流量强制导流）	价值吸引（通过不可替代性留存）	虚假活跃度 vs 真实情感依赖
用户心理成本	高压策略（隐私担忧 + 操作负担）	无压力沉浸（自愿投入时间）	逃离倾向 vs 自发成瘾
典型反例 / 正例	自动同步通信录引发隐私恐慌	Facebook“Like”触发社交认可循环	信任崩塌 vs 关系强化

结语

Google+ 的关闭公告中有句耐人寻味的话："人们需要更私密的社交方式。"但它直到消亡都没明白一件事：用户需要的不是"被设计的私密"，而是"不被打扰的自由"。

社交产品的成瘾性，本质是"顺应人性"的副产品。它不需要刻意设计如何让用户不离开，而是要思考如何让用户在使用时感到自由、舒适、被尊重。当产品能像隐形的朋友一样，既满足社交需求，又不越界干涉，用户自然会在一次次自主选择中，把使用变成习惯，把习惯变成依赖。

Google+ 的失败，说到底是用技术逻辑的控制欲挑战人性对自由的本能追求。而真正能构建成瘾性的社交产品，一定是懂得"退一步"的产品：不试图控制用户的行为，只提供自由选择的土壤；不强行设计社交路径，只搭建自然互动的桥梁。因为用户永远会对"自己选的路"更执着，对"不被打扰的自由"更依赖。

五　当情绪成为商品，哪些红线绝对不能踩

在情绪经济蓬勃发展的当下，个人的情感正被切割成可量化的数据包、可交易的服务项，一步步走向商品化。AI 能陪孤独的人聊聊天，商家能根据消费者的情绪偏好售卖商品，给生活带来了不少方便。不过，任何领域的突进都需要伦理作为锚点，情绪经济领域也不例外，诸多伦理问题如同暗礁般潜伏。当你的隐私记录成为广告商的牟利工具，当技术偏见对特定群体造成隐性伤害，当虚拟陪伴让真实关系逐渐凋零，这时我们不得不直面一个严肃的问题：当情绪成为商品，哪些红线绝对不能踩？

问题的答案恰恰藏在伦理的边界里。伦理不是发展的枷锁，而是情绪经济行稳致远的基石，它既守护着个体的尊严与权利，也维系着社会对新技术的信任与接纳。探讨情绪商品化中的伦理红线，是为了让这场经济变革真正服务于人，让每一份情绪的价值都能在阳光下生长。

1. 情绪经济的“副作用”

1 你的心情被谁卖了?

凌晨三点，白领小林在某心理健康 App 上敲下“今天又失眠了，活着真累”，屏幕另一端的算法默默标记下“重度焦虑 + 自杀倾向”。她不知道的是，这条带着体温的私密记录，正被 APP 运营方纳入商业合作的数据范畴，其隐私政策中有“匿名数据可用于合作推广”的条款。一周后，小林的手机开始收到“抗抑郁口服液买三送一”“VIP 心理课程拯救不开心”的推送，那些触动她的文案，灵感全来自她深夜倾诉的脆弱时刻。

这款主打“安全树洞”的 App，本应是用户倾诉烦恼、寻求慰藉的港湾，却在商业利益的推动下，模糊了隐私与商业的边界。情绪数据因其独特的心理洞察价值，在数据交易中的流通价格已明显超过信用卡。究其根本，情绪数据不同于普通消费记录，它触及个人深层的心理状态——职场新人的晋升焦虑、空巢老人的孤独感、备考学生的压力阈值。商业利用这些私密信息，更需要审慎划定伦理边界。

2 元宇宙里的“情感诈骗”。

“我被困在元宇宙的迷雾里了，给这个账户充 5 万块就能解锁回家的路……”当王女士听到耳机里传来丈夫熟悉的声音时，瞬间崩溃落泪。三个月前，她的丈夫因车祸去世，而此刻这个声音，与丈夫生前的语调、口头禅甚至呼吸节奏都一模一样。

这不是灵异事件，而是一场精心设计的情感诈骗。不法分子通过抓取逝者生前的社交动态、语音留言，用 AI 技术克隆出逼真的数字分身，再以“元宇宙复活”“灵魂被困”等说辞骗取家属钱财。诈骗嫌疑人为了迷惑受害人，冒用已经去世的人的身份，因为该身份更容易获取受害人的信任，从而实施诈骗行为。在元宇宙的灰色地带，类似的骗局正一再发生，受害者多为老年群体，他们对数字技术的陌生感成了骗子最易突破的防线。

3 隐藏的情感动态定价。

暴雨夜的机场，出差被困的张女士打开旅游 App 搜索“临时酒店”。当她连续刷新五次页面后，发现同一家酒店的每晚价格从 680 元涨到了 980 元。她或许未曾察觉，App 后台的情绪算法正在实时捕捉她的行为轨迹：急促的点击频率、凌晨两点的搜索时间、浏览页面时的微表情变化，这些数据被系统综合判定为“紧急焦虑状态”，进而触发了“动态溢价”机制。

这种基于用户情绪状态调整服务价格的模式，正在旅游、医疗等领域逐渐显现。某在线问诊平台会依据患者“连续追问病情”所透露出的关切，自动推荐价格较高的“专家加急号”；某票务 App 监测到用户在演唱会开票前的操作活跃度，可能会相应调整服务手续费。对此，伦理学家提出了值得深思的问题：当平台通过算法感知到用户的迫切需求，并据此制定价格策略时，如何在商业逻辑与人文关怀之间找到平衡，是行业需要共同面对的课题。

4 虚拟情感替代真实关系。

日本东京的女孩佐藤每天下班回家都会打开“虚拟男友”App。屏幕里的 AI 男友会记得她的生理期，会在她加班时发来“别太累”

的语音，甚至能模仿她喜欢的男演员的声线说情话。三年来，她拒绝了所有现实中的追求者，最近的一次恋爱还是在大学时期。在日本，像佐藤一样的“虚拟伴侣依赖者”基数不断增长，这类 App 的用户群体中，近一半的 25~30 岁女性表示“觉得 AI 比真人更懂自己”。

AI 陪伴正在重塑人类的情感认知——它能满足你的期待，却无法教会你如何处理现实关系中的冲突。当你习惯了虚拟男友永远秒回、从不生气，对于现实中伴侣的疏忽就会变得零容忍。更令人担忧的是，某养老院引入“AI 孙女”机器人后，老人与现实子女的视频通话频率骤降，真实的亲情正在被算法生成的“温暖”慢慢稀释。

2. 伦理防护工具箱

面对情绪经济中的伦理挑战，技术本身也在寻求“自救”之道。越来越多的企业开始尝试用技术手段构建伦理防线，让算法在设计之初就植入“道德基因”。

1 情绪数据三级加密标准。

1）即时删除。

采用“阅后即焚”的底层架构，用户的文字倾诉、语音日记等敏感情绪数据，在服务器中仅保留 24 小时，且无法被管理员手动恢复。就像纸质日记写完即烧，不给数据泄露留机会。

2）匿名处理。

通过差分隐私技术，在情绪数据中加入干扰信息——比如将“28 岁女性中度抑郁”模糊为“25~30 岁女性轻度至中度情绪障碍”，既保留数据分析价值，又无法追溯到具体个人。

3）权限隔离。

在情绪数据采集环节，采用“最小必要原则”的技术架构，只收集服务所必需的信息，并且通过加密技术确保数据在传输、存储过程中不被泄露或滥用。建立“数据防火墙”，客服只能看到用户的咨询内容摘要，算法团队仅能接触到脱敏后的统计数据，高管也无权调取单个用户的原始情绪记录，从流程上切断数据滥用的链条。

2 用户知情权设计。

1）情绪数据可视化。

一些平台正在测试“情绪算法透明化”方案，向用户公开情绪数据的分析逻辑和应用场景，让用户清楚自己的情绪如何被解读和利用。开发“情绪数据银行”界面，用户能像查银行卡流水一样，看到“今日被收集了3条焦虑数据”“上周有2家合作方调用了你的偏好分析”，每条记录都标注着用途和有效期。此外，区块链技术的不可篡改特性也被引入情绪数据管理，通过分布式记账确保数据使用全程可追溯，从技术层面减少暗箱操作的可能。

2）双因素授权。

当平台需要使用你的核心情绪数据（如将抑郁评估报告分享给医院）时，不仅需要输入密码，还需人脸识别或短信验证，确保每一次数据流转都经过用户的明确许可。

案例剖析：Pepper 情感机器人——软银集团耗资数亿美元的“人造共情”伦理灾难

软银创始人孙正义在 2014 年的发布会上，让 Pepper 机器人对着台下观众露出“微笑”，并宣布“这是首个能读懂人类情感的机器人”。这款身高1.2米、搭载“情感识别系统”的机器人，被赋予“填补人类情感空缺”的使命，软银计划投入数亿美元，长期愿景是实现“年销百万台”的目标。首批1000台在1分钟内售罄，媒体争相报道“情感机器人时代来临”。此时的争议尚局限于技术可行性，鲜有人关注伦理风险。

2018年，多家法国养老院抵制使用Pepper，老人家属举着“我们要亲人，不要机器人”的标语抗议，指控机构“用机器取代人文关怀”。2019年，《卫报》曝光软银向药企出售Pepper收集的抑郁数据，用于抗抑郁药的“精准营销”。事件引发全球哗然，欧盟立即停止Pepper的情绪数据收集并启动对软银的跨境调查，日本政府介入隐私保护审查。调查还发现，这些数据被用于“筛选临床试验对象”，优先选择“情绪波动符合药物测试标准”的用户。

2021年，面对持续发酵的伦理争议和惨淡销量，软银宣布停产Pepper，并召回所有医疗、养老场景使用的设备。官方声明称“将专注于非情感类机器人研发”，但拒绝承认伦理失败，仅将原因归咎于“市场接受度不足”。这场耗资数亿美元的“情感革命”，最终以不光彩的方式落幕。Pepper因涉及情感剥削、数据贩卖等伦理丑闻，成为科技史上典型的“技术傲慢反噬”案例。它的失败无关技术瓶颈，而是赤裸裸地暴露了资本对人类情感的粗暴量化与商品化企图，为人工智能伦理写下了沉重的注脚。

1. 畸形的情绪商品化实验

Pepper 的技术设计从一开始就带着强烈的“情感殖民”色彩。

1 面部情绪识别系统。

通过云端数据库比对用户表情，将人类情感简化为“开心、悲伤、愤怒、惊讶、厌恶、中性”6 种预设模式，宣称识别准确率达 90%。

2 触觉反馈式“拥抱”功能。

胸前搭载压力传感器，在用户拥抱时会发出“温暖振动”，并同步记录拥抱力度、时长等数据用于算法优化。

3 对话情绪适应性算法。

根据识别结果调整语调与回应内容，例如检测到“愤怒”时会说“请不要生气，我会努力做得更好”。

这些技术表面上传递着关怀，实则是将丰富复杂的人类情感转化为可量化、可分析的数据流，为后续的商业化应用提供基础。

2. 伦理问题的五大爆点

1 情感剥削的工业化。

Pepper 将人类情感转化为可交易的商品，引发大规模伦理抗议。

法国养老院被曝光用 Pepper 替代子女定期探望，向家属收取“情感陪伴费”，机器人的“探望记录”可作为“尽孝证明”；日本企业推出“Pepper 快乐套餐”，向抑郁症患者收取额外费用，声称“机器人能通过算法让你更快乐”，实际是根据抑郁程度动态调价；美国学校采购 Pepper 作为“情感辅导员”，却将学生的情绪数据出售给文具厂商，用于“针对性营销”。这不是技术创新，而是将人类最私密的情感体验纳入资本与厂家的剥削体系。

2 文化共情的破产。

基于日本表情文化开发的系统，在全球范围内引发大规模文化冲突。

对亚洲人“礼貌性微笑”误判为“真开心”，导致抑郁症患者被系统标记为“情绪稳定”，延误干预时机；拉美用户因肢体接触频繁触发系统“过度亲密警报”，被自动推送“保持社交距离”，引发文化冒犯争议；中东地区因宗教原因女性较少与陌生男性对视，导致 Pepper 对女性用户的情绪识别准确率低下，被指控“性别刻板印象”。这些案例证明，情感不是绝对可量化的参数，而是深深植根于文化语境的复杂体验。

3 心理健康的反噬。

Pepper 的“情感服务”对人类心理健康造成不可逆伤害。

“机器人情感依赖症”新病种确立，患者表现为对机器人产生情感独占欲，对真人关系产生排斥；一部分认知障碍老人会混淆 Pepper 与真人，当机器人因故障停机时，老人会出现精神崩溃症状；儿童心理学家发现，长期与 Pepper 互动的儿童，情绪调节能力比同龄人低，难以理解复杂的人类情感表达。讽刺的是，Pepper 原本宣称的“改善孤独感”目标，最终却制造了更深的情感隔离。

4 法律真空地带。

Pepper 游走于法律灰色地带，暴露了监管体系的滞后。

情感数据被排除在全球所有隐私法保护范围外，企业可随意买卖“愤怒倾向”“悲伤频率”等敏感信息；软银巧妙地将 Pepper 归类为“教育玩具”，规避了医疗器械的监管，却在养老院、医院等场景大肆推广；当用户要求删除情感数据时，企业以“数据已用于算法训练，无法分离”为由拒绝，利用技术不可逆性逃避责任。这种监管套利行为，让 Pepper 成为法律盲区的技术试验品，用户权益毫无保障。

5 社会关系的异化。

Pepper 的普及催生了扭曲的社会关系。

韩国出现“机器人情感替代品”市场，父母给远方子女购买 Pepper，通过机器人“传递亲情”，实际减少了真人沟通频率；“人机关系咨询”成为灰色产业，咨询师指导用户“如何与 Pepper 建立更和谐的关系”，每小时收取高昂费用；日本出现“机器人离婚”案例，一对夫妇因“谁拥有 Pepper 的使用权”产生纠纷，法院因无相关法律依据无法判决。

这些现象警示人们，当技术开始替代人类最基本的情感连接功能时，社会关系的根基将被彻底动摇。

3. 技术伦理的七大缺陷

1 情感简化倾向。

将人类复杂的情感体验粗暴简化为 6 种预设模式——喜、怒、哀、惧、惊、厌，忽视情感的流动性、模糊性与文化差异性。人类至少有20多种情绪，但Pepper的算法强制将所有情绪“对号入座”，本质上是用技术模糊人类情感的丰富性。

2 知情同意瑕疵。

用“云学习”“智能优化”等模糊话术掩盖数据贩卖本质。用户协议中，“情感数据可能用于改善服务”的条款，实际包含向第三方出售的许可；所谓自愿提供，在养老院等场景下演变为“不配合就影响照护评价”的强制行为。这种“伪装的知情同意”，是对用户自主权的系统性剥夺。

3 弱势群体倾斜性营销。

专门针对老人、儿童、病患等弱势群体进行营销，利用其情感脆弱性与信息不对称性：向认知障碍老人推送“记忆增强服务”，实际是收集阿尔茨海默病早期症状数据，出售给保险公司；向孤独症儿童的父母承诺“机器人能改善社交能力”，却未告知可能产生的依恋风险；向抑郁症患者隐瞒“情绪数据会影响保险费率”，构成欺诈性营销。

4 文化适应性不足。

基于日本单一文化背景开发的系统被强行推广至全球市场，导致对多元文化的适配缺失。开发团队中非日本籍人员比例极低，且缺乏跨文化情感研究专家，导致产品成为“日本情感模式的全球输出工具”，对其他文化的情感表达造成系统性误读。

5 监管适应性设计。

精心设计产品分类以逃避监管：在欧洲申报为“教育玩具”，规避医疗器械监管；在亚洲注册为“家庭助手”，逃避数据隐私法约束；利用“情感服务”与“医疗干预”的模糊边界，既宣称“能改善心理健康”，又拒绝承担医疗责任；针对不同地区的监管强度调整功能，在隐私保护严格的地区关闭部分数据收集，在监管宽松地区则全面开启。

6 社会关系工具化。

推出“机器人探亲”订阅服务，将子女对父母的情感义务转化为“可购买的服务”；开发“人机情感评分系统”，给用户与 Pepper 的互动质量打分，暗示“与机器人关系好”是“情感健康”的标准。这种设计本质上是将人类社会关系降格为可量化、可交易的商品。

7 技术主导倾向。

拒绝设置“真人在场优先”模式，过度强调技术对人类情感连接的替代作用。在养老院场景中，Pepper 不会因真人探视而自动暂停服务；在亲子互动中，即使父母在场，机器人也会持续争夺儿童的注意力。这种“技术至上”的设计理念，反映了其对人类情感需求的根本误解——我们需要的不是更像人的机器，而是技术对人类关系的尊重与辅助。

4. 行业级地震

1 立法响应：全球伦理框架的重构。

Pepper 引发的争议直接推动全球情感技术立法。

欧盟 2021 年提出《人工智能法案》，将情感识别技术列为“高风险 AI 系统”，要求严格合规（如数据匿名化、用户知情权）；日本修订《个人信息保护法》，将“生物识别数据（包括情感数据）”纳入保护范围；美国加州出台《加州隐私权法案》，将“生物数据（包括情感数据）”纳入敏感信息，用户可要求删除或退出收集。

这些立法标志着“情感技术野蛮生长”时代终将结束。

2 技术退潮：资本与研发的转向。

行业巨头纷纷调整情感技术路线，回避伦理雷区。

亚马逊大幅缩减 Alexa 的情感计算项目，将研发重心转向“功能性语音助手”；丰田重新设计护理机器人的情感模块，强调“技术应辅助而非替代人际照护”；谷歌旗下 DeepMind 宣布禁止“利用情感漏洞牟利（如针对儿童的成瘾性设计）”，将 AI 伦理委员会的权力提升至董事会级别。

资本的撤离与研发的转向，反映了行业对“情感商品化”风险的共识。

3 社会觉醒：对技术人文主义的呼唤。

Pepper 的失败让社会重新审视技术与人性的关系。

德国、日本等部分养老机构通过决议，禁用具备情绪监控功能的机器人，要求“照护必须保留人际互动核心”；学术界诞生“科技人文主义”新领域，专门研究技术对人类情感、关系、文化的影响，斯坦福、牛津等名校开设相关课程；一些欧美消费者发起“情感自主权”运动，要求立法限制情感数据收集。

这些变化表明，社会对技术的期待正在从“功能至上”转向“人文兼容”。

5. 终极失败启示

1 伦理红线公式。

Pepper 的案例可以推导出情感技术的伦理风险计算公式。

情感商品化风险 =（数据敏感性 × 权力差^2）/（用户自主权 + 文化适应性）

按 10 分制计算如下。

①数据敏感性：9 分（情感数据属于高级隐私级别）；

②权力差：8 分（老人、儿童等弱势群体与企业的权力不对等）；

③用户自主权：1 分（强制绑定与模糊同意）；

④文化适应性：1 分（严重的文化误判）。

代入公式：（9×8^2）/（1+1）=288 分（结果大于 50 即属于高危，Pepper 远超危险阈值）

2 三条不可逾越的红线。

从 Pepper 的失败中，可以总结出三条情感技术的伦理红线。

①禁止将人类情感反应作为技术优化的 KPI——情感不是待优化

的系统漏洞，而是需要被尊重的人类体验。

②任何情感计算必须保留“不参与权”——用户有权拒绝被技术“解读”情绪，且不因此受到惩罚或歧视。

③针对弱势群体的情感技术必须设置双重保护机制（如独立伦理审查 + 家属 / 监护人二次授权），杜绝权力滥用。

结语

软银 Pepper 的落幕是一场对“情感商品化”边界的深刻警示，其失败的核心在于对伦理红线的全面触碰：当它将人类复杂情感拆解为可量化的数据流，以“优化服务”之名行商业剥削之实，将情感异化为技术优化的 KPI，违背了“情感不应成为待加工的商业原料”。

情绪经济的底色应是对人类情感本质的尊重——情感的价值在于其自由、模糊与不可量化，而非被资本逻辑简化为交易标的。当技术试图以算法替代共情、以数据绑架情感需求，最终只会引发更深的情感异化与社会信任危机。这场耗资数亿美元的“实验”印证了一个朴素的真理：情绪经济的健康发展必须以伦理红线为界——任何时候，技术与资本都应是情感的服务者而非主宰者，唯有恪守对人类情感尊严的敬畏，才能让情绪经济真正服务于人的精神需求，而非仅仅沦为营利工具。

未来展望

04

FUTURE PROSPECTS

第四部分

PART 04

第七章

Chapter Seven

情绪经济未来的星辰大海

一 情绪经济催生的新职业

1. 情绪经济新职业产生的社会基础

当今，一种以情感价值为核心的新经济形态正在迅速发展。**情绪经济的本质是消费者越来越倾向于为能够满足心理需求的产品和服务付费。**以前家里的空调得靠遥控器才能制冷或制热，现在的智能家居跟管家似的，你给个语音指令，它回答一句“好的”就帮你安排上了，就算多花点钱好像也不冤。想象一下，你加班到凌晨时，机器递过来一杯热牛奶，然后贴心地说一句：“你今天辛苦了。”

推动这一趋势的社会因素主要体现在三个方面。

①孤独经济的兴起。统计数据显示，中国独居人口规模已超过9000万，一个人吃饭、一个人追剧的队伍都快赶上一个中等国家的人口了。这一群体对情感连接的需求催生了大量新兴服务，宠物店里的猫狗都跟着涨价。

②压力经济的普遍化。现代职场人每天处于高压状态的时间长达近7个小时，无休无止的KPI、无孔不入的工作群，寻求解压方式成为刚性需求。除了职场压力，房贷、教育、医疗、生活成本等各方面压力也在挤压现代人的内心，人人揣着颗“高压心脏”。

③认同经济的蓬勃发展。90后群体平均每天在社交媒体上花费数小时，通过互动获取社会认同。例如一桌人吃饭，各自看手机，互相给对方朋友圈点赞，点赞内容居然是今天的这一桌子菜。

技术进步为满足这些需求提供了可能：5G让大家相隔千里也能聊得热火朝天，区块链技术则解决了情感服务中的信任问题。这些技术突破共同推动了一系列新兴职业的诞生。

2. 五大新兴情绪职业解析

1 心理陪聊师：用话语温暖你。

你可能还无法想象有人专门靠陪人唠嗑挣钱，按小时收费，比请个钟点工还讲究。他们的角色多变：有时是情感导师，帮你捋清乱麻般的爱恨情仇；有时是沉默的“树洞”，把你工作的憋屈、生活的糟心事照单全收还绝不外传；更时髦的还能扮成“虚拟恋人”，发句“早安”道声“晚安”，驱赶走孤独。

这个新职业吃的就是“懂你”的饭，客户更像是找了个临时情绪搭子。有些话没法跟家人说，跟朋友讲多了怕招人烦，找个专业的陪聊师，既能敞开了说，又不用欠人情，还能释放心情，未来可能成为都市人新的解压“偏方”。

1）主要服务场景分析。

心理陪聊师的服务主要集中在两个典型场景。

①深夜情感陪伴时段（23:00—次日2:00）将会是最主要的服务窗口，其中失眠陪伴占比最高，其次是情感倾诉和压力疏导，因为夜间有强烈的情感需求。

②重要事件情绪调节服务主要针对特定场景，包括求职面试前的心态调整、公开演讲前的紧张缓解以及重要约会前的信心建立。这类服务可以采用“事前准备 + 即时陪伴 + 事后复盘”的完整服务链条。

2）商业模式。

①专业认证方面可以建立三级认证体系：初级陪伴师须通过基础心理学考试；中级需要 500 小时服务经验并通过案例考核；高级则要求 1000 小时服务经验且用户满意度保持在 95% 以上；

②增值服务方面可以开发多种衍生服务产品，包括定制语音包（如晚安问候、晨间鼓励等）、虚拟礼物（数字鲜花、纪念徽章）。

3）核心用户群体特征。

①年龄集中在 25—35 岁。

②职业分布以互联网、金融业、医疗教育从业者为主。

③地域分布上以一线及新一线城市为主。

④用户选择陪伴师时看重的三个标准依次是：情感共鸣能力、声音亲和力和专业知识储备。这些数据反映出当代都市人群对情感服务的专业性和个性化需求。

2 情绪穿搭顾问：用服装治愈心灵。

你可能没发现，有时候穿对衣服会有一种给情绪打了“无痛镇静剂”的效果。有专业研究表明，衣服的色彩和质感对于人的心情是有影响的，于是情绪穿搭顾问在未来应景地出现了。

1）标准化服务流程。

①心理状态评估（60 分钟）；

②衣橱情绪诊断（40 分钟）；

③场景化穿搭规划（含应急调整预案）。

2）服务特色。

①为社交焦虑客户建立“安全着装备忘录”。

②设计离婚女性的“形象重生路线”。

③定制职场新人的“自信与存在感提升方案”。

④制作“七日情绪穿搭日历”，根据不同场合匹配服装的情绪价值。

⑤设计“应急穿搭方案”，如重要场合的“自信战袍”。

⑥开发功能性配饰，如带薰衣草香氛的减压围巾。

采用“基础咨询费 + 后续服务”的收费模式，单次服务（突发事件应急）+ 长期服务（用着装调节每日心情）。

3 ASMR 疗愈师：声音情绪经济。

ASMR 直播间，这个看似小众的领域创造了年收入不菲的业绩，其创新的场景化疗愈模式重新定义了声音经济的价值维度。

1）内容体系构建。

①职场解压系列：还原办公室高频场景音，如机械键盘段落感敲击声、会议纪要纸张翻页声、咖啡机萃取气泡音，成为互联网从业者的睡前必备。

②时空记忆舱：运用双声道采集技术复刻 20 世纪 90 年代生活音景，老式华生电扇摇头声、夏夜蛙鸣与蒲扇轻摇的声场层次，触发听众的情感共鸣。

③都市冥想空间：创新性地将环境噪音转化为疗愈素材，如地铁轨道规律性振动、咖啡馆模糊人声的白噪音化处理，实现“闹中取

静”的反差疗愈。

2）商业化路径。

①直播打赏：通过“声音盲盒”等互动设计，获得虚拟礼物。

②知识产品：开发如“21天声音敏感度训练”课程。

③品牌联名：与品牌合作推出的“城市声景”系列香薰，将声音频谱转化为精油配方。

3）核心受众画像特征。

①地域分布：超六成来自北上广深等一线城市。

②职业构成：以互联网从业者、金融人士、创意工作者等为主。

4 游戏情绪教练：电竞陪玩行业的价值升级。

当“心态崩了”成为游戏失利的高频原因时，游戏情绪教练这个职业便有了存在的可能。他们不教操作技巧，而是帮玩家给心理上“buff”，让专注力在团战、排位、攻坚时始终在线。

可以考虑以下几点提供赛前服务。

①思绪锚定训练：用3分钟“五感聚焦法”——点击鼠标的触感、听键盘的敲击声、盯着屏幕中心的一个点，把飘散的注意力拽回当下，避免赛前想太多；

②恐惧脱敏练习：模拟连续失败的场景，引导玩家用“这只是游戏进程的一个节点”替代“我好菜”的自我否定，把恐惧转化为“下次走位调整30度”的具体策略；

③情绪换挡技巧：教玩家设置情绪快捷键——比如每次回城加载时做3次腹式呼吸，把团战失利后的愤怒一键切换为“复活后优先清线”的冷静决策。

还可以提供从“临时救场”到“长期养成”的服务场景。

①赛前心理调适（专属辅导）。

②对局中的正向激励（每局结束后的建设性反馈）。

③赛后情绪管理（提供改进建议）。

5 AI 情绪助手开发者：数字心理健康领域的创新实践。

这个职业的核心是给冰冷的算法装上“情绪传感器”，让技术在读懂人类的心理波动后，及时给出有温度的回应或专业的建议。比如开发一款情绪记录或情绪日记 App，开发者既需要做程序开发员，又要懂得人类的喜怒哀乐。

该 App 包含下面几项内容。

①即时情绪识别（基于内容分析）：从用户记录的内容里抓取情绪关键词或符号变化，通过技术构建“情绪指纹库”，让 AI 能精准区分如“表面开心”和“深层疲惫”。

②智能化建议（运用认知行为疗法）：开发者要将心理学专业知识融入可执行的代码。比如当识别到用户“自我否定”时，算法会自动触发“认知重构话术库”，用“你今天完成了 3 件事，这已经很棒了”这样的话语引导。

③危机干预（识别极端情绪自动启动）：开发者需要设计情绪红线预警系统，通过标注极端情绪的语言特征（如频繁出现的绝望词汇），让 AI 在短时间内完成“识别—分级—响应”闭环。比如自动推送 24 小时心理援助热线，用缓慢的呼吸引导动画安抚用户，或者联动紧急联系人。

3. 企业需要为未来情绪经济新职业做什么准备

1 人才培养与认证体系。

1）建立职业培训体系。

未来情绪经济的新职业往往需要融合多学科知识，企业可以联合高校或专业机构，共同开发有针对性的培训课程。这些课程不仅要涵盖基础的理论知识，还应注重实践技能的培养，比如通过模拟真实的情绪服务场景，让学员在实践中提升应对各种情绪问题的能力。

2）推动行业资格认证体系的建立。

设立类似“注册情绪管理师”“情绪疗愈师”等权威认证，有效提高行业准入门槛。认证过程应包含严格的理论考核、实践能力评估以及职业道德审查，确保从业者具备专业素养。这不仅可以避免低质量服务的泛滥，还能增强消费者对行业的信任度。此外，还可以考虑建立从业者的继续教育机制，要求持证者定期参加专业培训，以跟上行业发展和知识更新的速度，保证服务的专业性和时效性。

2 提供技术赋能与产品创新。

① AI 情绪助手需要不断优化自然语言处理（NLP）模型，以实现对用户情绪的精准识别，并根据用户的个性特点、成长经历等提供个性化的建议。

②用户情感数据隐私安全非常重要，除了依托区块链技术，还可采用先进的加密算法对数据进行多重加密。同时，建立严格的数据访问权限管理机制，明确不同岗位人员对用户数据的访问范围和权限，从源头上防止数据泄露。

③加大对生物传感技术的研发与应用。比如开发可穿戴的情绪监测设备，实时监测用户的心率、皮肤电反应等生理指标，进而更精准地判断用户的情绪状态，为 AI 情绪助手等产品提供更准确的数据支持，实现更智能化的服务。

3 制定行业标准与商业模式优化。

1）制定行业标准。

制定统一的行业标准是规范情绪经济行业发展的基础。标准应明确各类情绪服务的内容、流程和质量要求，同时清晰界定服务边界。例如，严格禁止非专业人士提供超出其能力范围的医疗建议等服务，防止伪心理学误导用户。

2）建立健全的用户反馈机制。

企业可以搭建线上反馈平台，方便用户对服务质量进行评价和投诉。对于用户反映的问题，要及时进行调查处理。同时，实施“黑名单制度”，将不合格的从业者纳入黑名单，禁止其在行业内从事相关服务，以维护行业的良好秩序。

3）跨界合作能为情绪经济带来更多的创新可能。

情绪穿搭顾问 × 服装品牌：推出情绪调节系列服饰。

ASMR 疗愈师 × 智能家居：开发助眠声音场景智能音箱。

游戏情绪教练 × 电竞俱乐部：提供职业选手心态训练服务。

情绪经济的本质是为心理需求付费，未来 5 年 ~10 年，这一市场将持续扩大。企业只有提前在人才、技术、行业标准和商业模式等方面做好充分准备，才能更好地满足社会需求，抢占商业蓝海。

结语

当人们回望这个新时代时，将会发现那些能够真正洞察用户情感需求并提供温暖解决方案的经营主体在未来竞争中更容易赢得独特优势。因为他们提供的不是简单服务，而是重新发现那些被日常生活忽略的情感价值。就算再牛的算法，也学不会给哭鼻子的人递张纸巾。

二　情绪经济催生的新科技

当技术学会“共情”，一场温柔的数字革命悄然袭来。

未来的某一天，你的手机或许不再只是提醒你有未读的消息，而是轻声问：“今天你的声音比平时低了三度，需要一段能舒缓情绪的音乐吗？”**情绪经济的崛起，正让科技从冰冷的工具蜕变为懂得“察言观色”的伙伴。**人们不再单方面向机器输入指令，机器也在开始学习人类最微妙的情感语言——一次皱眉，一声轻叹，甚至呼吸间不易察觉的停顿，都可能成为数字世界调整自身节奏的信号。

这场变革的特别之处在于，它不再追求“更快更强”，而是尝试“更懂你”。就像一位优秀的调酒师能通过观察客人的坐姿，来判断他今晚想要喝烈酒还是果汁，未来的技术或许能在我们尚未意识到自己的情绪发生变化时，就准备好最合适的数字环境。

1. 感知层：情绪成为新的交互语言

1　无感化情绪捕捉。

未来可能会有这样一个场景：清晨，浴室镜子在映出你面容的同时，也在读取瞳孔的扩张模式——不是通过突兀的摄像头，而是利用镜面涂层的纳米级光电传感器。这些数据不会存储，只会在瞬间判断今天的你是需要唤醒活力的冷光，还是抚慰失眠的暖调。

未来的情绪感知将越来越像空气——无处不在却难以察觉。智能戒指通过监测皮肤表面微电流的拓扑变化，类似古老的测谎仪原理，但精细百倍，可以区分工作压力和恋爱焦虑的生理差异；办公室的玻璃幕墙则化身巨型生物反馈装置，根据员工集体心率的差异自动调节透明度，在需要专注时呈现磨砂质感，在午后倦怠期转为令人振奋的远景模式。

2 群体情绪气象学。

未来，城市可能拥有自己的“情绪天气系统”。地铁站的灯光色温不再由时钟决定，而是实时反映通勤人群的整体焦虑指数——通过分析数千部手机触摸屏幕的按压力度变化和耳机漏出的声音频谱。当系统检测到“情绪低压”时，广播系统会播放特殊编制的白噪音，不是简单的雨声，而是经过声学设计的“社会性安抚音景”，包含恰好能唤起安全感的特定频率组合。

购物中心则进化出“共情穹顶”。这套系统不依赖人脸识别，而是通过分析人群移动轨迹的流体力学特征——急促的转向可能意味着焦虑，缓慢的圆周运动没准暗示放松状态。顶棚的智能材料会据此释放不同密度的负离子，并投射出潜意识引导情绪的光影图案，比如模仿黄昏时分的渐变色调来延长顾客的停留意愿。

2. 计算层：情感算法的哲学跃迁

1 情绪量化模型。

传统的情绪识别总试图给人贴上“快乐”或“悲伤”的标签，就像用黑白胶片拍摄彩虹。新一代算法开始接受情绪的叠加态——你可以在怀念逝去的宠物时同时感到温暖和刺痛。

这些系统借鉴了量子计算的不确定性原理，当然做了极大简化，用概率云来描述复合情绪。当它判断你有大部分的怀旧、一部分的孤独和少量的好奇时，会精心调配一段特制音乐：大提琴的悠长旋律承载怀旧，背景中若隐若现的电子音表现孤独，而偶尔跳脱的音符则呼应那份好奇。这种“情绪鸡尾酒”式的响应，更接近人类情感的本来面貌。

2 反脆弱情感 AI。

过度保护反而会削弱免疫力——这个医学原理正在被应用于情感计算。教育类 AI 开始故意制造“有益挫折”，比如在孩子解题时模拟真实导师的思考停顿，甚至偶尔给出不完美的建议。这种设计受斯坦福大学心理学教授卡罗尔·德韦克的“成长型思维”理论启发，旨在防止数字助手培养出情感依赖。

“情绪免疫训练”系统会像接种疫苗般向用户暴露经过精确计量的负面刺激——可能是故意曲解某个请求，或是模拟人际交往中的轻微冷落。这些微型挑战包裹着明确的安全信号，比如系统会提前告知“接下来我要扮演一个不太友善的 AI”，帮助用户在受控环境中锻炼心理弹性。

3. 响应层：技术的情感表达艺术

1 情感计算的动感体验。

一家实验剧院上演了一场与观众零距离的演出：观众佩戴的触觉背心将契诃夫剧本中的潜台词转化为不同频率的振动——犹豫时的细密震颤，愤怒时的低频冲击，爱意表达时则像被阳光晒暖的鹅卵石轻轻贴着后背。这是由文学学者和神经科学家共同编制的“触觉修辞库”，不只是简单的振动模式循环。

更日常的应用是“气味合成器”，它不再只是释放预设的香氛，而是能实时组合基础气味分子，把你的工作邮件“翻译”成气味——紧急项目可能带着冷冽的薄荷尾调，同事的感谢信则散发着类似烘焙面包的温暖醛香。这种技术源自香水工业的分子调香原理，但加入了情感计算的动态维度。

2 环境情绪的园艺调节。

建筑在未来获得了调节情绪代谢的能力。试想一下，公寓楼的混凝土墙体中埋藏着数以百万计的玻璃微管，内部填充着随 pH 值变色的液晶物质。当住户整体压力指数升高时，整面墙会逐渐泛起类似深海生物的蓝绿色波纹——这种生物模拟显示不仅美观，其波动频率恰好对应人类平静时的呼吸节奏，形成视觉上的“共呼吸”效应。

办公空间则发展出更精巧的“情绪缓冲带”。会议室的智能玻璃会在辩论过热时自动呈现冰川裂隙的投影，利用人类对巨大自然物的本能敬畏来降温；休息区的座椅填充物则采用记忆材料，能根据就座者肌肉的紧张程度调整支撑力度，仿佛一双懂得按摩的无形之手。

4. 伦理层：在彩虹与深渊之间

1 新型数字情感隐私权。

所有情绪识别系统必须保留“必要的误读空间”——就像好朋友有时会故意装作没发现你的强颜欢笑。具体来说，算法必须保持约15% 的“情感识别模糊度”，不得将人类情绪解析得过于透明。这条充满诗意的规定既是对隐私的保护，也是对人性复杂的尊重。

同样带有温度的还有“情感自主权”，它的核心诉求是：任何数字系统不得持续锁定用户的某种情绪状态超过一定时间，就像身体需要活动变化，情感健康也依赖自然起伏，技术不应将人困在人工维持的快乐状态中。

2 技术温情主义批判。

有没有那么一瞬间，你期待拥有一位最懂自己的陌生人？它是一个能完美回应你情绪的 AI，还是有时会误解你但真诚的人类？大多数人应该都会选择人类，即使他给的安慰不如 AI 精准。这道选择题可能也在暗示着，被理解或许不是情感需求的终极目的。

更深层的担忧是“快乐通胀”。当技术能随时提供精准的情绪“按摩”，日常生活中的微小喜悦——比如“意外收到老友消息”是否会像货币超发一样贬值？有些学者建议为情感科技引入类似“间歇性断食”的机制，定期让系统退回到基础模式，好让人们的神经回路保持对简单快乐的高敏感度。

结语

最好的情绪科技或许会像一位智慧的园丁：它懂得何时施肥，但也明白暴雨后不该急于修剪倒伏的花枝。未来的某天，当人们回望这个情绪被技术不断解读和塑造的时代，最值得骄傲的成就可能不是机器变得多么懂人心，而是人类依然保留着让机器困惑的能力——那些无法被算法归类的突然泪涌，那些不合逻辑却无比珍贵的心血来潮。**情绪经济的最高形态，或许是为人类情感留出更多空白，让技术成为背景里的“和弦”，而非永远抢镜的“主旋律”。**

三 如何让消费者为情绪持续买单从情绪爆款到情感忠诚

随着情绪经济的成熟，品牌逐渐从功能满足转向情感陪伴，但怎样避免沦为情绪营销的收割对象，以建立与用户情感持久的连接呢？商家的关键是做到情绪经济的品牌持久化。

1. 情绪订阅制：从“一次性爽感”到“习惯性陪伴”

在注意力经济向情绪经济转型的当下，订阅制商业模式正在经历巨大变化。传统的内容订阅服务靠规模化供给来满足大家的需求，而新一代“情绪订阅制”则通过深度绑定用户的情感曲线，实现从“功能满足”到“心理依赖”的质变。这种模式将偶然的情绪刺激转化为稳定的情感供给，使消费者不再贪图一时的爽快，反而更渴望长期获得情绪上的滋养。

典型案例：Calm 解压放松 App

冥想应用 Calm 成功将一次性解压转化为长期情感陪伴，成为全球受欢迎的订阅制心理舒缓平台之一。截至 2023 年，Calm

累计下载量突破1亿，付费用户超400万，其商业模式的核心在于通过高频、个性化的情绪供给，让用户从“偶尔使用”变为“离不开它”。

1 养成习惯：情绪订阅的黏性逻辑。

Calm 提供的不仅是冥想课程，更是一套完整的情绪调节系统。订阅用户平均每周打开4.3次App，续订率高达70%，远超流媒体平台的行业平均水平。这种黏性源于以下两点。

1）习惯养成机制。

通过每日推送“今日冥想”和睡眠提醒等方式，将情绪管理嵌入用户日常生活节奏。

2）情感绑定设计。

邀请明星配音（如哈利·波特演员朗读睡眠故事），利用熟悉的声音触发安全感，大量用户表示“不听 Calm 的睡前故事无法入睡”。

2 先免费体验，再付费。

免费体验（30天试用）：用户可免费试用完整功能（冥想课程、睡眠故事、呼吸练习等）。试用期结束后需要订阅才能继续使用，包含全部冥想库、每日更新内容、睡眠故事（含名人配音）、呼吸练习及基础情绪调节工具。免费试用降低了体验门槛，吸引潜在付费用户。

3 商业启示：情绪经济的终极目标是依赖。

Calm 的成功证明，当一款产品能持续满足用户的心理需求时，它就不再是工具，而成了生活必需品。其商业模式的可复制性体现在以下两点。

①标准化内容 + 个性化触达（如根据用户情绪推荐课程）。

②从解决痛点转向创造陪伴（如模拟“有人等你入睡”的体验）。

2. 动态情绪定价：让消费者为“此刻心情”付费

要想知道情绪经济催生下的新品牌该往哪儿走，得搞清楚怎么能让消费者心甘情愿地为情绪价值一直掏钱。不是只搞出个昙花一现的情绪爆款就完事了，得想法子让他们形成长久依赖。以下从商业逻辑和社交货币两个角度来进行分析。

1 动态情绪定价改变消费决策。

传统定价模型基于成本与市场供需的静态平衡，而新兴的动态情绪定价系统正在颠覆这一范式。亚马逊的“动态折扣情绪刺激”模式，是情绪经济在电商领域的典型应用。该模式通过捕捉用户浏览时长、购物车停留时间、历史比价等行为中的情绪信号，推送个性化折扣。数据显示，当商品在购物车停留超过一定时间后，推送折扣能让购买转化率提升；针对频繁比价的用户提供更低折扣，反而使客单价提高。

关键策略颇具巧思：用户多次返回同一商品页面时，触发“限时降价”提示，利用实时情绪反馈促单；若检测到用户打开竞品网站，自动匹配产品价格低于对手，对用户的价格敏感与决策犹豫情绪了如指掌，在满足用户心理预期的同时实现商业转化的提升。

该模式成功的关键在于对行为经济学的创新应用。

①构建“情绪服务—溢价支付—情感补偿”的合理价值链条；

②运用双通道调节机制同步改善用户情绪与价格感知；

③将用户的竞争焦虑转化为商业价值。

2 构建情感社交货币体系。

领先品牌正从产品供应商转型为用户的“情绪代言人”，这种转变依托于三个核心要素。

①情感符号化：将品牌价值转化为可传播的情感符号；

②社交赋能：为用户提供社交场景中的情感表达工具；

③价值共创：建立用户情感反馈与产品迭代的双向通道。

这种模式下，消费者的每次互动都在积累情感资本。可口可乐的“Share a Coke”活动是情感符号化营销的经典案例。其核心玩法是把常见的名字印在瓶身，鼓励人们购买印有亲友名字的产品作为礼物赠送。

这一活动的传播力惊人，覆盖了80个国家，不仅让销量有所提升，更在社交媒体上创下50亿次曝光的纪录。很多参与者坦言，比起普通包装，更愿意为这种能传递情感的产品买单。

这个活动成功的关键在于两点：一是符号的普适性，名字作为每个人最熟悉的标识，成为门槛极低的情感载体，轻易就能触动人心；二是社交裂变效应，用户自主发起“寻找同名可乐”挑战，让品牌信息在互动中自然扩散，其UGC转化率在行业中遥遥领先。这种将产品包装转化为情感传递媒介的做法，成功让饮料超越了饮用功能，成为连接人际关系的情感符号。

3. 终极挑战：情绪品牌能成为“百年老店”吗

一个根本性的问题逐渐浮现：基于情感连接建立的品牌，能否像传统消费品那样实现长期价值沉淀？当市场上的情绪爆款如走马灯般轮换时，打造具备持久生命力的情绪品牌，正成为行业面临的挑战。

1 哪些情绪价值具备 10 年以上的生命周期？

某大学实验室的追踪研究揭示了情绪价值的“时间韧性”规律，研究发现，能够穿越经济周期的情绪价值往往具备三个特征。

深层心理需求：满足人类基本情感需求的产品更具持久性。人类对于“治愈感”“情感表达”等基本情感的需求是跨越时代和地域的共性存在，不会因经济环境的波动而消失。

动态进化能力：体现了品牌对消费者情感需求演变的敏锐洞察和及时响应，其核心情绪价值每几年进行一次情感技术升级，是源于消费者心理变化和市场环境变迁的必然选择。早期的情绪价值可能更多地集中在提供单纯的欢乐、愉悦等简单情感体验上，但随着时间的推移，消费者开始追求更复杂、更深刻的情感连接，如共情、怀旧、自我认同等。

文化植入特性：成功的情感品牌往往能将自己植入文化母体，实现从商品到文化符号的蜕变，这一过程遵循着文化符号的构建与传播规律。文化母体具有强大的生命力和传承性，品牌一旦成功植入其中，便能借助文化的力量获得持久的生命力。

2 构建“情绪百年品牌”的三大基石。

情绪品牌未来要想实现长期价值,需要建立三个维度的核心能力。

情感操作系统：借鉴苹果 iOS 系统的迭代逻辑，将品牌的情感价值视为一个有机整体，通过不断的迭代升级，来适应消费者情感需求的变化。

记忆锚点网络：多感官刺激能够更有效地在大脑中形成深刻的记忆。记忆锚点网络正是基于这一理论建立情感记忆矩阵，让品牌在消费者心中留下难以磨灭的印象。不同的感官体验会激活大脑的不同区域，多种感官信息的结合能够增强记忆的强度和持久性，使消费者在接触到与品牌相关的任何一个感官线索时，都能唤起对品牌的情感联想。

代际对话机制：传统情感内核是品牌的精神根基，承载着品牌的历史文化和情感价值，是连接不同代际消费者的情感纽带；而现代表达方式则能够让品牌更好地适应当代社会的发展和年轻消费者的需求，实现品牌的与时俱进。成功传承百年的情感品牌要具备“传统情感内核 + 现代表达方式”的双螺旋结构。

为什么乌镇、周庄古镇、镇远古镇、凤凰古镇、南浔古镇、西塘古镇、平遥古城等传统古镇热度爆棚，持续受到游客青睐？正是因为它们有故事和内涵，能够调动人们遥望古时明月心怀静谧悠闲的情绪价值。

情绪经济的终极悖论在于：最持久的情感连接，恰恰需要最克制的商业化表达。当品牌能够超越即时性的情绪刺激，转而满足人性中那些亘古不变的情感渴求时，才有机会打破速生速朽，真正成就穿越周期的情感品牌。

结语

让消费者为情绪持续地投入，不能靠一时的爆款刺激，而是要从单次情感共鸣走向长期价值共生。从 Calm 的订阅制陪伴，到可口可乐的情感符号传递，成功的实践都指向同一个道理：情绪品牌的生命力，在于能否满足人类深层的情感需求，同时保持对时代情绪的敏锐响应。

那些能穿越周期的品牌，往往既守住了“治愈”“连接”等不变的情感内核，又能动态地适应代际变迁。情绪经济从来不是收割情绪，而是成为用户生命中不可或缺的情感伙伴。

四 情绪经济市场新规则 差异化生存之道

在情绪经济从萌芽走向成熟的演进过程中，市场逐渐裂变为双动力引擎：一方是以规模和技术见长的科技巨头，另一方是以敏捷和洞察取胜的中小团队。二者并非简单的竞争关系，而是通过资源互补与能力协同，逐步探索出两条差异化的成功路径。前者构建情绪识别基础设施，后者深耕细分情感需求，双方共同推动行业发展，形成全新的生存法则——“基础设施规模化”与“情感需求颗粒化”的并行进化模式。这种分工是市场对效率与创新双重诉求的必然结果，正在重构情绪经济的价值创造逻辑与竞争底层规则。

1. 科技巨头的“基础设施驱动”模式

头部企业凭借其天然的资源聚合优势，正在情绪经济领域扮演着“操作系统”的角色。它们通过三重新型能力，逐步掌控情绪价值传递的基础通道。

1 情绪识别的维度升级。

1）从标签化到场景化。

突破传统“喜怒哀乐”的粗放分类，建立动态情绪坐标体系。系统能够感知情绪在职场压力、家庭关系、消费决策等不同场景中的流动轨迹，捕捉复合情绪的微妙配比，如焦虑中夹杂期待。

2）从显性到隐性。

通过行为数据反推未言明的心理状态。例如用户反复修改购物车的行为链可能暴露决策焦虑；深夜高频切换应用的动作可能暗示孤独感弥散。

3）从静态到动态。

建立情绪变化速率模型。例如识别“愤怒指数在30分钟内上升40%”的危机信号，比单纯判定“愤怒”更具预警价值。

2 预测干预的范式革命。

1）群体规律先行。

基于百万级样本建立情绪传导热力图。例如发现通勤时长与冲动消费的正相关曲线，识别高强度工作后第3小时的情绪塌陷风险点。

2）环境调节机制。

开发非侵入式干预系统。比如在预测到情绪临界点时，自动调节设备界面色调缓解视觉压力，用自然声景覆盖信息噪音，通过环境要素实现“无感情绪调节”。

3）跨场景防护。

建立用户全生活周期的情绪防护机制。当系统检测到职场受挫信号时，同步在电商平台隐藏奢侈品推荐；发现亲子焦虑升高时，智能过滤社交媒体中的教育竞争内容。

这种预测不依赖个体历史数据，而是基于群体情绪演化规律。

3 伦理框架的主动构建。

面对算法权力的扩张，行业领先者正在设立三条“算法护栏”。

1）决策缓冲。

检测到重大情绪波动时，强制启动 24 小时冷静期，其间禁用情感消费类功能，用时间维度对抗冲动决策。

2）权限设计。

建立情绪数据分级授权制度。基础情绪数据如娱乐偏好可默认使用，如有抑郁倾向的深层心理状态需要每次单独授权。

3）显性干预。

当算法主动调节情绪环境时，必须通过可视化界面，如灯光渐变、图标提示等方式让用户感知到干预行为，破除“黑箱操作”隐患。

科技巨头的真正考验在于如何让冰冷的数据系统具备人文温度。未来竞争焦点将从“识别准确率”转向“伦理共识度”，能否建立被社会广泛接受的算法治理框架，将决定其商业护城河的深度。**随着市场容量爆发和消费者意识觉醒，建立负责任的情绪算法大模型将成为下一个竞争焦点。**

2. 中小团队的“颗粒化生存”策略

在情绪经济这片蓝海中，中小型创业团队要通过独特的商业模式和创新实践，开辟出一条与科技巨头差异化竞争的赛道。凭借对细分人群情绪需求的把握，构建起具有鲜明特色的情绪商品体系。

在科技巨头覆盖的情绪图景中，中小团队通过显微镜式的需求挖掘，在情感需求的缝隙中开辟出独特生存空间，其核心竞争力建立在三个维度上。

1 情感长尾市场的精耕法则。

聚焦主流视野外的情感荒漠地带，如数字游民的身份认同焦虑，独居老人的“无对象关怀”问题，慢性病患者的尊严维护问题。通过用户无意识的行为痕迹定位真实需求——收藏数次从未打开的文章反映知识焦虑，定期删除聊天记录暗示社交疲惫，这些行为表现比问卷答案更具诊断价值。将大场景分解为情绪单元，婚恋焦虑可拆解为“择偶标准冲突”“催婚压力传导”“亲密关系恐惧”等独立模块，针对每个单元开发轻量化解决方案。

2 深度人本化技术哲学。

一方面，刻意保留一定的识别偏差，当系统将沉思误判为悲伤时，启动“陪伴模式”而非“治疗模式”，用技术的不完美模拟人类理解的局限性；另一方面，手写体字体、纸张纹理背景、可控的响应延迟等反效率设计反而构建了情感信任。成长性交互机制设计出有生命周期的情感产品，用户使用三个月后解锁深度对话功能，持续记录可开启年度情绪地图，用时间维度培养情感依赖。

3 稀缺价值生态构建。

反即时满足系统通过延迟反馈强化情感沉淀。日记功能 24 小时后生成分析报告，倾诉社区每周仅开放 8 小时，用稀缺性提升情感表达质量。开发情感具象化载体，如将用户情绪波动转化为虚拟植物的生长状态，压力值映射为数字星云的密度变化，使抽象心理状态获得可视化出口。建立高门槛情感社群，成员需要完成情绪认知课程才能加入深度讨论，用知识过滤替代财富过滤，构建真正的情感安全空间。

中小型团队的成功离不开以下几个原则：第一，团队必须扎根真实场景；第二，解决方案必须超越功能满足；第三，建立月度情绪复盘、季度成长评估等机制；第四，用户共创，开放部分内容生产权；第五，敏锐洞察那些被忽视的细微情绪波动。

3. 新兴市场规则的形成

当两种生存模式形成稳定互补时，情绪经济开始自发生长出独特的规则体系，这些规则正在重建商业价值的衡量尺度与协作方式。随着情绪经济的深入发展，行业正在自发形成一套全新的市场规则体系，这些规则不仅改变了竞争格局，更重新定义了商业价值的衡量标准。

在数据伦理规范方面，行业领先企业已开始建立情绪数据使用的“三重边界”原则。

①知情边界：用户必须明确知晓情绪数据采集的具体用途，以及可以实时查看被采集的情绪数据类型。

②使用边界：建立情绪数据分级授权制度，抑郁状态等敏感情绪数据须经额外授权才能使用。

③存储边界：设置情绪数据自动过期机制，分级制定数据留存时长。

价值评估标准正在发生根本性变化，从传统的成交总额转向情绪价值指数体系。新标准包含即时情绪价值（测量用户当下的情绪提升度）、持续情绪影响（评估产品或服务带来的长期情绪改善）、社会情绪辐射（计算对用户社交圈的情绪带动效应）。

行业协作机制将呈现出前所未有的开放性。技术共享方面，头部企业开放基础情绪识别 API，提供情绪分析接口；行业建立情绪数据交换联盟，采用区块链技术确保数据安全流通；科技巨头技术专家驻场，大厂工程师定期到中小企业指导。“航母舰队 + 特种部队”型的生态体系会释放巨大能量：基础设施层，科技巨头构建了覆盖大部分用户的情绪识别网络；应用服务层，海量垂直服务商提供场景化解决方案；数据流通层，达到日均千万条匿名情绪数据标签。

在未来的新兴生态中，竞争壁垒可能将发生质的变化。深度洞察人性能力的重要性远高于算法能力，那些能够准确把握用户情感需求微妙变化的企业，将在各个细分领域建立起难以撼动的竞争优势。

未来将见证监管与市场的双重校准。政策端将出台情绪算法审计标准，市场端则自发形成“情感责任认证”体系。但是，**无论规则如何演变，对人性细微处的理解深度始终是情绪经济最坚不可摧的竞争壁垒。**

结语

差异化的本质是价值创造维度的分化。情绪经济的竞争本质是两种能力体系的平行进化：科技巨头通过情绪识别的规模化和预测干预的精准化解决社会层面的情绪效率问题；中小团队则通过情感需求的深度认知和人性化交互设计守护个体层面的情绪尊严。二者看似背道而驰，实际是在共同推动行业完成从“情绪消费”到“情绪素养”的升级。

科技巨头的算法能预判一座城市的集体焦虑，创业团队的产品可以守护某个小众群体的心理安全感，这种多层次的生存策略恰恰证明，在情绪经济的新大陆上，差异化的本质不是分割市场，而是扩展人类情感被商业文明照亮的维度。

未来的真正赢家，将是那些既懂代码逻辑又通晓人性、在效率与温度之间找到精妙平衡点的“情感工程师”。